독립정신과 민족자존의 표상

을지문덕 전

독립정신과 민족자존의 표상

을지문덕 전

단재 신채호 원저

박기봉 편역

비봉출판사

乙支文德

大韓皇城廣學書舖發行

序

日無涯生袖所著乙支文德一冊以示余余讀畢躍然興曰其我國書籍界之嚆矢乎盍亟刊印而廣佈之無涯生瞠然爲久不知所喩盖嚆矢之說其所不承也吁我國書籍界烏有所謂書籍者哉就十分而言五分朝家之誦德詩也三分程朱之讚美歌也二分韓蘇李杜輩之唾之餘而猶不能彷彿其萬一者也就全体而槩言之奴隷學也嗚呼書籍不書籍書籍哉書籍哉將一國之書籍束縛之馳驟之爛漫奔赴於奴隷學之域之中而於國家之原理民族之大

乙支文德

無涯生 申采浩 著
邁堂 卞榮晩 閱

悲夫라我韓數百年來對外의歷史여東方에一流寇만入ᄒᆞ야도擧國이蒼黃ᄒᆞ고西隣에一晴言만來ᄒᆞ야도盈庭이瞠惶ᄒᆞ야依違苟活에耻辱이紛加ᄒᆞ니我民族의劣弱은果天性이라不可變歟아無涯生이曰否々라不然ᄒᆞ다

余ㅣ가高句麗大臣乙支文德의歷史를讀ᄒᆞ다가

不在라ᄒᆞ리오過去의英雄을寫ᄒᆞ야未來의英雄을招ᄒᆞ노라

第一章　乙支文德以前의韓漢關係

我聖祖檀君이唐堯氏와幷立ᄒᆞᆫ以來로韓漢兩民族이遂地東西에對峙ᄒᆞ야我가强ᄒᆞ면彼가其侵擾에困ᄒᆞ며彼가强ᄒᆞ면我가其狎逼을被ᄒᆞ야兩國이並雄치못ᄒᆞᄂᆞᆫ境遇에常處ᄒᆞ야互相侵伐ᄒᆞᆫ이已時가無ᄒᆞ니麗羅以前의歷史를觀ᄒᆞ면當時燕雲遼塞等地ᄂᆞᆫ便是血腥世界를作ᄒᆞᆫ지千餘年이나競爭의烈을可想이로다然이나彼則春秋戰

隆熙二年五月二十五日印刷
隆熙二年五月三十日發行

版權所有

乙支文德
定價金三十錢

著述者 申采浩
校閱者 卞榮晩
發行者 金相萬
印刷所 徽文館 北部觀峴

發賣所
廣學書舖 金相萬 皇城中部布屛下三十七統六戶
平壤鍾路 耶蘇教冊肆
平壤法橋 大同書觀
京鄕各書店

〈1908년에 초판 발행된 을지문덕전〉

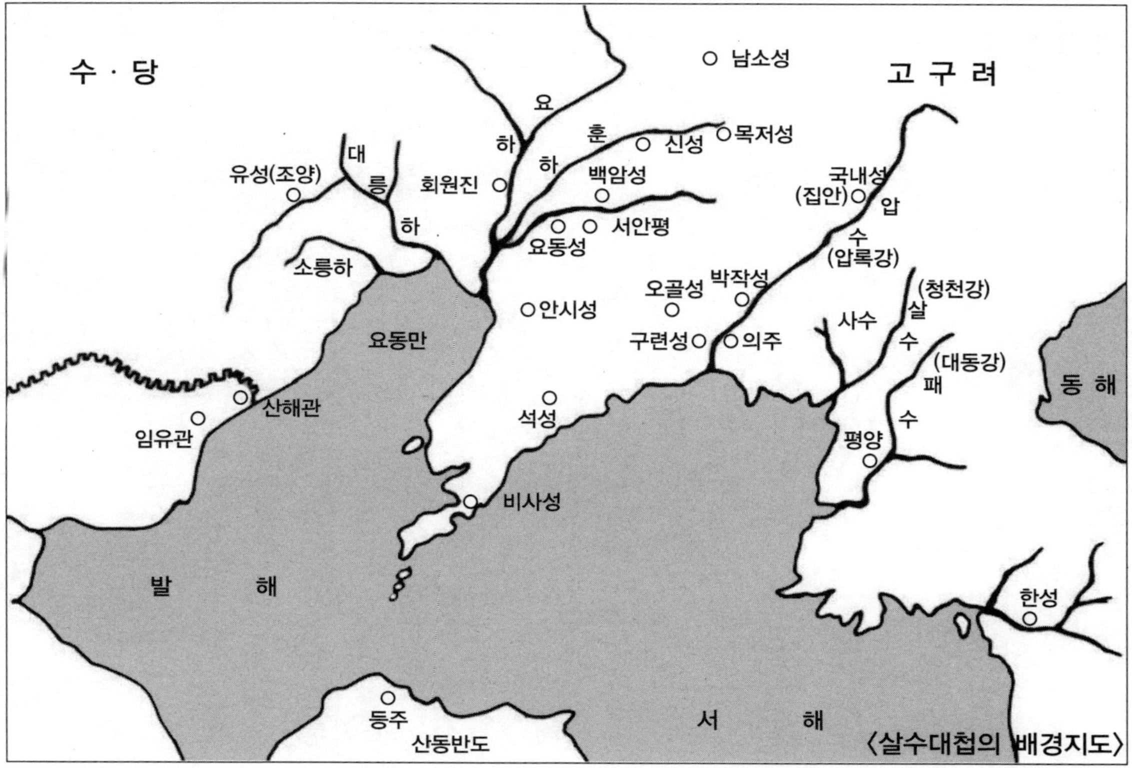
수 · 당
고 구 려
남소성
요하
대릉하
유성(조양)
회원진
훈하
신성
목저성
백암성
서안평
요동성
소릉하
안시성
오골성
박작성
국내성
(집안)
압수
(압록강)
구련성
의주
사수
살수
(청천강)
패수
(대동강)
요동만
산해관
임유관
석성
평양
동 해
비사성
발 해
한성
등주
산동반도
서 해

〈살수대첩의 배경지도〉

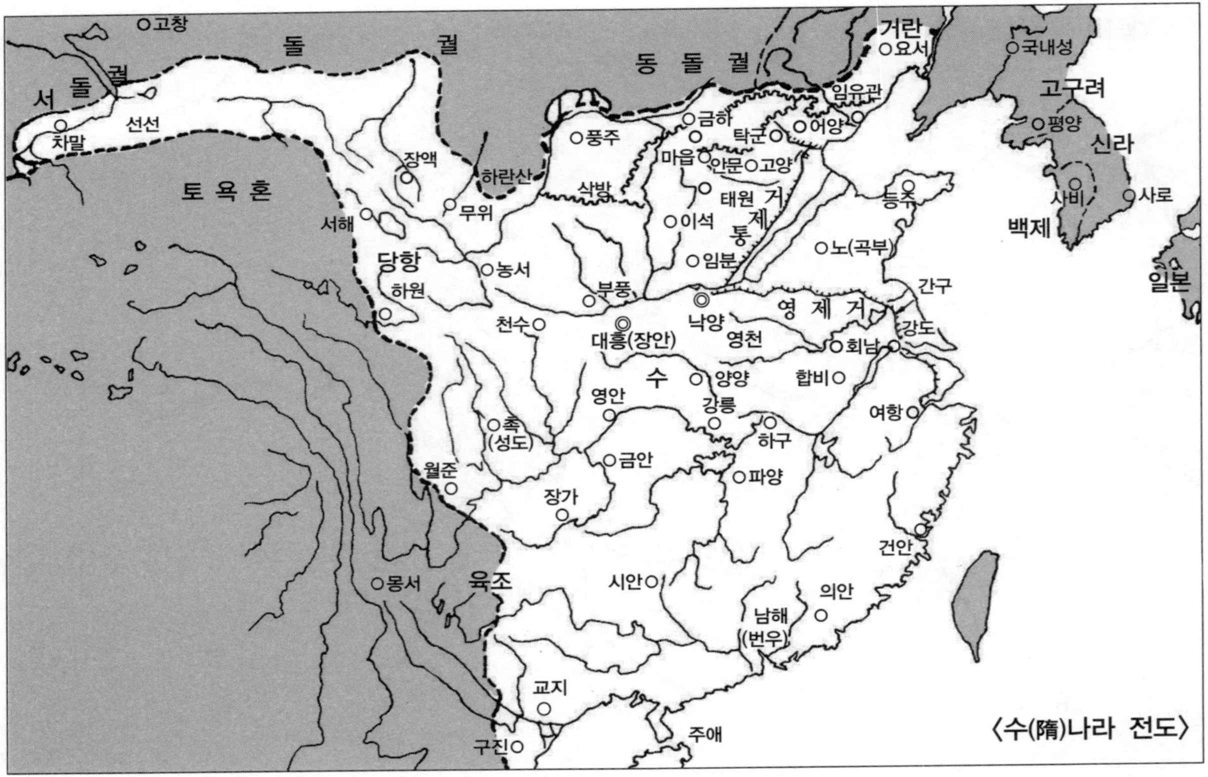
고창
돌 궐
동 돌 궐
거란
요서
국내성
고구려
평양
신라
사비
사로
백제
일본
서 돌 궐
선선
차말
토 욕 혼
장액
하란산
풍주
금하
탁군
어양
임유관
마읍
안문
고양
삭방
태원
이석
통
제
거
등주
노(곡부)
무위
서해
당항
하원
농서
부풍
임분
간구
낙양
영 제 거
강도
천수
대흥(장안)
영천
회남
수
양양
합비
영안
강릉
여항
촉
(성도)
하구
금안
파양
월준
장가
건안
몽서
육조
시안
의안
남해
(번우)
교지
주애
구진
〈수(隋)나라 전도〉

〈서(叙)〉

도산(島山) 안창호(安昌浩)

무애생(無涯生: 신채호의 筆名. 丹齋는 雅號임) 신채호(申采浩) 군이 〈을지문덕(乙之文德)〉이란 책 한 권을 저술하여 나에게 보여주기에, 내가 이를 받아서 읽어보고 말했다.

"을지공(乙支公)은 그처럼 많은 업적과 위대한 공로가 있었음에도 불구하고 이 책이 지금에야 비로소 나왔으니, 이야말로 슬프고 또 부끄러운 일이다.

내가 해외 각국을 여행해 보니, 그 나라 영웅이 칼(劍)을 휘두른 곳에서는 수십만의 사람들이 그를 노래하고, 그 영웅이 피를 흘린 곳에서는 수천만의 사람들이 춤을 추는데, 몸이 있는 자는 그 몸을 영웅에게 바치고, 재주가 있는 자는 그 재주를 영웅에게 바치며, 학문이 있는 자는 그 학문을 영웅에게 바쳐서 한 나라 전체가 영웅을 부르면서 같이 나아가기 때문에 영웅이 배출되어, 워싱턴 이후에도 허다(許多)한 워싱턴이 나왔고, 나폴레옹 이후에도 허다한 나폴레옹이 나왔던 것이다.

오호라! 그러나 우리 을지공은 2천년 후 오늘에 이르러서야 비로소 겨우 이 책이 나오게 되었으니, 이것이 어찌 슬프고 부끄러운 일이 아닌가.

나는 을지공의 고향에서 나서 자랐기 때문에 어릴 때부터 이미 우리 조국에 영웅 을지문덕이 있었다는 것을 알고 있었으나, 저 우뚝 솟은 석다산(石多山: 을지문덕이 태어난 고향의 산 이름)의 오래된 바위들도 그에 관해 말이 없었고, 저 망망한 대동강에서는 물에 잠겨버린 비석이 출토되지 않았으며, 그의 후손들인 고향의 노인들에게 물어보아도 그 당시의 일을 이야기해 줄 수 있는 사람이 없었으며, 우리나라의 역사책을 읽어보아도 공(公)에 관한 기록은 겨우 열 몇 줄밖에 남아 있지 않으니, 분하고 애석한 마음 억누를 길이 없었다.

그랬는데, 지금 신군(申君)의 이 책은 찾아서 수집해 놓은 자료들이 이미 매우 광범한데다 그 논의와 결론 또한 정밀하여 2천년 이후의 붓으로 2천년 이전 인물의 정신(精神)이 여실히 드러나게 하였으니, 이왕에 이런 책이 없었음은 부끄러운 일이지만, 군의 애쓴 정성과 힘찬 붓(健筆)은 또한 존경할 만하다.

그러나 저자가 이 책을 쓴 것은 독자들로 하여금 술상 앞에서나 찻상 앞에서 나눌 이야기 거리나 제공하고자 해서가 아니라 조국의 명예로운 역사를 들어서 비열한 자들의 마음을 경계시키고 각성시키고자 해서이며, 배움의 도정(道程)에 있는 학생들에게 문학의 사조(思潮)를 알려 줄 자료를 제공하고자 해서가 아니라 조상들의 위대한 사업을 기림으로써 국민들에게 영웅을 숭배하는 마음을 고취하고자 해서이며, 또한 2천년 전 풍운의 전쟁(戰爭)을 한가롭게 앉아서 노래하기 위해서가 아니라 열성적이고 모험적이었던 옛 사람들의 지난날의 발자취를 묘사함으로써 2천년 후 제2의 을지문덕을 불러일으키기 위해서이니, 우리 모든 독자들은 항상 이런 뜻을 명심하고 이 책을 읽어야 할 것이다. 이에 도산(島山) 안창호(安昌浩)는 서(敍)하노라.

단군 4241(서기 1908)년 4월 한양여관(漢陽旅館)에서

〈서(序)〉

변영만(卞榮晩)

무애생(無涯生)이 자신이 쓴 책 〈을지문덕〉을 나에게 보여주기에 내가 다 읽어본 후 펄쩍 뛰면서 말했다.

"이 책은 우리나라 출판서적계의 효시(嚆矢)이다. 왜 빨리 인쇄해서 널리 배포하지 않는가."

그러자 무애생은 한참 동안 눈을 휘둥그렇게 뜨고 무슨 말인지 알아듣지 못했다. 아마도 효시라는 말을 수긍할 수 없었기 때문인 것 같다.

아, 우리나라 출판서적계에 이른바 책이라 할만한 책이 어디 있는가. 전체 책들 중에서 10분지 5는 조선 왕실(王室)의 공덕(功德)을 노래한 시(詩)들이고, 10분지 3은 정자(程子)나 주자(朱子)를 찬미한 것이고, 10분지 2는 중국의 한유(韓愈), 소식(蘇軾) 같은 문장가들이나 이백(李白), 두보(杜甫) 같은 시인들이 읊다가 만 것들인데, 그조차도 오히려 저들의 1만분지 1도 따라가지 못하는 것들이다.

전체를 뭉뚱그려 한 마디로 말하자면, 노예학(奴隷學)의 책에 불과한 것들이다.

아, 책이 책답지 못하면 그것을 어떻게 책이라 할 수 있겠는가? 나라 안의 책들을 전부 한 덩어리로 묶어서 몽땅 노예학(奴隷學)의 영역으로 내던져 버리더라도 국가의 발전이나 민족의 대세(大勢)에 하등 영향 미치는 바 없을 것이다. 장차 나라를 더럽히게 될 것들이라면, 이런 책들을 어디에다 쓰겠는가? 이런 것들을 어디에다 쓰겠는가?

신성한 우리 민족이 잠시 저 악마의 꾐에 빠져서 일시 그 운수가 꽉 막혀 버렸으나, 그러나 그 실질을 알아보면 이는 대동국(大東國) 민족의 잘못이 아니다. 그것은 결국 악마의 소행(所行)인바, 이는 곧 우리나라 출판서적계에 책다운 책이 한 권도 나오지 못하게 한 것을 두고 하는 말이다.

무애생이 귀신을 울리고 신령을 불러오는 그의 필력(筆力)으로 경천동지(驚天動地)한 위인 을지공(乙支公)의 수염과 눈썹을 그려내고 그 소리와 안색까지 모두 생생하게 그려내었는바, 저 살수(薩水)에서의 전투는 더욱 생생하여, 삼라만상은 모두 그 빛을 잃고, 천지간의 모든 구멍에서는 귀신이 우는 소리를 지르는데, 내 그로 인하여 고개를 숙였고, 내 그로 인하여 원기가 생겨났고, 내 그로 인하여 미친 듯이 큰 소리로 부르짖었고, 내 그로 인하여 슬퍼 눈물을 흘렸는바, 나도 몰래 온갖 종류의 감정이 한꺼번에 쏟아져서 뒤범벅이 되었다.

아, 을지공께서 떠나버리고 안 계시니 온 강산이 적막하구나. 당당하던 장군께서 이미 멀리 가버리니 불러도 대답하는 사람이 없고, 드넓은 천지간에 일어서는 자 하나도 없구나!

이렇듯 지극한 고통의 세월을 당하여 무애생이 닳아빠진 붓으로 피로써 쓰고 눈물로써 쓰면서 기원했던 것은 오직 민족정신의 진작

(振作)에 조금이나마 도움이 되고자 하는 것이었으니, 아, 이 또한 슬픈 일이로다.

오호라, 그러나 지금 이후부터 을지문덕의 웅대하고 위대한 기백(氣魄)은 우리 대동 천지에 흘러넘칠 것이며, 우리 형제와 자매들은 을지공의 기백을 이어받아 더욱 힘쓰고 분발하게 될 것이다.

이 작은 책자 하나로 우리나라의 혼(國魂)이 다시 되돌아오고 우리 민족이 이로 인해 다시 떨쳐 일어나게 된다면, 이 어찌 다만 무애생(無涯生)의 무애(無涯는 곧 무제(無際). 즉 끝이 없다는 뜻이다—편역자)한 소원일 뿐이겠는가. 또한 전국 동포들의 무애(無涯)한 소원일 것이다.

본서의 인쇄가 이미 다 되었다고 무애생이 갑자기 찾아와서 서문을 써 달라고 하기에, 나는 비록 글을 잘 하지 못하지만, 그리고 또 글을 잘 한들 무엇 하겠는가마는, 마침내 붓을 휘갈겨 급히 몇 자 적어서 우선 요청에 응하였으나, 이 〈을지문덕〉 한 책이야말로 우리나라 출판서적계에 책다운 책의 효시(嚆矢)임은 의심할 여지가 없다.

융희(隆熙) 2년(서기 1908년) 4월 21일 12시에
맹원(孟園)의 소옥(小屋)에서 변영만(卞榮晩) 쓰다.

〈서(序)〉

이기찬(李基燦)

을지문덕(乙支文德)은 우리나라 4천년 역사상 제일가는 위인이니, 그 독립적 기상(氣象)과 건투정신(健鬪精神)은 실로 우리민족의 대표적 인물이며 모범적 인물이다.

그러므로 을지문덕의 기풍(氣風)에 대해 이야기를 들은 사람은 의존심(依存心)이 강하던 자라도 반드시 자립(自立)하게 되며, 의욕을 상실하고 물러서려는 성격의 사람이라도 반드시 떨쳐 일어나 앞으로 나아가려고 하게 된다. 그러므로 영웅을 숭배하는 자, 을지문덕을 놔두고 누구를 숭배하고, 위인을 연구하는 자, 을지문덕을 놔두고 누구를 연구하겠는가.

그러나 우리나라는 중국의 문화가 수입된 이후로 사람들은 모두 외국을 숭배하는 열기로 달아올랐고, 자신을 비하(卑下)하는 습성이 단단히 굳어져서 을지문덕과 같은 대 영웅은 꿈속에서조차 생각하지 않고 다만 중국의 관중(管仲: 춘추시대 때 제 나라 재상)이나 제갈량(諸葛亮), 프랑스의 나폴레옹 같은 자들만 날마다 칭송하기에 이르렀으니, 우리민족의 쇠퇴한 원인이 어찌 이 때문이 아니겠는가.

내 친구 무애생(無涯生)이 이를 개탄하여 근래에 〈을지문덕〉이란 이름의 책 한 권을 드디어 저술하였는데, 이 책은 곧 을지문덕의 성공한 역사와 그 인격이 어떠하였던가를 논술한 것이다.

내가 이 책을 읽어보니, 그 입론(立論)의 체제가 저술(著述)의 법도를 잃지 않았고, 겸하여 저자의 웅혼(雄渾)하고 뛰어나게 빛나는 문장으로써 윤색(潤色)을 가하여 저 유명한 살수(薩水)의 전황(戰況)과 을지공의 침착하고 굳센 인격을 하나도 남김없이 묘사하였으니, 참으로 이때까지 있어본 적이 없는 양서(良書)라 할 수 있다.

이 책으로 을지공의 독립적 기상을 우리 국민 개개인의 몸에 부여하고, 을지공의 건투 정신을 우리 국민 개개인의 뇌리(腦裏)에 주입하여 무형(無形)의 을지문덕이 전국에 가득 차게 되는 것은 내가 바라마지 않는 바이기 때문에, 이 책을 장차 인쇄에 부치고자 하여 나에게 서문을 써 주기를 청하기에 나는 유익한 진서(珍書)가 세상에 나오게 된 것을 기뻐하여 나의 글재주 없음을 생각지 않고 감히 한 마디로써 축하하는 뜻을 나타내는 바이다.

융희(隆熙) 2년(서기 1908) 4월 일 이기찬(李基燦)

〈편역자 머리말〉

"반만 년의 역사를 가진 문화민족." 웬만한 문화행사장에서는 예외 없이 들을 수 있는 축사의 서두이다. 그러나 그때마다 듣기 민망하고 한편 속으로 부끄러움을 느끼게 되는 것은 편역자만의 느낌일까?

최근 중국 정부에서 추진하는 소위 〈동북공정(東北工程)〉으로 촉발된 우리민족의 고대사, 특히 고구려사에 대한 국민들의 고조된 관심에 부응이라도 하려는 듯, 최근 여러 TV방송국에서 경쟁적으로 고대사 관련 드라마들을 방영하고 있다. 그간 잊고 지내온 우리 민족의 고대 역사를 마치 드라마를 통해서 되찾고 교육시키려는 듯한 분위기이다.

그러나 이들은 어디까지나 소설이고 드라마일 뿐, 역사적 실체와는 아무런 관련도 없는 것이 대부분이다. 작가의 머릿속에서 창조해낸 허구의 이야기가 마치 우리의 역사인 것처럼 잘못 인식될 때, 그렇잖아도 취약한 우리의 고구려 역사 관련 소유권 주장의 논리와 국민들의 역사 인식은 회복되기 어려운 혼란에 빠질 우려가 있다.

편역자는 본래 역사를 체계적으로 배운 적이 없고 다만 대학에서 경제학의 한 과목으로 경제사를 배우면서 그 후 역사에 관심을 갖게 되었을 뿐이다. 대학을 졸업한 이후에는 경전(經典) 연구의 일환으로 중국의 고대사에 흥미를 갖고 〈춘추좌씨전〉이나 〈사기(史記)〉, 〈자치통감(資治通鑑)〉 등을 항상 손 가까이 두고 읽는 한 출판인에 불과하다.

그 후 우리나라의 정사(正史)인 〈삼국사기〉의 기록들이 대부분 〈수서(隋書)〉, 신·구 〈당서(唐書)〉, 〈자치통감〉 등 중국 측 사서(史書)의 내용들을 초록한 것임을 알게 되었고, 저자 김부식(金富軾)의 사관(史觀) 여하를 따지기 전에, 당시 전해오는 기록들이 거의 없는 가운데 기본 역사서를 저술해야 하는 상황에서 상대방이 갖고 있는 우리 측 사료의 초록이나 표절은 불가피했음을 인정하지 않을 수 없다고 생각하게 되었다. 이런 사정이라면, 우리 자신의 역사를 알기 위해서도 중국 측 사서(史書)의 정확한 이해가 전제된다는 것은 불가피한 일이다.

역사란 무엇인가? 그 답은 어쨌든, 역사를 구성하는 2대 요소는 역사적 사실(Fact)의 존재와 그 사건의 기록(Writing)일 것이다. 반만 년의 역사를 자랑하는 우리에게, 설령 1천4백 년 전에 요동(遼東) 땅을 지배하였던 역사적 사실이 있었다고 하더라도 그에 관한 기록은 당시 우리의 경쟁상대였던 저들에게만 있다면, 이 역사적 사실은 누구의 역사가 되는가? 우리에게 남은 것은 역사의 반 토막에 불과하니, 우리의 고대사가 소유권 분쟁에 휘말리는 것은 당연하지 않을까?

자신의 역사적 사실에 대한 기록조차 거의 없는 우리와, 자신의 역사뿐만 아니라 경쟁상대의 활동에 대한 기록까지 갖고 있는 저들 사이의 역사 소유권 분쟁에서 소설가나 드라마 작가들에 의한 허구의 이야기들은 별로 도움이 되지 않을 것이다.

이런 취약한 여건에서 마치 넓은 풀밭에 흩뿌려진 한 줌 구슬을 줍

듯이 상대편 사료의 이곳저곳에 숨겨진 것들을 찾아내어 한 곳에 모아 놓은 다음, 금싸라기 같은 우리의 역사적 사실들을 정성껏, 아름답고 원만(圓滿)하게, 그리고 논리정연하고 체계적으로 가공하여 상대방의 소유권 주장의 논거를 명쾌하게 분쇄하고 있는 것이 바로 단재(丹齋) 신채호(申采浩) 선생의 고대사 관련 저술들과 〈을지문덕전〉, 〈연개소문전〉 등이라 생각한다.

선생께서 이 책을 쓰시던 당시에든 현재에든, 우리 민족 영웅들의 활동에 관한 우리 측의 기록은 거의 없고 그 대부분이 당시 경쟁 상대였던 중국 측의 사서에 흩어져 있는 것을 모아놓은 것들이라면, 저들이 남겨놓은 기록들 중에서 고대 우리 역사와 관련된 것을 중심으로 〈삼국사기〉에서 소개한 것보다 더 많은 기록들과, 또 저들 자체에 대해 더 잘 알 수 있는 많은 기록들을 소개함으로써 우리의 고대 영웅들의 위대함을 더욱 전체적이고 입체적으로 이해할 수 있게 하는 것은 의미 있는 일이라 생각되었다. 그리고 〈삼국사기〉에 소개된 기록들도 원전(原典)과 원문(原文)을 기초로 다시 번역하여 독자들이 읽기 쉽게 하고 싶었다.

지금부터 약 100년 전(1908년)에 이 책이 처음 출간된 이후, 우리나라의 교육, 특히 어문교육의 변화로 지금에 와서는 대학생들조차 읽을 수 없는 책이 되어버렸다. 그래서 신채호 선생께서 당신이 100년 전에 쓰신 원고를 편역자에게 남겨주고 돌아가셨다고 가정하고, 현대의 독자들을 위해 교열하는 자세로 번역작업을 하였다.

번역 과정에서 선생의 본래 의도가 크게 왜곡되거나 훼손되지는 않았을까 염려되지 않는 바는 아니지만 앞으로도 계속 수정하고 보완해 나갈 것을 약속하면서, 끝으로 이 책을 통하여 많은 국민들이 우리의 역사를 보는 관점을 교정하고, 그리고 선생께서 남기신 독립정신과 민족자존의 정신을 배우고 실천하게 되기를 진심으로 기원하는 바이다.

2006년 8월 15일, 출판사 사무실에서.

차 례

서 론

아, 슬프다! 우리 한국이 수백 년 이래로 외국을 상대한 역사여! 동방에서 한 작은 무리의 도적만 들어와도 온 나라가 정신을 잃고 어쩔 줄 몰랐으며, 서쪽으로부터 한 마디 꾸지람만 들어와도 온 조정이 당황하여 사색이 되어 우물쭈물 하면서 구차스럽게 지내다가 치욕(恥辱)이 나날이 더해 가도 전혀 이상하게 여길 줄 몰랐으니, 우리 민족의 천성(天性)은 이처럼 못나고 약한 것이어서 도저히 바뀔 수가 없는 것인가?

무애생(無涯生: 단재 신채호의 필명)이 이르기를,

"아니다. 아니다. 그렇지 않다. 내 일찍이 고구려 대신 을지문덕(乙支文德)의 역사를 읽다가 기운이 저절로 솟아나고 간담이 저절로 튀어 오르듯이 커짐을 깨닫지 못하고 하늘을 쳐다보며 큰 소리로 외쳤다.

'그랬었던가, 정말 그러했던가. 우리의 민족성은 본래 이러했던가. 이처럼 위대한 인물의 위대한 공로와 업적은 옛날에도 비할 바 없었고 지금에도 비할 바 없으니, 우리의 민족성이 강하고 용맹함이 과연 이러하였던가.' 하였다."

그런데, 전에는 그렇게도 강하더니 어찌하여 이제는 이같이 약하며, 전에는 그렇게도 용맹하더니 어찌하여 이제는 이리도 유약하며, 전에는 그렇게도 날래더니 어찌하여 이제는 이리도 둔한가.

아, 슬프다.

용의 종자로서 미꾸라지가 되어버렸고, 범의 종자로서 개로 변해 버렸으며, 신성한 후예(後裔)들이 일제히 지옥으로 떨어져 버렸으니, 이 무슨 마귀의 장난이며, 이 무슨 겁운(劫運)의 조화란 말인가.

아, 슬프도다. 아깝도다.

수백 년 이래 우활(迂闊: 세상 물정에 어둡고 실용에 적합하지 아니함)한 선비의 손은 붓만 들면 망령되이 써서 이르기를, "무공(武功)은 문치(文治)보다 못하다"고 하였으며, 수십 명의 용렬한 대신들의 혀로는 입만 열면 망령되이 지껄이기를, "어진 자는 작은 것(나라)으로써 큰 것(나라)을 섬기는 법이다(仁者, 以小事大)"고 하여, 정책은 날이 갈수록 시들고, 느슨해지고, 물러서고, 움츠러드는 것을 위주(爲主)하였으며, 백성들의 기운을 꺾고 압제하는 것을 일삼았으며, 지나간 일들 중에서 우리가 굳센 뜻을 굽히지 않았던 것은 감추고, 옛사람들 중에서 썩어빠진 선비와 새우새끼 같은 자들을 존숭하면서, 다만 부끄럽고 가소로운 일들과 지리멸렬하고 별로 관련도 없는 말들로써 우리 한국의 4천년 신성한 역사를 더럽히고 위대한 영웅들을 매몰시키는 일에만 전념해 왔기 때문이다.

그리하여 혹 용 같이 싸우고 범처럼 날뛰던 인물이라도 그에 관한 사적(事跡)은 촌 노인들의 옛이야기에 겨우 한두 마디 전해올 따름이고, 혹 신명(神明)이 놀라고 귀신이 곡할 만한 위대한 공업(功業)이라도 나무하는 아이(樵童)들과 소치는 아이(牧豎)들의 노래 가사에 담겨서 겨우 한두 마디 전해올 뿐이며, 전해오는 사적(史蹟)들은 다 떨어져 없어져버리고 몇 자 얻어 볼 수가 없다. 사정이 이러하니 그 외에도 성명까지 묻혀버리고 전해지지 못하는 대남아(大男兒)가 또 얼마나 되는지 알 수 없다.

다행이구나, 을지문덕(乙支文德)이여!
오히려 이 몇 줄의 역사가 전해 오고 있도다.
불행하구나, 을지문덕이여!
겨우 이 몇 줄의 역사만 전해 오고 있도다.

무릇 역사가 전해오고 있거나 전해오지 않는 것이 그 사람 자신에게야 무슨 손해가 있고 무슨 이익이 있겠는가마는, 다만 한 나라의 강토는 그 나라의 영웅이 몸을 바쳐서 장엄(莊嚴)하게 해놓은 것이며, 한 나라의 민족은 그 나라의 영웅이 피를 흘려서 보호한 것이기 때문에, 그 정신은 산 같이 우뚝 높고 그 은택(恩澤)은 바다같이 넓은 것이다. 그런데도 그 나라의 영웅을 그 나라 민족이 알지 못하면 그 나라가 어찌 그 민족의 나라일 수 있겠는가.

그러므로 (사마천(司馬遷) 같은) 대가(大家)들의 사필(史筆)로 영웅의 진면목을 그려내고, (두보(杜甫) 같은) 재주 있는 자들의 시(詩)와 문장(賦)으로 영웅의 큰 공덕을 찬미하고, 향로의 향을 사르고, 제단의 북을 치면서 영웅의 하강(下降)을 기도하며, 황금으로 궁(宮)을 짓고 옥

(玉)으로 전당(殿堂)을 장식하여 영웅의 내림(來臨)을 기다리다가, 영웅이 없으면 가슴속에서 영웅, 영웅 하고, 영웅이 있으면 눈과 입으로 영웅, 영웅 하여야 영웅이 출현(出現)할 터인데, 그런데 우리나라는 영웅을 숭배하는 심성이 어찌 이리도 박한지.

고금(古今)에 짝이 없는 진정한 영웅은 어리석고 못난 사관의 붓끝에서 서둘러 매몰당하고, 혹 영웅으로 신앙하는 자는 '사슴을 가리켜 말이라 함(指鹿爲馬)' 과 다름이 없으니, 한 집 안에서 형제간에 서로 싸우는 악습(惡習)으로 동족 간에 서로 해친 자도 이를 영웅이라 부르고, '어진 자는 작은 나라로써 큰 나라를 섬긴다는 주의(事大主義)' 로 외국의 도적이나 원수에게 아첨하고 그들을 섬긴 자도 이를 영웅이라 부르며, 심지어 적국의 창귀(倀鬼)가 되어 조국을 배반하고 씹어 먹은 자들까지도(*예컨대 당(唐)의 우위위(右威衛) 대장군 설인귀(薛仁貴)와 같은 자들-원주. **저자 신채호는 설인귀가 원래 고구려 사람으로서 당 나라에 붙어 고구려를 멸망시키는 데 앞장선 자라고 생각한 것 같은데, 〈자치통감〉에는 그는 본래 중국 용문(龍門) 사람으로서 당과 고구려 사이에 전쟁이 일어나자 스스로 작은 군부대를 편성, 참전하여 공을 세움으로써 대장군의 지위에까지 오른 것으로 기록하고 있다.-편역자) 이를 영웅이라 함으로써, 세상 사람들의 입에서 이야기되고 산처럼 쌓여 있는 사적(史蹟)에서 영웅이라 불려지는 자들 가운데는 이런 자들이 많으니, 내 이 때문에 영웅(英雄)이란 두 글자를 위하여 한 번 통곡하게 되도다.

원(元) 나라 장수 범문호(范文虎)가 일본을 치러 갔을 때 풍랑에 배를 엎지르고 육지에 내린 자는 겨우 3만 명에 지나지 못하였으니, 일본이 승리를 얻은 것 또한 무엇이 기이한가마는, 그런데도 저들은 수백 년 이래로 역사책에서 이를 노래하고, 소설로 이를 전하여 노래하고 찬탄하여 영원토록 잊지 않게 하는데, 우리나라의 경우에는 홀로 서서 한 손으로 산하(山河)를 정돈하고, 한 칼로 백만이나 되는 강한 적을 죽이고 물리친 진정한 영웅의 큰 싸움의 자취조차 이렇듯이 말살해버리고 없으니, 두 나라가 후대에 와서 강함과 약함이 현저하게 달라진 원인이 어찌 이런 점에 있지 않다고 할 수 있겠는가.

내 이제 이를 개탄하여 과거의 영웅을 그려서 미래의 영웅을 부르려 하노라.

제1장 을지문덕 이전의 한(韓)·한(漢) 관계

우리의 성조(聖祖) 단군(檀君)이 중국의 요(堯) 임금과 같은 때에 나라를 세우신 이래 우리 한(韓) 민족과 중국의 한족(漢族)이 요동 땅 동서(東西)에서 서로 대치하고 있어서, 우리가 강하면 저들이 침략을 받아 시달렸으며, 저희가 강하면 우리가 저들의 핍박을 받아서 두 나라가 동시에 영웅노릇 할 수 없는 처지에 놓여서 항상 서로 침벌(侵伐)함이 그칠 때가 없었다.

고구려와 신라 이전의 역사를 보면, 당시 연(燕)나라 변방과 요동 땅 등지(等地)는 문득 피비린 냄새가 진동하는 싸움터로 된 지 1천여 년이나 되었으니, 그 경쟁의 치열함을 가히 상상할 수 있다.

그러나 저들은 이미 춘추전국(春秋戰國) 시대 때부터 대륙의 형세가 점차 통일로 나아갔으나, 우리의 경우는, 마한(馬韓) 말과 삼국(三國)이 처음 일어나던 때까지도 여전히 추장정치(酋長政治)의 시대였던지라, 청구(靑丘: 중국에서 우리나라를 일컫던 말) 지역 전체가 아직도 무수히 많은 작은 나라들로 나뉘어져 있으면서 피차간에 자웅(雌雄)을 다투며 서로 싸우기에 여념이 없었으니, 어느 겨를에 외부와 경쟁할 여력이 있었겠는가.

그리하여 영정(嬴政: 진시황(秦始皇)의 이름)과 유철(劉徹: 한무제(漢武帝)의 이름)이 그 무위(武威)를 날려 몽념(蒙恬: 진(秦)의 장군)의 군사가 멀리 만리장성 밖까지 쳐들어 왔었으며, 양복(楊僕)의 층루선(層樓船)이 위만(衛滿)의 도성(都城)을 함락하기에 이르렀다.(*양복(楊僕): 한 무제(武帝) 때의 장수로, 좌장군 순체(荀彘)와 함께 5만 명의 군사를 거느리고 와서 조선을 쳤으나 군사들을 너무 많이 잃었다는 이유로 참수형을 당할 뻔하였으나 돈을 내고 평민이 되었다.(사기 122권. 한서 90.6권)—편역자)

삼국시대 중엽에 이르러 크고 작은 각 부락(部落)들이 점차 서로 합쳐져서 대세가 점점 통일로 향해 나아갔는데, 가락(駕洛)·가야(伽耶)·부여(夫餘)·옥저(沃沮)·예맥(濊貊) 등의 나라들이 모두 고구려·백제·신라 삼국(三國)으로 통합되고, 그 외에 삼한(三韓)이 각각 나누어 통치하던 수백의 작은 나라들 또한 모두 삼국의 군(郡)·현(縣)으로 되었다.

이때에 우리 민족의 실력이 점차 팽창하여 원만(圓滿)한 수준에 이르렀기 때문에 신라의 병력이 멀리 바다 밖으로까지 힘을 뻗쳐 일본을 세 번이나 정벌하였고, 백제는 말갈(靺鞨)을 여러 번 쳐서 그 영토를 개척하였으며, 고구려는 한사군(漢四郡)을 수복하여 전날의 수치를 말끔히 씻고 요동의 땅을 쳐서 빼앗아 판도를 확대하였으나, 여전히 각각의 땅은 사방 1천 리에도 미치지 못하고 인구도 수백만을 넘지 못하였다.

그럼에도 불구하고 바다와 육지로 강한 적과 맞붙어 싸워서 승리하는 경우가 많았고 패배한 경우는 적었다.

그러나 신라의 적은 일본이었고, 백제의 적은 말갈이었으니, 저들은 모두 바다 밖 멀리 떨어져 있는 나라들이고 또한 당시로는 작은 나라들이었기 때문에, 그 서로 침략한 정황을 보면, 갑자기 부는 폭풍이나 갑자기 쏟아지는 소나기처럼 문득 왔다가는 문득 돌아가고 마는 정도였고, 떠들썩하고 볼만한 큰 전쟁은 드물어서 그 사실을 기록하는 데 사관(史官)이 붓을 오래 놀릴 여지가 적었다.

그러나 고구려가 맞붙어 싸웠던 적은 강대한 중국이었으며 그 토지도 서로 붙어 있었기 때문에, 꾸짖는 말이 아침에 나오면 저녁에는 창칼을 든 군사들이 국경에 이르러 왕왕 뜻밖의 병화(兵禍)가 눈앞에서 벌어졌기 때문에 나라를 다스리는 정치가들은 머리가 아팠고, 군사를 거느린 자는 피를 뿌려가면서 나라를 강하게 하고 도적을 방어하는 일에 항상 전전긍긍하였으니, 대개 시조 동명왕(東明王) 이래로 영양왕(嬰陽王) 때에 이르기까지 그 동안 우리 군사가 중국 땅을 침범한 것이 수십여 차였고, 중국의 군사가 우리 땅을 침범해온 것이 또한 수십 차였다.

영양왕(嬰陽王: 이름은 元)이 즉위하던 때는 곧 우리의 단군 기원 2923년(서기 590)이니, 이때에 이르러서 우리 한족(韓族)과 중국 한족(漢族) 사이의 감정은 부딪칠수록 더욱 나빠져서 도저히 피차(彼此) 양립(兩立)하지 못할 형세가 되었는데, 을지문덕(乙支文德)은 실로 이러한 시대에 태어난 인물이었다.

제2장 을지문덕 시대의 고구려와 수(隋)의 형세

하늘이 우리 민족의 능력을 시험하고자 하셨음인지, 당시 외적의 세력을 우리보다 더 크게 하시어서 중국 강남(江南)의 진(陳)나라와 강북의 주(周)나라가 수씨(隋氏) 부자(文帝와 煬帝)의 수중으로 들어가서 하나로 통일되니, 토지의 광대함과 군사 수의 많음이 그때까지의 중국 역사상 제일이었다.

거기다가 백성이 풍부하고 나라의 모든 곳간(國庫)들은 가득 차서 넘쳤으므로 강하고 사납기로 유명하던 흉노(匈奴)와 돌궐(突厥) 부족들도 찾아가서 머리를 조아리고 절을 하였으며, 멀리 떨어져 서로 말도 통하지 않고 풍속도 달랐던 남만(南蠻)과 서역(西域)의 부족들도 잇달아 찾아가서 국경의 관문을 두드리고 들어가서 조공(朝貢)을 바치니, 당시 수(隋) 황제의 기염(氣焰)은 뜨겁기가 마치 손이라도 데일 듯하였다.

이때를 당하여 끝내 굽히지 않는 강경한 태도를 지키고 독립을 유지하여 중국과 대치한 나라로는 고구려가 유일하였다. 무릇 수십, 수백 년 동안 서로 형제의 예(抗禮)로 대하면서 자웅(雌雄)을 겨루어 오다가, 어찌 하루아침에 저들의 강대함을 보고는 기꺼이 물러나 엎드려 절할 수 있겠는가.

영양왕 즉위 원년(元年)에 수(隋)가 강남의 진씨(陳氏)를 멸망시키고 곧바로 고구려에 국서(國書)를 보내어 거만한 말투로 모욕을 가해오며 말하기를,

"요수(遼水: 요하(遼河). 수와 고구려의 경계를 이루는 강)의 넓기가 장강(長江: 수(隋)와 진(陳)의 경계를 이루고 있던 강)과 비교하면 어떠하며, 고구려의 인구가 진(陳: 수(隋)가 멸망시킨 강남에 있던 나라)과 비교하면 더 많은가, 적은가.

짐이 만일 너희 나라의 이전의 죄를 책망하고자 한다면 장군 하나에게만 명령을 내리면 그만이지 많은 말이 어찌 필요하겠는가."라고 하였다.

저 수나라의 교만하고 무례함이 이와 같이 그 말투에서 넘쳐나자, 고구려 왕과 신하들이 부끄러운 줄 알고 장차 닥칠 병화(兵禍)를 경계하여 양식을 비축하고 병력을 길러 전쟁을 준비하였다.(*〈자치통감〉과 〈삼국사기〉에는 고구려의 전쟁 준비와 수(隋)의 책망하는 내용의 국서가 내려온 것의 선후(先後) 관계가 이와는 반대로 되어 있다.-편역자)

그러나 당시에 훌륭한 임금을 만나서 올바른 정치를 하여 내정(內政)을 정돈하고, 백성을 가르치고, 군사를 훈련하여 밖에서 엿보는 것을 막고, 사면으로 적이 쳐들어오는 곳에 우뚝 서서 나라의 영광을 드러낸 자 그 누구였던가.

사서(史書)에서는, 을지문덕은 고구려의 대신(大臣)이라 하였는데, 대신이라고 말한 것은 틀림없이 그때에 대대로(太大盧: 즉 총리대신-원

주)를 말한 것이거나 막리지(莫理支: 즉 군부대신–원주)를 말한 것이거나, 그렇지 않으면 또한 좌보(左輔)나 우보(右輔: 좌보와 우보는 모두 국무대신–원주)를 말한 것인데, 어느 것이건 간에, 고구려의 주력(主力)이 전적으로 을지문덕에게 있었음은 의심할 여지가 없다.

그리고 살수(薩水: 지금의 청천강)에서의 싸움은 한 나라의 흥망(興亡)이 달린 문제였으므로 을지문덕이 싸우려고 하면 전국이 다 싸우고, 을지문덕이 물러나려고 하면 전국이 다 물러나며, 을지문덕이 거짓 항복하여도 전국의 상하 모든 사람들이 그것이 거짓 항복인 줄 알고 의심하지 않았으니, 대개 임금이 그를 전적으로 신임하였고, 백성들이 그를 깊이 신뢰하였기 때문에, 그가 밖에 나가서는 군대의 대장이 되고, 안에 들어와서는 재상의 자리에 앉아서, 안으로 정사를 살피고 밖으로 적국을 물리치는 계책을 강구하여 한 나라의 안위(安危)가 그 한 몸에 달려 있었음은 의심할 여지가 없다.

그런데도 후세 사람들은 몇 구절 남아 있지 않은 역사 기록이 전부인 것으로 잘못 알고서, 을지문덕은 단지 살수(薩水) 싸움에서 마치 하느님의 천사처럼 홀연히 와서는 한 마디 복음을 전한 후 바람과 번개처럼 홀연히 가버림으로써 그 전에도 을지문덕은 없었고 그 후에도 을지문덕은 없었던 것처럼 말하고 있다.

그러나 역사의 기록들을 서로 참고해 가면서 그때의 일을 자세히 연구해 보면, 단군 2931(서기 598)년에 영양왕이 요서(遼西)로 쳐들어가서 싸움을 촉발시킨 이후부터 살수 전투 이전의 일들은 모두 을지문덕이 한 일임은 의심할 여지가 없다.

오호라! 한 나라가 셋으로 나뉘어 있고 밖의 적은 바야흐로 강성한 때에 풍운(風雲)을 노려보고 시기(時期)를 이용하여 큰 도적을 어린애 같이 조종하였으니, 천년이 지난 지금에 와서 그 위인(爲人)을 상상해 보아도 저절로 베개를 밀치고 벌떡 일어나게 되는구나.

제3장 을지문덕 시대의 열국(列國)의 상황

애석하구나, 그때 열국(列國)들의 거동(擧動)이여.

북제(北齊)가 수(隋)에게 망하고 진씨(陳氏)가 수(隋)에게 멸망한 이후로 수(隋)나라는 가장 크고, 가장 강하였으며, 열국들은 모두 작고 약하였으니, 수많은 약하고 작은 나라들이 힘을 합하여 수(隋)나라에 대항하더라도 오히려 이기지 못할까 두려운데, 하물며 그때 합하는 일만 할 수 없었을 뿐 아니라 모두들 스스로 낮추고 굴복하고, 서로 다투고 반목하면서 수(隋)나라의 부용국(附庸國) 되기만을 달갑게 여기었다.

저 신라와 백제는 '입술이 없어지면 이가 시려진다(脣亡齒寒)' 는 이치를 생각지도 않고 수(隋)나라에 고구려 침벌(侵伐)하기를 청하러 가는 사자(使者)가 길 위에 연속하였으며, 고구려의 동정을 염탐하는 간첩들이 사방에 늘어섰다.

단기 2931년(서기 598), 백제는 수나라가 요동에 쳐들어간다는 소식을 듣고 장사(長史) 왕변나(王辯那)를 보내어 군대의 길 안내 맡기를 청하였으며,

2940년(서기 607), 백제는 좌평(佐平) 왕효린(王孝隣)을 수나라에 보내어 고구려 치기를 청하고 또 고구려의 동정을 정탐하여 수나라에 보고하였으며,

2941년(서기 608), 신라가 중 원광(圓光)을 수나라에 보내어 고구려 침벌하기를 빌었으며,

2944년(기원 611), 백제(사신 國智牟)와 신라가 사신을 수나라에 보내어 군사를 출정시킬 날짜를 알려달라고 청하였다.

아, 슬프다, 형제가 집안에서 다투다가 감정이 상하여 밖의 도적을 청해 와서 보복하려는 것은 진실로 더할 수 없이 애석한 일이다.

또 돌궐, 즉 흉노(匈奴)는 본래 사납고 강한 종족으로서 수나라에게 꺾여서 복종하고 섬기기를 사양하지 않았고, 심지어 고구려에서 보내온 사신을 붙잡아서 강제로 수나라 황제를 만나게 하였다.

2940(기원 607)년, 고구려가 돌궐(突厥)의 극한(可汗: 즉 추장) 계민(啓民)에게 사신을 보냈는데 마침 그때 수 양제(煬帝) 양광(楊廣)이 그의 장막에 찾아왔었다. 계민이 감히 숨기지 못하고 수 양제를 만나게 하였다.

아, 슬프다, 수(隋)를 두려워하여 이웃 나라의 사신을 감히 붙잡았으니 이 얼마나 무례한 일인가.

이처럼 당시의 천하대세는 수나라만 그렇게 강성하였을 뿐 아니라 그 주위에 가까이 있는 각 나라들이 모두 수나라를 도와서 고구려를 해치려 하였는데, 우리의 절대 위인 을지문덕이 그 사이에 홀로 우뚝 서서 나라의 위엄을 떨어뜨리지 아니하였다.

아, 나폴레옹 시대에는 온 유럽이 그 앞에서 설설 기면서 복종하였

으나 오직 영국 한 나라만이 혼자 힘으로 그를 대적하고 항거하였으며, 수 양제(煬帝) 시대에는 온 동양이 그 앞에서 벌벌 떨면서 두려워하였으나 오직 고구려 한 나라만이 혼자 힘으로 처음부터 끝까지 대적하고 제어하였으니, 2천 년 전의 고구려는 곧 18세기의 영국과 같았더라.

참으로 성대하구나, 고구려여!
4천년 동국 역사상 제일 명예로운 기념비를 세웠으며,
참으로 위대하구나, 을지문덕이여!
억만 세대 대동인(大東人)에게 가장 훌륭한 모범을 보였도다.

제4장 을지문덕의 굳센 정신

땅의 넓이는 그 십 분지 일에도 미치지 못하고, 인구는 그 백 분지 일에도 미치지 못하는 고구려가 저 수나라를 대적하려 하였으니, 그 기개는 비록 장하나 그 방도는 심히 위태로웠다.

그 당시에 "하루살이가 큰 나무를 흔들려 한다(蜉蝣撼大樹)"는 국외자(局外者)들의 비판을 면하기 어려웠을 텐데도, 을지공은 홀로 의연히 그러한 비판을 못 들은 척하고 적국과 대항하였으니, 과연 무엇을 믿고 그러하였던가? 말하자면, 오직 독립정신(獨立精神) 단 한 가지였다.

어떤 사람이 말하기를, "고구려가 그때에 전쟁을 포기하고 평화를 택하였더라면 그렇게 할 수 있었을까?

땅을 떼어 주고 고을을 바쳐서 저들의 욕심을 채워주는 것이 그 첫째 방도이고, 말을 공손히 낮추어 하고 폐백 등 예물을 후하게 바치면서(卑辭厚幣) 전날의 일을 사죄하는 것이 그 둘째 방도이다.

그러나 그 첫째 방도는, 나라를 팔아먹는 적신(賊臣)의 무리들이나 자기 한 몸의 부귀만을 탐하고 일시적인 구안(苟安: 구차스럽게 편히 지내는 것)을 탐하는 자들이 하는 짓이니, 을지공 같은 위인에게는 말할 것이 못된다.

그러나 그 둘째 방도는, 군사 하나도 죽이지 않고, 백성 하나도 수고롭게 하지 않고, 사신(使臣) 한 사람만 보내서 무릎을 꿇고 간곡하게 충성을 표시하면 저 수나라 황제나 신하들이 바라는 것은 이에 지나지 않으니, 틀림없이 기뻐하면서 전날의 혐의와 원한을 모두 잊어버리고 다시 맹약을 맺고 우호를 되찾아 두 나라의 장래에 전쟁으로 인한 화(禍)는 외교를 통하여(樽俎之間) 소멸시킬 수 있었을 터인데, 을지문덕이 이 길을 택하지 않았으니, 이는 난(亂)을 좋아하고 화(禍)를 즐기는 망령된 사람이 아닌가?"

이르기를, "아, 그렇지 않다. 천리 밖에 있는 사람을 두려워하는 것은 옛사람들의 조롱하던 바이고, 싸워보지도 않고 스스로 굴복하는 것은 지사(志士)들이 부끄러워하는 바이다."

만일 한때의 고식지계(姑息之計)를 달게 여겨서 비열한 정책을 쓰게 되면, 무식한 사람들이야 틀림없이 '겉으로 적은 치욕을 당하는 것이 실제 권리상에야 무슨 손해될 게 있겠는가? 라고 하겠지만, 이것은 나라의 명예를 떨어뜨리고 국민들의 천직(天職)을 모욕하는 것이니, 한번 그렇게 하고 나면 비열하고 어리석은 생각이 폐부(肺腑) 속 깊이 박혀서 만겁(萬劫)의 세월이 지나도 돌아오지 못할 지옥으로 떨어지게 할 뿐이다.

속담에 말하기를 "그 아비가 만년에 감주(甘酒)를 밥 대신 먹으면 그 아들은 술 마시고 행패 부리기를 일삼으며, 그 아비가 바둑으로 긴 여름날을 소일(消日)하면 그 아들은 내기 장기나 내기 바둑(博奕賭錢)으로 가산(家産)을 탕진한다."고 하였으니, 이야말로 두 주먹 불끈 쥐고 가슴속에 새겨두어야 할 격언이다.

예컨대, 오늘 내가 흉한(兇漢)을 만나서 마음속으로는 명명백백하게 그가 도적임을 알고 있으면서도, 잠시 화를 면하기 위하여 치욕을 무릅쓰고 입으로 아버지, 할아버지라 부르고 그 앞에서 무릎을 한 번 꿇으면, 나의 아들은 그 앞에서 머리를 숙이고 그를 아버지, 할아버지라고 두 번 부르게 될 것이며, 나의 손자는 땅바닥에 머리를 조아리며 그를 아버지, 할아버지라 세 번 부르게 될 것이다.

그리하여 처음에는 부득이하여 한 번 부르던 아버지, 할아버지가 몇 세대 후에는 마음속으로 정말로 숭배하는 아버지, 할아버지가 될 것이다.

이는 마치 소 가죽을 오래 뒤집어쓰고 있으면 마침내 사람으로서의 본래의 진면목(眞面目)을 완전히 잊어버리며, 오랫동안 남의 노예 노릇을 하여 그것이 몸에 베이게 되면 마침내 그 사람에게 매 맞는 것도 달갑게 여기게 되어, 비록 불공대천(不共戴天)의 원수라도 그의 힘만 강하면 아버지, 할아버지라 부르게 되는 것과 같은 것이다.

고려 중엽에 몽고(蒙古: 元 나라)와 맺었던 치욕적인 맹약(부모의 나라로 섬기겠다고 한 맹세-편역자)은 처음부터 그 마음속으로 기뻐하고 성심으로 복종해서 그런 조약을 맺었던 것이 아니다. 끓어오르는 분노를 감추고 솟아오르는 피눈물을 마셔가면서 맺었던 조약이며, 기뻐서 손과 발이 저절로 춤을 추는 가운데 맺은 화친(和親)의 조약이 아니라 겉으로는 웃으면서도 속으로는 칼을 품고 맺은 화친이었지만, 몇 십 년이 지나다 보니 피와 눈물은 웃음으로 변하고, 가슴 속에 품었던 칼은 술로 변하여 전국 신민(臣民)들이 다 같이 흉적(凶賊: 元나라)을 조상으로 여기는 지경에 빠지게 된 것이다.

오늘 홀필렬(忽必烈: 원나라 세조(1260-1294) 쿠빌라이)에게 무릎 꿇고 절하던 그 손으로 내일에는 주원장(朱元璋: 명나라 태조)에게 무릎 꿇고 절하며, 또 그 다음날에는 누르하치(奴爾哈齊: 청나라의 태조. 성은 애신각라(愛新覺羅). 실제로 조선이 청에게 무릎을 꿇은 것은 누르하치가 죽고 그의 아들 청 태종 홍타시 때의 일로서, 정묘호란과 병자호란 때의 일임.-편역자)에게 무릎 꿇고 절하여 마치 늙은 기생이 기둥서방을 바꿔가며 섬기듯이, 이 사람이 가면 저 사람을 맞아들이고, 저 사람이 가면 이 사람을 맞아들이는데, 이렇게 하는 것이 거의 습관처럼, 본성처럼 되어서 부끄러운 짓을 하면서도 부끄러운 줄조차 알지 못하니, 아, 슬픈 일이로다.

이런 이유로, 화란(和蘭: 네덜란드) 국민들은 30여년 간의 전쟁으로 간과 뇌수를 땅에 쏟고(肝腦塗地) 더 이상 어찌할 수 없는 막다른 지경에 이르러 차라리 바닷물을 도성(都城)으로 끌어들여 조상의 분묘와 가지고 있던 모든 재산을 용궁(龍宮)속에 던져 넣어 버리고는 독립국(獨立國)이란 명예를 몇 척 되지도 않는 초라한 함대 위에서 보전할지언정 적들에게 머리 숙이기를 거부하였던 것이다.

그러므로 나의 권리가 떨어지기 전에는 칼과 피로써 이를 보호해야 하고, 나의 권리가 이미 떨어진 다음에는 칼과 피로써 이를 되찾아야 하며, 또 설혹 참담한 가시밭(荊棘) 속에서 갈 길은 먼데 해는 벌써 지고 있는(日暮途遠) 그런 절망적인 경우에 처하여도 월왕(越王) 구천(仇踐)이 회계산(會稽山)에서 겪었던 것과 같은 치욕을 부득이 잠시 참지 않으면 안 될 경우를 당하면, 마땅히 날마다 섶 위에서 자고(日日臥薪) 수시로 쓸개를 맛보면서(時時嘗膽) 칼과 피로써 전 국민을 불러일으키도록 해야만 한다.

그런데도 저 비루하고 용렬한 무리들은 매번 이르기를, 매사를 편안하고 조용히 그리고 서서히 함으로써 행복을 추구하라고 하고, 온화하고 부드럽게 복종하면서 기회를 기다리라고 한다. 그러나 이는 나의 예기(銳氣)를 스스로 꺾어버리고 양심을 스스로 속이는 것이니, 천하 모든 사람들에게 화(禍)를 초래하는 것은 바로 이런 말일 것이다.

아, 슬프다. 어떻게 하면 을지문덕 같은 사람이 다시 나와서 이런 무리들을 깨끗이 쓸어버릴꼬.

대개 이때에 수나라가 고구려를 모욕하고 멸시함이 날마다 되풀이 되고, 기타 수나라에 붙좇는 모든 나라들의 야유(揶揄) 또한 비 오듯 하였으나, 을지문덕은 그런 것에 굽히지도 않고 흔들리지도 않는 의기(意氣)를 스스로 더욱 가다듬어 끝내 대 풍운(風雲: 전쟁)을 불러 일으켰으니, 이는 그가 이런 뜻을 알고 있었기 때문일 것이다.

제5장 을지문덕의 웅대한 전략

작은 것(小)으로써 큰 것(大)을 대적하고, 적은 것(寡)으로써 많은 무리(衆)를 대항함에 있어서는 그 취하는 조치와 계획이 스스로를 지키기에 진력(盡力)하더라도 오히려 성공하지 못할 염려가 있다.

그런데도 저 을지문덕이 행한 일을 보면, 그 웅대한 목구멍은 중국 전체를 일거에 삼켜버릴 듯이 하였고, 그 씩씩한 걸음걸이는 만리장성을 뛰어넘을 듯이 하였다. 만일 어떤 자가 말하기를, 바다 동쪽 한 구석에서 문을 굳게 닫아걸고 스스로를 지키는 것이 상책(上策)이라고 한다면, 그는 곧바로 그 자의 얼굴에 가래침을 확 뱉어 줄 그런 기개(氣槪)를 가지고 있었다,

금년에는 몇 천의 군사로써 어느 지역(某地)으로 쳐들어가서 차지하고, 내년에는 몇 만의 군사로써 어떤 성(某城)을 탈취하고, 또 그 다음해에는 몇 십만 군사로써 어떤 진(某鎭)을 엄습하여 지상의 풀 한 포기 나무 한 그루라도 모두 우리 나의 비와 이슬에 젖으며, 공중에 있는 벌레 한 마리 새 한 마리도 모두 다 우리의 호령을 두려워하게

하고, 세계 열강(列强)이 모두 고구려의 달력(正朔)을 받들어 쓰도록 하려고 하였다. (*즉, 고구려의 문물과 제도대로 따라서 시행하게 한다는 뜻이다-편역자),

당시 고구려의 사기(史記)인 유기(留記)와 신집(新集)이 후세에 전해오지 않음으로써 을지문덕이 품었던 정략(政略)을 상세히 고찰할 곳이 없으나(*〈삼국사기〉 고구려 영양왕 11(서기 600)년 조에는, 영양왕이 태학박사 이문진(李文眞)에게 명하여 옛 사기를 요약하여 신집(新集) 5권을 만들게 하였다. 나라의 초창기에 처음으로 문자를 사용할 때에 어떤 사람이 기사 1백 권을 쓰고 이것을 유기(留記)라 하였는데, 이때 와서 요약 수정하였다고 하였다.-편역자), 다만 수(隋)나라의 사기인 수서(隋書)에 의거하여 보면, 단기 2934년(서기 601년) 경에는 고구려가 동쪽 지경과 서쪽 지경을 침략하였던 유적(遺跡)을 오히려 생각해 볼 수 있다. 그러므로 수(隋)나라 양광(楊廣: 후에 황제가 되어 양제(煬帝)라 시호(諡號)하였음-편역자)이 고구려로 쳐들어오려 할 때에 자기 나라 안에 포고(布告)한 글을 보면, 순전히 고구려가 자주 쳐들어와서 견딜 수 없었던 사정이 분명히 드러나 있다.

그 포고문에서 말하기를, "고구려가 거란의 무리들과 함께 바닷가를 지키던 우리 수비군을 죽였다(高麗兼契丹之黨, 虔劉海戍)" 고 하였고, 또 말하기를, "고구려가 우리 강토를 잠식하였다(高麗荐食疆土)" 고 하였는데, 이로써 보면, 을지문덕의 살수 싸움은 단지 을지문덕의 전쟁 역사 전체에서 작은 일부분에 지나지 않았음을 알 수 있다.

아, 이야말로 이른바 덕(德)도 헤아리지 못하고 힘도 헤아리지 못한다는 것이 아닌가?

이야말로 이른바 작은 자가 강한 자를 대적하면 큰 자에게 사로잡히는바 된다고 하는 것이 아닌가?

조선의 땅 한 구역만 가져도 충분히 큰소리치며 놀만한데 무슨 이유로 이웃나라의 뜻을 거스름으로써 병화(兵禍)를 초래하여 상하 군민이 편히 쉬지 못하게 하는가?

이르노니, 하늘이 우리의 중립(中立)을 허용하지 않기 때문에, 나아가지 않으면 반드시 물러나야 하고, 물러나지 않으려면 반드시 나아가야 한다는 것은 고금(古今)에 공통된 도리이다.

그러므로 옛 노래에서 말하기를, "가자 가자, 어서 가자. 오늘에 아니 가면 다시는 갈 날 없다." 운운(云云)한 것은 곧 인간의 경쟁세계에서는 우수한 자는 이기고 열등한 자는 패하는(優勝劣敗) 공리(公理)를 분명하게 가르쳐주는 하늘의 예언(天書)이라 할 수 있다.

삼국시대의 산천(山川) 또한 오늘날의 산천이고, 그때의 풍물(風物) 역시 오늘날의 풍물이며, 그때의 인종은 오늘날 우리의 조상들이었거늘, 후세인들의 대외 경쟁력이 아래로 내려올수록 더욱 약해진 것은 무슨 이유인가?

그것은 그 추구하는 것이 앞으로 나아가려는 것인지 뒤로 물러나려는 것인지에(求進求退) 따라서 그 결과가 달라지기 때문이다.

강해질 수 없다고 해서 스스로 약한 것만 힘쓰고, 커질 수 없다고 해서 스스로 작은 것만 바라왔다. 그리하여 다른 나라를 말할 때에는 반드시 대국(大國), 강국(强國)이라 하면서, 자기 나라를 말할 때에는 반드시 소국(小國), 약국(弱國)이라 하였다.

스스로 자신을 낮추어 공손히 말하고(卑辭) 폐백을 더 많이 갖다 바치는 것으로써(增幣) 나라를 방위할 계책으로 삼았으며, 경서(經書)를 이야기하고 시(詩)를 짓는 것으로써 군비(軍備)를 대신하였다.

그 결과 동(東)으로는 대마도를 양보하고 서(西)로는 압록강 서쪽을 모두 다 잃어버려서 일개 구자국(龜玆國: 서역에 있는 작은 나라. —편역자) 되는 것을 달갑게 여기었으니, 이처럼 날마다 물러나고 날마다 쇠약해짐을 어찌 면할 수 있겠는가.

그러므로 을지문덕의주의(乙支文德主義)는 적이 커도 우리는 반드시 나아가고, 적이 강해도 우리는 반드시 나아가며, 적이 사납든지 용맹하든지 간에 우리는 반드시 나아가며, 한 걸음 뒤로 물러나면 식은땀으로 등이 젖고, 털끝만큼이라도 양보하면 입으로 피를 토하면서 이로써 자신을 독려하고, 이로써 동료를 고무하며, 이로써 전국 인민을 흥기(興起)시켜, 그 삶을 조선으로써 하고, 그 죽음을 조선으로써 하며, 그 한 번 숨쉬고 한 번 먹는 것을 반드시 조선으로써 한 결과 마침내 여진(女眞) 부락을 다 우리의 식민지로 만들었고, 중국의 천자(天子)를 우리 손으로 거의 사로잡을 뻔했던 것이다.

오호라! 땅이 크다고 해서 그 나라가 큰 것도 아니고, 군사와 백성의 수가 많다고 해서 그 나라가 강한 것도 아니다. 다만 스스로 크게 하고 스스로 강하게 하려는 자가 있으면 그 나라는 강대하게 되는 것이니, 아, 현명하구나, 을지문덕주의여!

제6장 을지문덕의 외교수완

지금 말하기를, "을지문덕이 전략(戰略) 면에서는 신통한 위인(偉人)이었다"고 하면, 모두들 말하기를 "그렇다"고 할 것이다. 그리고 또 말하기를 "을지문덕은 국내 정치(內治)에 뛰어난 훌륭한 신하(賢臣)였다"고 하면, 역시 어떤 사람들은 "그렇다"고 말할 것이다. 그러나 그의 외교수완이 민활하고 원대하였다는 사실에 대해서는 이를 아는 사람이 없다.

그 당시 고구려를 위한 계책을 세우면서, 단지 전략(戰略)만 잘 세운다고 해서 나라를 빛낼 수 있었겠는가? 할 수 없었을 것이다.

그렇다면, 내치(內治)에만 힘쓴다고 해서 나라의 기초를 공고하게 할 수 있었겠는가? 할 수 없었을 것이다.

고구려의 지형을 보면, 동남으로는 신라(新羅)와 백제(百濟)가 있었고, 서쪽으로는 수(隋)나라가 있었으며, 북으로는 거란(契丹), 말갈(靺鞨), 돌궐(突厥), 선비(鮮卑) 등의 나라들이 있었다. 무슨 높은 산이나 큰 강도 없었고, 무슨 변경의 요새나 사막 같은 것도 없었으며, 그 강역(疆域)이 서로 이웃하여 가까이 붙어 있기가 마치 개의 어금니처럼 이어져 있어서 사방으로 적의 침입을 받는 곳에 놓여 있었다.

또한 이때에 이르러서는 수나라의 기세가 열국들을 억누르고 굴복시켜서 모두 다 좌(左)로 돌라 하면 좌로 돌고 우(右)로 가라 하면 우로 갈 뿐 거역하는 자가 아무도 없었던 그런 시대였다.

이런 점에서 보면 신라도 수나라의 일부였고 백제도 수나라의 일부였으며 거란, 말갈, 돌궐도 또한 모두 다 수나라의 일부였으므로, 수나라를 위하여 일하고 수나라의 종노릇하는 자들이 사방에 벌려 있으면서 수(隋) 천자의 명령만 기다리고 있었다.

그러므로 이런 때에 만일 을지문덕이 경솔하게 수(隋)에 도전하다가는 아침에는 신라의 군대가, 저녁에는 백제의 군대가, 내일에는 거란, 말갈의 군대가, 그 다음날에는 돌궐, 선비(鮮卑)의 군대가 쳐들어올 것이고, 이쪽 군사가 물러가면 저쪽 군사가 쳐들어오고, 저쪽 군사가 물러가면 이쪽 군사가 쳐들어와서 동서남북 사면으로 적들을 맞아 싸우느라 정신이 없을 것이다.

그렇게 되면 군사들은 큰 적을 맞아 싸우느라 지치고, 백성들은 편히 생업에 종사하지 못할 것이다. 이런 때에는 유능한 정치가가 조정에 가득하더라도 와해된 민심을 모아서 안정시키기가 어렵고, 유능한 장수들이 변경에 별처럼 많이 벌려 있을지라도 번갈아 쳐들어오는 적병을 막아내기가 어려울 것이니, 장차 이를 어떻게 하겠는가.

아, 기이하구나, 을지문덕의 외교수완이여! 손뼉을 치면서 한 번 칭찬해줄 만하도다. 결국, 말갈도 우리가 이용하는바 되었고, 거란도 우리에게 이용되는바 되었으며, 고구려를 같이 치자고 날마다 청하던 백제도 결국 양다리를 걸치고 국경에서 관망만 할 따름이었으며, 일찍이 수(隋)를 두려워하여 고구려의 사신을 붙잡기까지 하였던 돌궐도 수나라 군사를 도와서 같이 치는 일이 없었으니, 그 사이에 사신을 보내어 오고 간 비밀스런 꾀와 기이한 계책들은 역사상 전하는 바가 없으나, 한 모퉁이에 홀로 서서 훌륭한 외교수완으로 적국의 무리들이 서로 돕는 것을 와해시킨 것만은 분명하니, 오호라, 진정한 위인이로다.

제7장 을지문덕의 무비(武備)

중국에서는 이때 제(齊)도 이미 망하였고 진(陳)도 이미 망하였으며, 돌궐과 선비도 이미 항복하였으므로, 천천히 사방을 둘러보아도 수(隋)나라의 뜻을 감히 거역할 나라가 없었다.

이런 때에는, 중국의 역대 제왕(帝王)들이 큰 난리를 평정한 후 천하가 무사하면 백성들의 기운을 강하게 억누르고 혁명(革命)이 일어날 싹조차 완전히 잘라 없애버리던 익숙한 방법을 본받아서, 황궁 안에 숙위병(宿衛兵) 몇 만 명만 남겨두고 모든 장수들의 병권(兵權)을 일시 빼앗고, 전국에 있는 쇠붙이들을 거두어 모아 녹여서 쇠사람(金人) 열두 개를 만들어 둠으로써 천하에서 병화(兵禍)의 기운이 완전히 사라지게 해야 할 때가 아니었던가.

(*12개의 金人: 사기(史記)에 의하면, 진시황은 천하를 통일한 후 전국의 병기를 거두어 함양(咸陽)에 모은 다음 녹여서 종과 악기를 만들고 또한 무게가 각각 1천 석(石: 1석은 120근)이나 되는 쇠사람(金人) 12개를 만들어 궁중에 세워 두었다고 한다.-편역자)

그러나 저 수나라 양씨(楊氏) 부자(文帝와 煬帝)는 이 길로 나아가지 않고 반대로 군사와 무기를 더욱 힘써 준비하였으니, 그 뜻이 고구려를 침공하려는 데 있지 않으면 어디에 있었겠는가.

아, 만약 고구려 사람들이 눈이 예리하지 못하고 손발이 빠르지 못하여 "그들은 그들이고, 우리는 우리다(彼爲彼, 我爲我)" 고 하는 어리석은 생각을 하면서 태평가(昇平曲)만 부르고 있었다면 틀림없이 강남의 진씨(陳氏)의 전철을 밟게 되었을 것이 분명하지만, 다행히 저 눈밝은 위대한 을지문덕이 있어서 수(隋)가 중국을 통일한 후로 한층 더 경계하여 무비(武備) 정책을 서둘렀기 때문에 뛰어난 군사 1백만 명을 갖추게 되었으며,

(*수서(隋書)에서 이르기를, "고구려의 뛰어난 군사가 1백만 명"이라고 하였다. -원주),

인심(人心)을 모아서 화목하였기 때문에 군대를 위한 세금(軍賦)을 무겁게 부과해도 원망의 말이 없었으며,

(*수 양제가 말하기를, 고구려는 세금을 번다하게, 그리고 무겁게 거둔다고 하였다. -원주),

장수와 관리들은 적임자를 뽑아서 썼기 때문에 후일에 큰 적이 나라 안으로 쳐들어 왔어도 항복하는 사람이 하나도 없었으며,

(*史書에서 이르기를, 수나라 군사가 지나가는 곳에서는 고구려의 모든 성들이 굳게 지키고 항복하지 않았다고 하였다. -원주),

성곽을 쌓고 보수하여 싸우고 지키는 데 충분하게 하였다.

(*史書에서 이르기를, 우문술(宇文述) 등이 평양성 밑에 이르러 보니 성이 험준하여 함락시키기 어려웠다고 하였다. -원주),

그러므로 신라의 각간(角干: 쇠뿔한) 김유신(金庾信)이 나라를 위하여 기도한 것과, 충무공 이순신(李舜臣)이 왜적이 쳐들어올 것을 예상하여 준비한 것과, 무후(武侯) 제갈량(諸葛亮)이 농사를 장려하고 무비를 강구한 것과, 가부이(加富爾: Cavour. 마찌니, 가리발리와 함께 이태리 통일운동의 삼대 영웅 중 하나. 加富爾는 Cavour의 중국 음역.-편역자)가 백성을 달래가면서 세금을 더 많이 거둔 것과, 이성(李晟)이 성을 수축하고 군량을 비축하던 그 열성과 충성과 분투심, 그 애쓴 정황 등을 을지문덕은 자기 마음속에 모두 품었으며, 자기 한 몸으로 모두 겪었도다.

제8장 을지문덕의 손안에서 놀아난 수 양제

당시 고구려는 외교에 있어서도 결여된 것이 없었고 내치(內治)에 있어서도 빠뜨린 것이 없었다.

이때 그가 큰 칼과 넓은 도끼를 휘두르며 큰 무대에 나타나서, 혹은 유격병을 보내어 말갈의 복장을 하고 적의 내지로 들어가 정탐하게 하고, 그 변방을 번갈아가며 침략하게 하였으며, 혹은 거란(契丹)의 무리들을 끌어들여 바닷가를 지키던 적의 수비병들을 죽이기도 하였고,

(*이 두 구절은 모두 단기 2944(서기 611년)년 수 양제가 내린 조서에 근거한 것이다.-원주),

혹은 말갈을 이용하여 문득 쳐들어갔다가 문득 빠져나오게 함으로써 적들의 정신을 빼놓았으며,

(*단기 2931(서기 598)년에 고구려왕이 말갈 병력 1만여 명을 거느리고 가서 요서(遼西)를 쳤다.-원주),

혹은 수나라와 신라, 백제가 서로 오가는 길을 끊어놓음으로써 전쟁

의 빌미를 만들어 내기도 하였으며,

(*또한 수 양제의 조서에서, 고구려는 길을 막고 황제의 사신들이 오가는 것을 거절하였다고 하였다.—원주),

그리고 또 쳐들어오는 수나라의 일부 군대를 바람 앞의 가벼운 티끌처럼 순식간에 쓸어버렸으며,

(*2931년 6월, 수 문제(文帝)가 한왕(漢王) 양량(楊諒)과 왕세적(王世積), 주라후(周羅睺) 등을 보내어 30만의 군사를 거느리고 수륙으로 동시에 진군하여 평양에 이르렀으나 9월에 크게 패하여 돌아갔는데 죽은 자가 십중 팔구라고 하였다.—원주),

수나라 지경을 점점 잠식하였다고 하니,

(*이 역시 2944(서기 611년)년 수 양제의 조서에 근거한 것이다.—원주),

저희는 수만 리 넓은 땅과, 수억만 인구와, 수백만의 강병(强兵)을 가지고 있는 강국인지라, 동방 한 모퉁이에 있는 작은 나라라고 무시하였던 고구려에게 꺾이고, 패하고, 잠식당하는 수모를 당하였으니, 저들이 언젠가는 다시 한 번 쳐들어오리라는 것은 의심할 여지가 없었다.

그러나 저들이 쳐들어온 것은 사실은 주동적(主動的)으로 온 것이 아니라 을지문덕이 충동질하여 피동적으로 온 것에 불과하였다.

제9장 수(隋)의 형세와 을지문덕

수 양제(煬帝)가 요동(遼東) 고새(古塞)에 이르러 군대의 진용을 열병하고 시신(侍臣)들을 돌아보며 큰소리쳐서 말하기를, "산을 옮기고 바다를 뒤집는 것도 반드시 해낼 수 있을 터인데, 하물며 고구려 같은 하찮은 오랑캐를 쳐서 없애기가 무엇이 어렵겠는가" 운운(云云)한 것은 수씨(隋氏) 집안의 교만한 한 아이가 자만심에서 한 말이므로 사기(史記)를 읽다가 이에 이르러서는 저절로 비웃음이 나오게 되지만, 그러나 그때 수나라의 기세를 보면, 그가 이 한 마디 자만(自慢)의 말을 한 것도 이상하게 여길 수가 없다.

십여 년간 훈련된 병력으로 마치 강둑이 터져 범람하듯이 동쪽으로 쳐들어오니, 그 군함이 3백 척이었고,

(*단기 2943년(서기 610년: 영양왕 22년)에 수 양제 양광(楊廣)이 유주(幽州) 총관(總管) 원홍사(元弘嗣)를 파견하여 동래 바닷가에서 병선 3백 척을 건조했다고 하였다. -원주)

전차가 5만 승(乘)이었으며,

(*수 양제가 탁군(涿郡)에 친히 이르러 전차 5만 승(乘)을 만들어 갑옷과 무기 등을 실었다고 하였다.-원주)

군사의 수가 2백만 명이었으며,

(*단기 2944년(서기 611년: 영양왕 23년)에 수 양제가 전국의 군사들을 징발하여 탁군에 전부 집결시켜 좌군(左軍) 12군은 누방(鏤方), 장잠(長岑), 명해(溟海), 개마(蓋馬), 건안(建安), 남소(南蘇), 요동(遼東), 현토(玄菟), 부여(扶餘), 조선(朝鮮), 옥저(沃沮), 낙랑(樂浪) 등 방면으로 진군하고, 우군(右軍) 12군은 점선(粘蟬), 함자(含資), 혼미(渾彌), 임둔(臨屯), 후성(候城), 제해(提奚), 답돈(蹋頓), 숙신(肅愼), 갈석(碣石), 동이(東暆), 대방(帶方), 양평(襄平) 등 방면으로 진군하여 평양으로 일제히 달려가니, 군사의 총수는 113만 3천8백 명이었는데, 공식적으로는 2백만 명이라 하였고, 군량과 군수물자의 수송을 맡은 자들의 수가 또 군사 숫자의 2배가 되었다고 하였다.-원주).

깃발(旌旗)은 1천리에 뻗쳤으며,

(*기병(騎兵)은 40대(隊)로 이루어졌는데, 각 대는 1백 명이고, 10대가 1단(團)이었고, 보병(步兵)은 전부 80대였는데, 이를 4단(團)으로 나누고, 각 단별로 갑옷, 투구의 끈, 깃발의 색깔을 달리하였으며, 매일 1군씩 출발하였는데, 앞뒤로 서로간의 거리는 40리가 되게 하였다. 한 진영(營)이 출발하면 이어서 다음 진영이 출발하여 40일이 지나서야 전군의 출발이 완료되었다. 각 군의 맨 뒤와 다른 군의 맨 앞이 서로 이어져서 북과 나팔 소리가 서로 들렸으며, 깃발은 960리에 걸쳐 뻗쳤다고 하였다.-원주)

장수들은

(*모두 24군(軍)으로 나누어 좌익위(左翊衛) 대장군에 우문술(宇文述), 우익위 대장군에 우중문(于仲文), 좌효위(左驍衛) 대장군에 형원항(荊元恒),

우익위 장군에 설세웅(薛世雄), 좌둔위 장군에 신세웅(辛世雄), 우어위(右禦衛) 장군에 장근(張瑾), 우무후(右武候) 장군에 조효재(趙孝才), 탁군(涿郡) 태수 좌무위(左武衛) 장군에 최홍승(崔弘升), 우어위(檢校右禦衛) 호분랑장(虎賁郎將)에 위문승(衛文昇)은 등이 나누어 거느리고, 수군은 좌익위 대장군 래호아(來護兒)가 거느리고 갔다고 하였다.—원주)

거의 대부분이 촉(蜀)을 평정하고 제(齊)를 평정한 전쟁에서 지용(智勇)으로 이름난 장수들이었기 때문에, 저 야심만만한 수 양제에게는 이미 고구려는 그 안중에도 없었다. 그는 압록강 정도는 채찍 한 번 휘갈겨서 끊어버리고 평양은 한 걸음에 짓밟아 평지를 만들어 버릴 듯한 기개를 품었는데, 불행하게도 을지문덕을 만나서 제 1차 요수(遼水) 싸움에서 대패하였으며,

(*612년 2월, 수나라 군사가 요수에 이르자, 우리 군사가 물을 막고 지키고 있다가 수나라 군사들이 부교(浮橋)를 타고 건너올 때 그 부교가 이쪽 물가에 미치지 못하여 우리 군사가 높은 데서 급히 내려치니, 적의 군사들 중에 죽은 자 매우 많았다. 적의 용장 맥철장(麥鐵杖), 전사웅(錢士雄), 맹금차(孟金叉: 다른 곳에서는 孟叉라고 하였음) 등이 다 죽었다고 하였다.—원주)

제2차 요동성(遼東城)에서 크게 곤욕을 당하였으며,

(*수나라 군사가 요동성에 이르자 고구려 장수가 굳게 지켜서 적들이 에워싸고 공격하였으나 이기지 못하였다고 하였다.—원주)

제3차 평양성에서 크게 패하였고,

(*래호아(來護兒)가 강(江)·회(淮)의 수군을 거느리고 바닷길로 나아가니 배가 수백 리에 잇달았다. 대동강으로 들어가서 곧바로 성 밑으로 쳐들어

가자 우리 군사는 성 외곽 안의 빈 절(寺)에 매복하고 있다가 거짓 패하여 래호아를 유인하여 성 안으로 들어오게 한 후 복병이 들고일어나며 크게 싸우니, 적의 시체가 낭자하였고 래호아는 자기 한 몸만 겨우 피하여 단기로 도주하였다고 하였다.-원주)

마침내 살수(薩水)에 이르러 크게 낭패를 당하였다.

(*다음 장을 보라.-원주)

아, 한 나라의 강하고 약함은 영웅이 있는가 없는가에 달려 있고 장졸(將卒)들의 수가 많고 적음에 달려 있지 않도다.

제10장 용호(龍虎)처럼 변화무쌍한 을지문덕

규중(閨中)의 처녀(處女)처럼 지키고 있다가 달아나는 토끼처럼 뛰어나가고, 산악처럼 고요히 있다가 천둥과 번개처럼 움직이니, 을지문덕을 어찌 다만 위인(偉人)일 뿐이라고 하겠는가. 그는 곧 천신(天神)이었다.

요동(遼東)·갈석(碣石) 서쪽에서 조수처럼 밀려오는 것은 전부 적국의 군대였고, 패수(浿水: 대동강) 아래쪽에 검은 구름같이 날아와 모인 것은 전부 적국의 군함(軍艦)들이었으며, 위로 하늘의 해를 가린 것은 전부 적국의 깃발들이었고, 아래로 지구를 뒤흔드는 것은 전부 적국의 북소리였으니, 출정한 군사의 성대함이 고금(古今)에 처음 보는 것이었다.

옆에서 보는 사람도 고구려를 걱정하여 두려워하였는데, 을지문덕은 다만 휘하의 여러 장수들을 지휘하여 요해처(要害處)만 단단히 지키고 있게 하고서는(*즉, 제 9장에서 이미 나온 요수(遼水)와 요동성(遼東城)의 수비를 말한다.-원주) 담소(談笑)하면서 주위를 돌아보는 동안에 성 외곽 안 빈 절에 매복시켜 두었던 군사로써 저들의 수군(水軍)을 모조리 섬

멸하였다. (*즉, 제 9장에서 말한 래호아(來護兒)의 군사를 쳐 죽인 것을 말한다. - 원주)

그러면서도 자기는 편안하게 아무 일도 없는 듯이 베개를 높이 베고 누워서 적들이 강을 건너오면 건너오게 내버려 두고, 적들이 멋대로 설치면 설치는 대로 내버려 두었다가, 적군의 대진(大陣)이 압록강 서편에 이르렀다는 보고를 받고서야 비로소 차분히 단기(單騎)로 호랑이 굴속으로 몸소 찾아가서 적의 허실(虛實)을 탐지한 후에 또 그 신명불측(神明不測)한 수완을 발휘하여 무사히 적의 소굴을 탈출하였다.

(*적장 우문술(宇文述)과 우중문(于仲文) 등이 대군을 통솔하고 압록강 서편에 모였거늘, 을지문덕이 적의 진영으로 찾아가서 거짓 항복하였으며, 그리고 또 계책을 써서 우중문을 속이고 빠져나왔더니, 우중문이 문득 후회하고는 사람을 보내어 부르면서 말하기를, "상의할 일이 있으니 다시 오라"고 하였으나, 을지문덕은 들은 척도 하지 않고 말을 달려 압록강을 건너왔다. -원주)

하늘과 땅을 그물의 눈 삼아 만든 천라지망(天羅地網)을 겹겹이 쳐 놓고 큰 적을 사지(死地)로 유인하여 들어오게 한 후 문단(文壇)에서나 읊을 만한 시구를 지어 화답하였는데, 앞부분에서는 크게 칭찬을 하여 적의 마음이 더욱 교만해지도록 부추기고, 마지막에는 사람이 제 분수를 알거든 이제 그만두라고 권하였다.

아, 가령 이때에 이르러 우중문이 제 분수를 알고 그만두겠다고 했더라면 을지공이 그것을 허락하였겠는가? 영웅은 사람을 잘 속인다고 하는 말은 역시 빈말이 아니었다.

(*을지문덕이 속이고 돌아간 것을 깨닫고 우문술(宇文述) 등이 크게 화를 내며 뒤쫓아 오자 을지문덕은 적은 수의 군사로 맞서 싸우다가, 이미 적군이 주린 기색이 있음을 보았으므로, 저들을 지치게 하기 위하여 조금 싸우다가는 문득 달아나니, 이때 적장은 하루에 일곱 번을 이기고 나서 크게 교만해져서 동으로 살수를 건너 평양성에서 30리 떨어진 곳까지 와서 진을 쳤다. 이에 을지문덕이 시 한 수를 지어 보냈는데, 그 시는 이러하였다. -원주)

신통한 꾀는 천문에 통달하였고 (神策究天文. 신책구천문)
신묘한 계책은 지리에 통달하였다 (妙算窮地理. 묘산궁지리)
싸움에 이겨서 공로 이미 높으니 (戰勝功旣高. 전승공기고)
분수를 알거든 그만 돌아가시지요 (知足願云止. 지족원운지))

오호라! 대저 을지문덕의 몸 하나가 천개 만개의 을지문덕으로 나타나되 문득 사신(使臣)으로 현신(現身)하고, 문득 장수로 현신하고, 문득 시인으로 현신하며, 문득 재상(宰相)으로 현신하고, 문득 정탐꾼으로 현신하며, 문득 외교가로 현신하고, 당당한 순신(純臣: 그 마음이 순수한 충성심만으로 차 있는 신하)이 문득 또 반신(叛臣: 나라를 배반한 신하)으로 거짓 현신하며, 명성이 드높은 명장(名將)이 문득 패장(敗將)으로 거짓 현신하여, 문득 왔다가 문득 가고, 문득 숨었다가 문득 나타나며, 문득 멀어졌다가 문득 가까워지고, 문득 일어났다가 문득 엎드리어 저 의기양양하게 요동으로 쳐들어왔던 적국의 군신(君臣)들이 일시에 자신들 뜻대로 하지 못하고 을지문덕의 손안에서 놀아났도다.

아, 역사를 읽는 자들이여! 을지문덕에 관한 역사 기록이 빠지고 없음을 한탄하지 말지어다. 이 두어 줄의 역사 기록이 그 신령스런 광채를 전부 다 드러내고 있느니라.

제11장 살수 풍운의 을지문덕

성을 굳게 지키고 들판을 깨끗이 치워버린 평양성 아래에서 여러 달 지내다보니 적병들은 식량도 이미 다 떨어지고 노략질할 곳도 없는지라, 부득이하여 군사를 돌렸다.

그때서야 을지문덕은 군사를 내보내어 사방에서 들이치며 살수까지 쫓아가니, 아, 가련하구나, 음릉(陰陵: 항우가 유방과의 전투에서 패하여 마지막으로 도망가다가 이르게 된 지방으로, 이곳에서 한 노인에게 속아 길을 잘못 들어 큰 늪에 빠지고 말았다--편역자)의 어두운 밤에 항우(項羽)의 오추마(烏騅馬: 항우가 타던 명마 이름)가 앞으로 나아가려 하지 않았고, 해상에서 불어오는 거센 회오리바람에 스페인의 군함이 쓰러진 것과 같았도다.

고구려의 군사 수가 수(隋)의 한 진영의 군사 수에 불과하다고 무시하던 수 황제의 의기(意氣)는 이때 와서는 어디로 가버렸는가.

뒤에서는 적군이 추격해 오는데 큰 강이 앞을 막고 있으니, 날아가고자 해도 날개 없는 저 수나라 병사들이여, 죽을 날을 당하사 24개 군영이 한 배를 두고 서로 먼저 오르려고 다투다가 강 가운데까지 가지도 못해서 우리 군사가 뒤에서 엄습하니, 용과 뱀들이 뭍으로 기어 올라오고 천지가 뒤집혀졌다.

후군장(後軍將) 신세웅(辛世雄)의 목을 베고 갈수록 더욱 맹렬히 무찔러서, 수백만 적병들을 모조리 물고기 뱃속에 장사지내니, 살아서 돌아간 자는 2천7백 명에 지나지 못하였고, 수억만 냥(兩)어치의 자재와 기계, 무기들이 일시에 물속에 처박혀 없어져 버렸으니, 이때는 곧 단군 2945(서기 612)년 고구려 영양왕 23년 6월이고, 지금부터 1397년 전인데, 태사관(太史官: 역사를 기록하는 사관)이 붓을 뽑아 대서특필하기를, '모년 모월 모일에 을지문덕이 수나라 군사를 막을 때 살수 위에서 크게 무찌르자 수나라 황제 양광(楊廣)이 달아나서 돌아갔다.' 고 하였다.

무릇 동서고금에 각국의 사기(史記)와 항간의 이야기(稗談)들은 그 수가 극히 많아서 그것을 기록해 놓은 책들을 운반하는 소가 땀을 흘리고, 그 책들을 한곳에 쌓아놓으면 천장에 닿을 정도이지만(汗牛充棟), 그 속에 나오는 수많은 전쟁에 관한 기록과 이야기들 중에서 적은 수의 군사로써 많은 군사들을 격퇴하기를 을지문덕처럼 한 자가 있던가?

약한 군사로써 강한 군사 대적하기를 을지문덕처럼 한 자 있던가?

일국의 대신으로서 1백만 명 군사의 적진에 출입하여 정탐하기를 을지문덕처럼 한 자 있던가?

약한 군사로써 외롭게 떨어져 있는 성을 지키면서 사면에서 쳐들어오는 강한 적들을 홀로 우뚝 서서 능히 굴복하지 않기를 을지문덕처럼 한 자 있던가?

여러 번이나 강한 적들을 그림자 하나도 돌아가지 못하게 함으로써 어린아이는 그 이름을 듣고 울음을 그치고, 초목들조차 그 이름을 알고 있기를 을지문덕처럼 한 자 있던가?

안으로는 정치와 교화(敎化)에 힘쓰고 밖으로는 적국의 침략을 막음으로써, 하나의 몸으로 장수와 재상의 직책을 겸임하였으되 그 행동이 편안하고 한가하여 음성과 안색에 변함없기를 을지문덕처럼 한 자 있던가?

땅도 좁고 인구도 적은 나라로서 여러 차례 전쟁을 하면서도 백성들의 마음이 감복하여 원망하고 배반하는 자 하나 나오지 않고, 모두들 자기 한 몸의 뼈와 살과 피를 우리 상공(相公)께서 계획하시는 일에 바치겠다고 하게 만들기를 을지문덕처럼 한 자 있던가?

그 후세 사람들이 만약 그의 머리털 하나만큼만 닮더라도 그 나라의 독립을 보전할 수 있을 것이며, 그의 한두 마디의 말만 잘 거두어 간직하더라도 그 나라의 역사를 채워 넣을 수 있을 것이니, 을지문덕이란 사람은 우리 대동국(大東國) 4천년 역사에서 유일한 위인일 뿐만 아니라 또한 전 세계 각국에도 그 짝이 드물도다.

적국의 사관(史官)까지도 오히려 자신도 몰래 크게 흠모하고 감복하면서 대서특필하여 크게 찬미하여 이르기를, "高句麗有大臣, 曰乙支文德, 沈鷙有智數"(→고구려에 한 대신이 있었으니 이르기를 을지문덕이라 하였다. 그의 성격은 침착(沈)하고 맹렬하였으며(贄) 또 지모와 계략이 있었다)라고 하였다.

그 후 780년경에 본조(즉, 朝鮮) 창업공신 문충공(文忠公) 조준(趙浚)

씨가 명나라 사신 축맹(祝孟)씨와 안주(安州)에 있는 백상루(百祥樓)에 같이 올라가 청천강(淸川江: 즉 살수)을 굽어보며 시 한 수(首)를 지어 우리의 선조 을지문덕의 공로를 과장하며 수나라 황제와 신하들의 용기 없음을 조롱하여 이르기를,

薩水湯湯漾碧虛(살수탕탕양벽허): 살수 강물 출렁출렁 푸른 하늘 잠겼는데
至今留得漁樵話(지금유득어초화): 아직도 나무꾼과 어부들 사이에는 전해오는 말 있다오
隋兵百萬化爲魚(수병백만화위어): 일백만의 수나라 군사들 물고기 밥 되어
不滿征夫一哂餘(불만정부일소여): 우리 군사들에게는 비웃음거리밖에 안 되네.

라고 하였는데, 축씨(祝氏)가 이 시를 읽고는 부끄러워서 얼굴을 붉히고 붓을 내려놓고 말았다고 한다.

(*이 한시는 〈조선왕조실록〉 세종실록, 지리지, 평안도, 안주목(安州牧)에도 소개되고 있는데, 번역은 편역자가 한 것임.-편역자)

제12장 성공 후의 을지문덕

나는 삼국(三國)의 역사를 읽다가 살수 전투가 있었던 다음해인 단기 2945(기원 612)년의 요동 전투와 그 이듬해인 2946(A.D.613)년의 비사성(卑沙城) 전투에 이르러 갑자기 무엇인가 잃은 것이 있는 듯하여 나도 몰래 방황하고 계속해서 탄식하였다.

무릇 살수 전쟁 한 판에 수나라는 맹장(猛將)들과 정예 병사 수백만 명을 모두 잃었고 자재와, 기계, 무기 등 수억만 냥어치를 몽땅 잃어버렸으니, 저희가 비록 부강하다 하더라도 다시 쳐들어올 여력이 어찌 있었겠는가.

그런데 그 후에 재차 쳐들어온 것은 말할 것도 없고 세 번이나 왔으니, 그 재물은 모두 어디서 난 것들이고 그 병사들은 모두 어떤 병사들인가.

그것은 모두 가렴주구(苛斂誅求)로 군수(軍需) 물자를 긁어모으고, 호미로 밭을 매고 송아지를 키우던 농부와 저자거리에 앉아서 물건을 팔던 상인들을 강제로 끌어 모아 융복(戎服: 군복)을 입히고 창칼을 들려서 사지(死地)로 내몬 것이니, 이들은 훈련되지 않은 병사들이고 오합지졸(烏合之卒)의 병사들이었으며, 저희 황제의 폭거(暴擧)를 원망하는 병사들이었으며, 내란 소식(*수 양제가 두 번째 침공해 왔을 때 양현감(楊玄感)이 낙양(洛陽)에서 기병하여 수에 반기를 들었다.—원주)을 듣고 마음이 흔들린 병사들이었으니, 이것이 우리가 반드시 이길 수 있는 첫 번째 조건이었으며,

형세(形勢)로 논하자면 우리는 주인(主)이고 저희는 객(客)이며, 사리(事理)로 말하자면 우리는 옳고(直) 저희는 틀렸으며(曲), 양국의 국정(國情)을 살펴보면 저희는 바야흐로 어지러운 때이고 우리는 바야흐로 잘 다스려지는 때였으며, 군사들의 사기(士氣)를 보더라도 저희는 여러 번 패한 다음이고 우리는 여러 번 이긴 다음이니, 이것이 우리가 반드시 이길 수 있는 두 번째 조건이었다.

저들은 부강(富强)의 기초가 이미 흔들리고 있었고 태평세월이 장차 기울어지려는 때였으니, 스스로 망하는 것을 구해 내기에도 힘이 이미 미치지 못하는데 무슨 겨를에 이웃집과 시비다툼을 하겠는가.

그러므로 고구려를 치자고 맨 처음에 주장한 배구(裴矩: 2944(서기 611)년)에 수 양제에게 고구려를 쳐야 한다고 권했다.—원주)도 이때 와서는 입을 꼭 다물었고, 곽영(郭榮: 2945(서기 612)년에 수 양제에게 고구려 침벌을 그만둬야 한다고 말렸다.—원주)은 머리를 땅바닥에 조아리며 고구려 정벌을 말렸으니, 이는 그 신하들이 싸우고 싶어하지 않았음이며,

래호아(萊護兒)는 주저하고 우문술(宇文述)은 관망만 하였으니, 이

는 그 장수들이 싸우고 싶어하지 않았음이며,

팔륜거(八輪車)가 완성되지 않았고 비루(飛樓)가 만들어지지 않았으니(*수 양제가 고구려를 침벌할 때에 바퀴 여덟 개 달린 성 공격용 층루차(八輪車)와 배 위에다 집(飛樓)을 지었다.-원주), 이는 그 군사들이 싸우고 싶어하지 않았음이며,

슬피 곡(哭)하는 소리가 길 위에 가득하고, "낭사가(浪死歌)" (→ "요동으로 가지 마라, 개죽음 당하리라(無向遼東浪死)"는 내용의 노래로, 수 양제가 연달아 패하면서도 계속해서 전쟁을 일으키자 수나라 국민들이 그 고통을 견디지 못하여 이런 노래를 지어서 불렀다.-원주)가 산과 들에 가득하였으니, 이는 그 백성들이 싸우고 싶어하지 않았음이다.

수나라 전국의 군사들과 백성들과 장수들과 재상들 가운데 싸우고 싶어하는 자는 전혀 없었고, 싸우고 싶어하는 자는 오직 저 야심에 가득 찬 폭군 양광(楊廣: 수 양제) 한 사람뿐이니, 우리나라 전국의 병력으로 저 한 사람의 폭군과 맞붙어 싸우는데 무슨 어려움이 있겠는가. 이것이 우리가 반드시 이길 수 있는 세 번째 조건이었다.

우리가 이 세 가지 필승의 조건을 차지하였으니 저희와 싸움에 있어 열 번 싸우면 열 번 이길 것이고, 백 번 싸우면 백 번 이길 것이고, 작게는 눈앞의 적병을 소탕하여 살아서 돌아가는 자 없게 할 것이고, 크게는 진격하여 수나라의 중심을 짓밟음으로써 중국을 조선의 것으로 만들 수 있었을 터인데, 어찌하여 한 모퉁이의 외로운 성을 베고 누워 이로써 생사(生死)의 명줄로 삼고, 저희가 쳐들어오면 감히

나가서 싸우지 못하고, 저희가 물러가도 감히 추격하지 못함으로써

(*양현감(楊玄感)이 반란을 일으켰다는 소식이 전해지하자 수 황제 양광(楊廣)은 크게 놀라서 급히 군사를 끌고 돌아갔는데, 그때 무기와 재물을 모두 버리고 군사들의 대오가 흩어졌다. 그런데도 고구려 군사는 성만 지키고 감히 나가지 못하고 다만 성 안에서 소리만 크게 질렀다. 그러다가 이튿날 오후에 비로소 성 밖으로 나갔으나 적군이 거짓 물러가는 것이 아닌가 하고 의심하다가 이틀 만에야 비로소 저들의 뒤를 쫓아가서 후군 수천 명을 죽였다.-원주)

천년 후에 사기(史記)를 읽는 자들로 하여금 불만의 감정을 품게 하였으니, 오호라, 어찌 그리도 지쳐 있었던가.

2944(서기 611)년 살수 전투에서 113만 3천8백 명이나 되는 적병들을 섬멸하던 을지문덕은 과연 어디로 갔는가.

홍의장군(紅衣將軍) 곽재우(郭再祐)는 무정한 솔잎에 자신의 말로를 의탁하였고(*산 속에 은둔하였다는 뜻-편역자), 석저장사(石底將士) 김덕령(金德齡)은 의병을 일으켜 싸우다가 억울한 누명을 쓰고 쇠사슬에 묶여서 그 웅심(雄心)이 끊어져 버렸으니(*김덕령은 왜적과 싸우던 중에 역모에 가담했다는 모함을 받아 왜적과의 싸움이 소강상태에 들었을 때 쇠사슬에 묶인 채 모진 고문을 당하여 죽었다.-편역자), 군사를 일으켰으나 싸움에 이기지 못하고 그 몸이 먼저 죽는 것은 천하의 지사(志士)들이 창을 메고 길게 장탄식하는 바니라.

이때 을지문덕이 파직을 당했는지, 아니면 참소를 당하여 쫓겨났는지, 그것도 아니면 천수(天壽)를 다 누리고 죽었는지(*이를 고종(考終)

이라 한다.-편역자) 도무지 상고(詳考)할 길이 없으나, 원수인 적을 섬멸하지 못한 유감을 안고 조국을 영별(永別)하여 앞의 사람들처럼 그 회포(懷抱)를 다 펴지 못했다는 것은 내가 단언하는 바이다.

그렇다면 그의 회포는 무엇이었던가? 강토(疆土)를 개척하는 주의(主義)가 그것이었으니, 이 주의가 아니면 십여 년간 양병(養兵)에 진력(盡力)할 리가 없으며, 이 주의가 아니면 적국의 노여움을 촉발시켜 허다한 재물을 허비해 가며 도전할 리도 없었을 것이다.

이 주의(主義)를 실행할 수 있었던 날은 곧 살수 전투 이후 두 번 싸우던 때였는데, 만일 이때에 을지공이 아무 탈 없이 그때까지 있었다면 당연히 한번 크게 외치며 이르기를, "때가 왔다, 때가 왔어!" 하면서 돌연히 떨치고 일어나서, 순암(順庵) 안정복(安鼎福: 조선 정조대왕 때의 사람으로 동사강목(東史綱目)의 저자이다-편역자)씨가 말한 것처럼, "신라·백제와 화친을 맺고 말갈의 군사를 이용하여 그 뒤를 추격하게 하고, 의무여산(醫巫閭山: 醫閭. 산 이름이다. 중국 요령성(遼寧省) 북진현(北鎭縣) 서쪽에 있는 산으로 사람들은 광령산(廣寧山)이라 부른다. -편역자)을 차지하고 딱 버티면서 그(수 양제)의 죄를 성토하였다면, 저 원망하던 중국 백성들도 우리에게 붙었을 것이고, 저 수나라를 배반한 장수들도 우리에게 귀의해 옴으로써, 적국의 천자를 붙잡기는 손바닥 뒤집기보다 쉬웠을 것이다.

따라서 큰 대적을 꺾어버림도 이때에 해야 했고, 나라의 영광을 발휘함도 이때에 해야 했으며, 강토를 확장하여 동방에 대제국(大帝國)

을 건설함도 이때에 해야 했다. 그런데 이것들만 하지 못했을 뿐 아니라 지칠 대로 지쳐있는 짐승과의 싸움을 두려워하였고, 날아오다가 힘이 다 떨어진 강한 쇠뇌의 끝을 피하였으니, 전날의 대국(大國)으로서의 기풍은 다 마멸되어 없어져 버렸으니,

아, 안타깝구나, 을지문덕이여! 그 떠나가심이 너무나 빨랐도다.

그러나 수(隋)의 양광(楊廣)이 이번 싸움에서 패한 후로 백성들은 빈궁에 시달리고 군사들은 지칠 대로 지쳐서 안으로는 원망하고 밖으로는 반란을 일으킴으로써 수 양제의 몸은 흉측한 자의 손에 죽임을 당하고 마침내 수나라 사직(社稷)까지 잃어버리고 말았으니, 이 살수 전투가 없었으면 왕세충(王世充)과 두건덕(竇建德)이 비록 사나운 자들이라 하더라도(*이들은 모두 당(唐)이 다시 천하를 통일하기 직전까지 큰 세력으로 남아 있었던 반란군의 우두머리들이다.-편역자) 부강(富强)한 수나라를 어찌 기울어지게 할 수 있었을 것이며, 이연(李淵: 唐 高祖)과 이세민(李世民: 唐 太宗)이 아무리 영웅이라 하더라도 강대한 수나라를 어찌 손에 넣을 수 있었겠는가.

그러므로 을지문덕이 갈아놓은 밭에서 이세민(李世民)이 수확을 거두어 들였으며, 을지문덕이 애를 쓴 덕에 이세민이 그 복을 누렸다고 할 수도 있을 것이다.

아, 한 번의 싸움으로 만승(萬乘)의 나라(*즉, 중국의 통일 왕조인 수나라-편역자)를 뒤엎어 버린 결과 해외 모든 나라들로 하여금 우리의 강함을 두려워하여 복종토록 하였으니, 비록 자기의 회포는 다 펴지 못했으나 대동국(大東國) 남자의 가치는 이미 드러났도다.

제13장 옛 사가(史家)들의 좁은 시야로 본 을지문덕

을지문덕의 참된 가치를 발견하여 그것을 드러내 놓을 수 있는 눈을 가졌던 자가 옛날의 사가(史家)들 중에는 없었으나, 가끔은 가는 대롱 구멍으로 세상을 보는 듯한(管窺) 좁은 소견(所見)으로이기는 하지만, 그들의 의론(議論)을 통해서 을지문덕의 전체 모습을 미루어 알 수 있는 기록들도 있기에, 이제 그 대략적인 것을 추려 모아서 기록하고, 또 그밖에 잡록(雜錄)의 문헌들에 흩어져 있는 을지문덕에 관한 것들도 여기에 덧붙여 둔다.

"을지문덕은 침착하고(沈), 용맹하고(贊), 임기응변에 강하고(權), 지략이 있으며(數), 겸하여 글을 잘 지었다." —〈三國史記〉

"수(隋) 황제의 요동 전쟁은 그 군사의 성대함이 전고(前古)에 없었는데, 고구려가 한편에 치우쳐 있는 작은 나라로서 이에 항거하여 스스로를 보전하였을 뿐만 아니라 수나라 군사를 거의 전부 뒤엎어 버렸으니, 이는 을지문덕 한 사람의 힘이었다." —〈三國史記〉

"부진(苻秦)이 1백만 명의 군사로 진(晋)을 치다가 사현(謝玄)이 강을 건너와 한 번 싸우자 낭패(狼狽)를 당하여 북으로 달아나서 낙양에 이르러 보니 그 남은 군사가 겨우 십만 명에 불과하였다. 그러나 이때의 수나라는 한 모퉁이에 숨어 있었던 부진과는 달리 그 부강함이 부진보다 다섯 배(倍蓰)나 되었고, 그 군사도 부진보다 다섯 배나 많았다. 고구려는 그 땅이 장강(江) 서쪽의 서릉(西陵)처럼 좋지도 못하고, 군사들 또한 사안(謝安)의 왕도(王導)처럼 평소에 군사를 길러온 것도 없었으며, 또 주서(朱序)처럼 이간질에 능한 자도 없었지만, 을지문덕은 평양의 외로운 군사 한 부대로써 저 수나라의 2백만 대군과 대항하여 완전히 이겼으니, 사현에 비하면 을지문덕이 더 훌륭하다." —〈東國通鑑〉

"수 양제(煬帝)의 위엄과 기세가 천하를 뒤흔들었는데 을지문덕이 조용히 계책을 써서 저 2백만 대군이 전부 압록강과 살수에서 귀신이 되고, 살아서 돌아간 자는 겨우 2천7백 명에 불과하였다. 이 싸움에서 수 양제가 대패하여 천하에 비웃음거리가 되었다.
이후 당 태종(太宗)은 신통한 용병술로 유명하였으나 안시성(安市城)에서 뜻을 이루지 못하였으며, 요(遼), 금(金), 몽고와 같이 강하고 흉포한 나라들도 저희 마음대로 독살을 부리지 못하였고, 금산(金山), 금시(金始), 합단(哈丹), 홍관(紅冠)의 군사가 모두 우리나라에게 섬멸(殲滅)되어, 후세에 와서 천하 모든 나라가 우리 동국(東國)을 강국이라고 여겨서 가볍게 쳐들어오지 못하였으니, 이 어찌 을지문덕의 남긴 바 공로가 아니겠는가." —〈東國通鑑〉

"영양왕(嬰陽王)이 을지문덕 같은 여러 신하들을 써서 한 번 이긴 기세를 타고 저 수나라의 폭군(煬帝)을 추격하여 그 죄를 성토(聲討)하지 못하였으니, 애석한 일이다." —〈東史綱目〉

"을지공이 그 손으로 큰 난국을 진정시켰으니 그 공로가 삼한(三韓)에서 제일이다." —〈東國名將傳〉

"을지문덕은 평양 석다산(石多山) 사람이다." —〈東國名將傳〉

"안주(安州)의 청천강(淸川江)은 을지문덕이 수나라 군사를 추격해 가서 크게 패배시킨 곳이다." —〈輿地勝覽〉

이상에서 나열한 것은 모두 옛 사가(史家)들의 논평을 대략 모아놓은 것들인데, 그 남아있는 기록이 어찌 이렇게도 적은지 애석하기 그지없다.

이외에는 이따금 고금(古今)의 문인(文人)들이 을지공을 동국 시인(詩人)의 비조(鼻祖)로 존숭하고 받들어(*유냉재(柳冷齋)의 시에서 말하기를, "乙支文德眞才士, 倡五言詩, 冠海東"(→을지문덕은 진실로 재사(才士)였는바, 그가 읊은 오언시(五言時)는 동국에서 제일이다.-원주) 우리나라에서 간행된 시집(風雅)들을 펼쳐 보면 그 제 1장에는 반드시 을지공의 시를 먼저 수록하고 있는데, 이는 마치 조담약(趙湛若)을 말하면서 그의 장수로서의 지략이나 기량은 언급하지 않고 다만 거문고를 잘 타는 사람(善琴客)이라 평하고, 김취려(金就礪: 고려 고종 때의 장군. 성미가 곧고 청백하여 군기를 엄정히 하고 부하를 골고루 아꼈으며, 싸움에서는 기발한 계교를 많이 꾸며 큰 공을 세웠다-편역자)를 말하면서 그의 뛰어난 기개에 대해서는 언급하지 않고 술을 잘 마시는 사람(大酒戶)이라 칭송하는 것과 같으니, 만약 을지공이 이를 안다면 한번 빙긋이 웃어넘길지 모르지만, 그러나 또한 이런 기록을 통하여 그의 전체 덕성(德性)은 물론이고 그 밖의 나머지 일들까지도 미루어 추측할 수 있을 것이다.

제14장 을지문덕의 인격

을지문덕의 인격을 평한 것으로는 단지 침착하고(沈), 용맹하고(鷙), 임기응변에 강하고(權), 지략이 있다(數)는 것 네 글자뿐이다. 이 네 글자는 원래 수나라의 사가(史家: 즉 〈隋書〉)가 평한 것을 역대 우리나라의 사서(史書: 즉, 〈三國史記〉)에서 그대로 따른 것이다. 그러나 이것이 과연 을지문덕의 전체를 다 자세히 살펴서 한 말이겠는가?

무릇 전장에 임하여 적을 상대함에 있어서 지휘하기를 마치 정해진 길 가듯이 하고, 편안하고 한가롭게 놀러가는 듯한 마음으로 적의 진영에 들어가서 노련하고 사나운 적의 장수들을 마치 손안의 장난감 다루듯이 하였으니 침착하고, 용맹하며, 임기응변과 지략이 있었다고 말한 것은 이로 말미암아 붙여진 이름일 것이다.

그러하나 내가 을지문덕을 보건대, 을지문덕에게 침착함과 용맹함이 없었던 것은 아니지만, 침착하고 용맹한 것만으로 을지문덕이 을지문덕으로 되었다고 할 수는 없으며, 을지문덕에게 임기응변과 지략이 없었던 것은 아니지만, 임기응변과 지략만으로 을지문덕이 을지문덕으로 되었다고 할 수는 없다.

그렇다면 을지문덕은 과연 어떤 사람이었을까?

이르기를, 공(公)은 진실하고 성실한 사람이었고(眞誠人),

강하고 굳센 사람이었으며(强毅人),

홀로 우뚝 선 사람이었고(特立人),

위험한 것을 무릅쓰고 피하지 않는 사람이었다(冒險人).

진실하고 성실하였기(眞誠) 때문에 임금과 신하 간에 뜻이 맞아 십여 년간 마음이 서로 마치 물과 고기처럼 서로 잘 맞아서 이간질하는 말이 없었고, 장수와 재상이 서로 한 마음이 되어서 내정을 닦고 외적을 물리치는 일을 부지런히 하고 서로 권면(勸勉)한 결과 그 군사는 강국의 군사가 되었고, 그 백성은 강국의 백성이 되어서 사방 천리밖에 되지 않는 작은 나라로써 동(東)과 서(西)의 여러 나라들을 노려볼 수 있었던 것이다.

강하고 굳세었기(强毅) 때문에, 수나라가 중원 천하를 통일한 여세를 몰아 마치 손을 대면 데일 듯한 기염(氣焰)으로 노도(怒濤)와 광란(狂瀾) 같이 무섭게 쏟아져 들어오고, 군함(軍艦)들은 바다 위에 개미떼 같이 모여 있고, 철기(鐵騎)는 요동 벌판에 구름같이 진을 치고 있으면서 사신(使臣)을 보내어 위협하고 공갈치기를 여러 번 하였으나, 여전히 굽히지도 않고 흔들리지도 않는 강하고 굳센 정신으로 조용하고 안온한 얼굴로써 응대하였던 것이다.

그 당시 수나라의 형세와 기세에 두려워서 굴복하지 않는 나라가 없었고, 가깝게는 신라와 백제가 그 앞에서 꼬리를 흔들고 아양을 떠는 모습을 보였고, 멀게는 돌궐(突厥)과 거란(契丹)도 그 앞에서 무릎을 꿇는 수치를 무릅쓰는 상황이었으나, 불쌍하고 가련한 여러 나라들 중에서는 이를 부끄럽게 여기는 장부(丈夫) 하나 찾아볼 수 없었다. 그러나 홀로 우뚝 서 있었기(特立) 때문에, 공(公)은 홀로 참담한 수완을 발휘하여 적이 강해도 그를 밀쳐내고, 적이 약해도 그를 밀쳐내어 둘이 같이 설 수 없음(不兩立)을 맹세하고, 자웅(雌雄)을 겨뤄보려고 유인하였던 것이다.

위험한 것을 무릅쓰고 피하지 않았기(冒險) 때문에 평탄하고 험한 것도 돌아보지 않고, 죽고 사는 것도 두려워하지 않고 여러 차례 혼자 말 타고 호랑이 굴속으로 들어가서 호랑이 새끼를 얻었던 것이다.

그런데 이제 그의 한쪽 면만 살펴보고 이르기를 침착하고(沈), 용맹하고(贊), 임기응변이 있고(權), 지략이 있는(數) 자였다고 한다면 그게 어찌 옳겠는가.

공 같은 자야말로 진정 우리 선조들 중에서 제일 모범 인물이고, 제일 모범으로 삼을만한 사람이로다.

제15장 시작도 끝도 없는(無始無終) 을지문덕

식견이 짧은 무리들과 함부로 평론하는 부류의 인간들은 혹 이르기를, 을지문덕은 김춘추(金春秋)만 못하다. 그 이유는, 을지문덕은 강함(强)과 용맹함(勇)이 지나쳐서 그 당시의 큰 형세를 알지 못하고 적국의 노여움을 함부로 자극하였기 때문에, 그가 죽은 후 몇 십 년이 못 되어 고구려는 결국 외환(外患)으로 망하였으나, 김춘추는 문(文)과 무(武)를 고루 다 갖추었고, 큰 형세를 통찰하여 강한 이웃나라의 힘을 이용하였기 때문에 마침내 삼한(三韓)을 통합하여 신라 9백 년의 기초를 튼튼히 하였으니, 그러므로 두 사람의 우열(優劣)을 다만 이로써도 알 수 있다고 말한다.

아, 이게 무슨 말인가, 도대체 이게 무슨 말인가.

김춘추는 단지 한 왕조(王朝)의 현군(賢君)일 뿐이어서, 그의 업적은 신라와 같이 시작하여 신라와 같이 끝났을 따름이니, 박혁거세(朴赫居世)의 왕통이 끊어지자 김춘추의 정신 또한 따라서 사라져 버렸다고 할 수 있지만, 을지문덕은 실로 영양왕조(嬰陽王朝)의 을지문덕이 아니라 단군자손의 을지문덕이며, 고구려의 을지문덕이 아니라 조선민족의 을지문덕이며, 한 때의 을지문덕이 아니라 대동국(大東國) 억만 세대의 을지문덕이니, 고구려 시조 주몽(朱蒙)의 왕통은 망하여 끊어졌으되 을지문덕은 망하지 아니하는 자이며, 김춘추는 죽었으되 을지문덕은 죽지 아니하는 자로서, 그 혁혁한 정신은 만고(萬古)에 항상 존재하는 것이다.

회원진(懷遠鎭)에서 화친을 논의할 때에는 회담장에 몰래 숨어 들어간 무명씨(無名氏)의 화살이 되어 양씨(楊氏) 집안의 교만한 아이 양제(煬帝)의 가슴을 상하게 하였으며, 안시성(安市城) 싸움에서는 양만춘(楊萬春)의 화살이 되어 당(唐)의 영명한 군주 이세민(李世民: 당 태종)의 눈을 잃게 하였고, 윤관(尹瓘: 고려 시대의 명장)의 말이 되어 만주 벌판을 말발굽 아래 짓밟았으며, 강감찬(姜邯贊)의 칼이 되어 여진(女眞)의 난을 토평(討平)하였고, 수십 척의 왜선을 불사랐던 정지(鄭地)의 화약도 되었으며, 풍신수길(豊臣秀吉)의 강한 군사들을 모조리쳐 죽여 물리친 이순신의 철갑선(鐵甲船)도 됨으로써, 산이 무너지고 바닷물이 다 말라버려도 공의 원력(願力)은 마멸되지 아니하고, 하늘이 뒤집히고 땅이 꺼져도 공의 기백(氣魄)은 무너지지 않을 것이다.

오호라, 대저 지금까지 이 나라를 일러 대한국(大韓國)이라 하고, 이 백성을 일러 대한민(大韓民)이라 하며, 여기에서 태어나서, 여기에서 늙고, 여기에서 놀고, 여기에서 낚시하고, 여기에서 노래부르고, 여기에서 우는 것 모두가 을지공께서 남기신 공로 덕분이 아닌 것이 있는가!

대개 을지공은 우리나라를 창조하신 위인이며, 우리 민족을 낳아 기르신 시조(始祖)이며, 우리 후세 사람들의 마음속에 독립심을 부여해주신 성신(聖神)이니, 높으시고도 크시도다!

비록 수십 세대 동안 비열한 정객(政客)들의 손이 그 광채를 가려서 어두워졌고, 수백 년 동안 부끄러움을 모르고 세상물정에 어두운 용렬한 자들의 붓끝에서 공의 가치(價値)가 매몰되어 진정한 영웅의 본래 면목을 찾아보기 심히 어렵게 되었으나, 그러나 이제부터 풍운(風雲)이 점점 종잡을 수 없게 되고 고통이 나날이 심해져서 위급존망(危急存亡)이 털끝 하나에 매달린 듯한 이때에, 나는 생각건대, 틀림없이 을지문덕의 잠들지 않은 영명한 혼(魂)이 수천 년간의 무덤 속에서 뛰쳐나와 당시에 타던 말안장에 다시 올라앉아 장부가 휘두르던 칼을 다시 한번 시험삼아 휘두르며 저 피터나 워싱턴과 더불어 6대주를 나란히 말을 달릴 것이며, 저 영국의 넬슨이나 독일의 비스마르크와 더불어 천추에 그 광채를 다투어 독립의 기초를 반듯하게 놓을 날이 멀지 않거늘, 그 누가 을지문덕을 김춘추와 비교하려 하는가.

결 론

저자가 일찍이 중국을 유람하고 돌아온 한 친구한테서 들으니, 만주의 봉천(奉天)·길림(吉林)·여순(旅順) 등지를 여행해 보면 이따금 석곽(石槨)과 궁실(宮室)들이 발견되는데, 그 남아있는 유적(遺蹟), 유제(遺制)들을 근거로 옛날 우리 선조들의 살아간 모습들을 상상해볼 수 있는 것이 많다.

그 중에서 어떤 촌은 고려촌(高麗村)이라 하는데, 이는 옛날 고구려 사람들이 가시밭을 개척하여 터를 잡고 살았던 곳이며, 어떤 성은 고려성(高麗城)이라 하는데, 이는 옛날 고구려인들이 성곽을 쌓고 지키던 곳이다.

지금은 비록 이미 1천 수백 년이나 지나서 인물이 바뀌고 세월이 흘러 높다랗던 언덕이 깊은 골짜기로 변했으나, 옛날 우리 선조들이 장창(長槍)과 대검(大劍)으로 빼앗아 견고한 성을 쌓고 예리한 무기로 스스로 지키던 옛 땅을 금일에 와서 까마득한 후손이 한 필 말을 타고 금낭(錦囊: 비단 주머니)을 메고 유람하니, 고금(古今) 변천에 대한 감회가 뇌리(腦裏)에 수없이 일어나더라고 저자에게 이야기해 주었다.

무애생(無涯生)이 말하기를, "아! 그것은 을지문덕을 비롯한 여러 어른들이 경영하던 옛 자취로다. 그 당시 피와 땀을 뿌리고 재물을 써가면서 목숨을 돌아보지 않고 얻어서 지키던 유산(遺産)을 후세 자손들이 불초(不肖)하여 다른 사람들의 손에 다 넘어가고 말았구나!" 하였다.

을지문덕은 이미 오래 전에 떠나가 버렸고 연개소문(淵蓋蘇文)도 죽고 나자 인재들이 거의 다 없어져 버렸다.

다만 저 서희(徐熙: 고려 때의 외교가)씨 한 사람만이 거란(契丹)의 사자(使者) 소손영(蕭遜寧)을 대하여 말하기를, "귀국의 동경(東京) 역시 옛적에는 우리의 강토였다"는 말을 한 번 차갑게 내뱉었을 뿐이다.

참으로 처절한 수단(즉, 전쟁)을 사용해서라도 외족과 겨뤄보고자 한 종자(種子)는 봉황의 털과 개의 뿔 같이 희귀하고, 다만 중간에 -(*이하는 星湖 李瀷 선생의 說을 채용함-원주) 고려 태조 왕건(王建)씨가 화풍(華風: 중국의 문물과 영향력)을 배척하고, 거란의 사신을 거절하며 강토를 개척할 큰 뜻을 품었으나, 불행히도 하늘이 그의 장수(長壽)함을 허락하지 않아서 결국 그 뜻을 이루지 못하였는데, 그 후로는 우리나라 인물들의 풍도(風度)와 그릇이 점차 너무도 잔달아져서-(*이익의 說은 여기까지임-원주) 동방의 지도가 지금처럼 줄어들었도다.

그러나 지금은 한 폭의 산하(山河)조차 지리멸렬 깨져버려 단군 이후 4천년간 전해져 내려오던 중심 터전도 남에게 갖다 바치고 우리집 형제들은 발 디딜 땅조차 전혀 없으니, 어느 겨를에 압록강 서편

땅 되찾을 생각이나 해보리오.

아, 슬프다, 20세기 새 대한의 을지문덕이여!

그대의 강림(降臨)이 어찌 이다지도 더디신가!

무애생(無涯生)이 이르기를, "당시에 고구려가 비록 강대하였으나, 그 침략해서 얻은 토지와 인민을 제하고 본래 가지고 있던 내지(內地)의 크기를 통계해 보면 지금의 경기도, 평안도, 강원도, 함경도 등의 도들과 충청도에 있는 수십 개 군의 크기이니, 토지는 1천 리가 못되고 인민은 수백만에 불과하니, 기껏해야 한 모퉁이의 작은 나라가 될 뿐이다.

그런데 이 정도 크기의 토지와 이 정도 숫자의 인민을 잘 쓴 결과 압록강 밖의 1만여 리나 되는 땅을 빼앗아 그 언어도 다르고 그 풍속도 다른 수백만 다른 민족을 다스렸으며, 강약(强弱)도 현저히 다르고 인구의 중과(衆寡)도 현저히 다른 중국 대륙의 나라를 잠식하여 공격하면 반드시 빼앗았고, 싸우면 반드시 이겼으며, 지키면 반드시 튼튼하였으며, 편안할 때에는 서로 권하고 힘쓴 결과, 우리 한국과 중국 간에 교섭(交涉)이 있은 이래 제일 큰 싸움(즉, 살수 싸움)에서의 승리의 명예가 전적으로 우리 민족에게 돌아왔었다.

그런데, 어찌하여 그 후 역대 임금과 재상들은 전부 못된 종자들만 뿌려서, 우리는 본래 유약(柔弱)하고 말라비틀어진 민족이란 그릇된 사상으로써 민심을 미혹시키고 취하게 함으로써, 외국과 경쟁하려는 적극적인 사상을 극력 억누르고 꺾어버렸는가.

그리하여 본조(本朝: 조선) 중엽에 들어 외국이 한 번 쳐들어오자(*

조선조 중엽의 임진왜란을 가리킴-편역자) 조야(朝野)와 상하(上下) 모두 방어할 계책이 전혀 없어서, 도적의 칼날이 이르는 곳마다 어찌나 혹독한 상처를 입었던지, 지금에 이르기까지 산촌에서는 희미한 등잔불 아래서 백발의 촌로(村老)들은 두서넛만 모이면 임진년의 일을 꺼내놓고는 아직도 마음도 떨고 뼈까지 떨고 있으니,

아, 슬프다! 만일 진화(進化)의 공례(公例)로 미루어 보면, 중고(中古) 시대에 그처럼 강하고 용맹했던 민족이라면 지금에 와서는 마땅히 그 우수한 세력이 세계를 마음대로 활보할 정도가 되어야 할 것이거늘, 무슨 이유로 아래로 내려올수록 더욱 쪼그라들어서 그 비참한 모습이 이런 지경에까지 이르렀는가?

내 이제야 알겠구나!

그 나라 국민의 용맹함과 비겁함, 우수함과 용렬함은 전적으로 그 나라의 한두 명 먼저 깨달은(先覺) 영웅(英雄)이 자기 국민들을 고무(鼓舞)하고 격려하는지의 여부에 따라서 진보하기도 하고 퇴보하기도 하는 것이로다."

-〈大東四千載 第一大偉人 **乙支文德** 終〉-

〈初版 發行에 관한 資料〉

隆熙 2年(1908) 5月 25日 印刷

隆熙 2年(1908) 5月 30日 發行

廣學書舖(代表 金相萬) 發賣

定價 金 三十錢

〈부록〉 1: 고구려의 대 수(隋) 전쟁

(단재 신채호 저 『조선상고사』 제 9편에서)

제1장 임유관(臨渝關) 전투

1. 고(高)·수(隋) 전쟁의 원인

세력과 세력이 만나게 되면 서로 충돌하게 되는 것이 공리(公理)이고 정리(定理)이다.

고대 동아시아에서는 비록 수많은 종족(種族)들이 서로 대립하고 있었으나, 다 무지하고 미개한 유목(遊牧)의 야만족(蠻族)들이었다. 이들은 혹시 한때 정치상 큰 세력을 가지더라도 문화(文化)가 없으므로 마치 뿌리 없는 나무처럼 그 허물어지는 날에는 다시 계속할 터전까지 사라졌다.

일정한 지역에 뿌리를 내린 토착민족으로서 장구한 역사와 상당히 발달한 문화를 가진 나라는 중국(中國)과 조선(朝鮮)이 있었을 뿐이다. 중국과 조선은 고대 동아시아의 양대 세력이었으므로 이들이 만나는데 어찌 충돌이 없을 수 있겠는가. 충돌이 없었던 때는 반드시 피차 모두 내부의 분열과 불안으로 각자 그 내부 통일에 바쁜 때였다.

상고(上古) 때는 말할 것도 없고, 고구려 건국 이래로 조선은 아직 봉건상태(封建狀態)에 있으면서 여러 나라들이 서로 침벌(侵伐)하였으므로, 외국을 정벌할 힘이 없었다. 그러나 중국은 한(漢)이 전국을 통일하여 외국을 정벌할 힘이 넉넉하였으므로, 이때 한(漢)의 고구려에 대한 침략이 가장 빈번하였다.

태조(太祖)대왕(*고구려 제6대 임금)과 차(次)대왕(*고구려 제7대 임금) 때에는, 고구려가 비록 조선을 통일하지는 못하였으나 국력이 매우 강성하여 조선 안에서는 대등한 세력이 없었다. 그리하여 한(漢)을 쳐서 요동(遼東) 지역을 점령하는 동시에 직예(直隷: 지금의 북경시), 산서(山西) 등지까지로 그 침략의 범위를 넓혀갔다.

그러나 얼마 후 왕위 쟁탈의 난이 거듭 일어나자 마침내 발기(發岐: 〈三國志〉(魏志, 東夷傳)과 〈삼국사기〉에는 '拔奇'로 기록되어 있다. 신대왕(新大王: 伯固)의 長子-편역자)가 공손도(公孫度: 고구려 신대왕(新大王) 때의 현토 태수. 〈삼국지〉에는 공손강(公孫康)으로 되어 있다.-편역자)에게 요동 지역을 떼어 바치고 항복함으로써 고구려는 땅도 가장 기름지고 사람도 가장 많이 모여 살던 땅을 잃어버리게 되어 그 후 약국(弱國)이 되어 버렸다.

그런 약국의 지위를 면하려고 고구려가 조조(曹操) 자손의 나라인 위(魏)나 모용씨(慕容氏)의 나라인 연(燕), 즉 중국 북방의 나라들에 도전하는 동안, 백제와 신라가 남방에서 궐기하여 고구려와 대등한 세력을 갖게 되었다.

고국양(故國壤), 소수림(小獸林), 광개토(光開土) 등 세 태왕(太王)이 일어나 요동을 치고 또 서북으로 거란(契丹)을 정복하고 열하(熱河) 등지를 점령하였으며, 그 후 장수태왕(長壽太王)이 70년 동안 백성들을 편히 쉬게 하면서 힘을 기르자 인구가 번식하고 국력이 팽창하여 중국과 맞붙어 싸워볼 만하게 되었다. 그러나 남방의 4개 나라(신라, 백제, 임나(任那), 아라(阿羅)-편역자)가 대 고구려 공수동맹(攻守同盟)을 맺고 고구려의 후방을 견제하므로, 장수태왕 이래로 드디어 북진주의(北進主義)를 버리고 남방 통일에 전력하였다.

만약 이때 중국 대륙이 통일되어 있었다면 고구려에 대한 침략이 빈번하였겠지만, 중국도 남북으로 갈라져서 산해관(山海關) 이동 지역을 엿볼 겨를이 없었으므로, 위(魏) 척발씨(拓跋氏)의 백제 침입(*백제 동성대왕(東城大王) 때 병력 10만을 거느리고 백제를 침공하였으나 백제에서 이를 격퇴하였을 뿐 아니라 바다 건너 중국 땅에 식민지를 경영하였다-편역자)과 주(周) 우문씨(宇文氏)의 고구려 침입(*이들의 침입을 온달(溫達)이 격퇴하였다.-원주)과 같은 일시적인 침입은 있었으나 피차간 흥망을 다투는 계속적인 혈전(血戰)은 없었다.

그러나 기원 590년경에 이르러 주(周) 우문씨(宇文氏)의 황제 자리를 빼앗은 수(隋) 문제(文帝) 양견(楊堅)이 진(陳: 중국 강남 六朝 중 한 나라)을 병탄하고 전 중국을 통일함으로써 강대한 제국(帝國)이 된 후 중국 이외의 나라들을 무시하자, 북방의 돌궐(突厥)이나 남방의 토욕혼(吐谷渾)은 모두 다 쇠약하여 중국에 대하여 신하로서의 예(禮)를 취할 따름이었다.

그러나 오직 동방의 고구려라는 제국(帝國)이 이때 가장 강성하여 중국과 대항하니, 어찌 저 오만하며 스스로 가장 존귀한 줄 아는 중국의 제왕(帝王)이 참고 있을 수 있겠는가(*수나라의 황가(皇家)와 장상(將相)들이 거의 다 선비족이었으나 중국에 동화된 지 이미 오래되었다.-원주). 이것이 수나라 군대가 쳐들어오게 된 첫 번째 원인이 되었다.

신라와 백제는 수십 년간 피차 서로 풀지 못할 원수 사이가 되었지만 갑자기 장인과 사위(翁婿) 사이의 나라로 바뀌어 피차 사이좋게 지내고, 양국이 다 고구려를 미워하여 양국이 매번 사신(使臣)을 수(隋)에 보내어 고구려 치기를 청하였으며, 또 가끔 고구려 국정의 허실(虛實)을 알려주어 수나라 군신(君臣)들의 야심을 조장하였는데, 이것이 수나라 군대가 쳐들어오게 된 두 번째 원인이 되었다.

후에 신라가 당(唐)에게 망하지 않고 그 구차한 반독립(半獨立)이나마 유지해 올 수 있었던 것은 다년간에 걸친 고구려의 끈질긴 저항과, 연개소문(淵蓋蘇文)의 맹렬한 진공(進攻)이 있었기 때문이니, 만일 고구려가 당(唐)이 아니라 수(隋)에게 망하였더라면 백제나 신라는 다 수(隋)의 군(郡)·현(縣)으로 되고 말았을 것이다. 그러므로 우리가 옛 역사를 읽을 때 신라·백제가 수(隋)에 구원을 요청한 사실을 보고 책을 덮고 한숨을 짓게 되는 것이다.

2. 수 문제(文帝)의 모욕적인 국서(國書)와 강이식(姜以式) 장군의 북벌 주장

기원 597년은 곧 고구려 영양대왕(嬰陽大王) 8년이자 수(隋) 문제(文帝)가 진(陳)을 병탄하여 중국을 통일한 지 17년이 되는 해이다.

수(隋)는 이 즈음 자주 풍년이 들어 양곡이 충분히 저축되고 군비도 충분히 준비되자 고구려에 대하여 자웅(雌雄)을 겨뤄보려고 도리에 어긋나고 거만하기 짝이 없는 거짓말투성이의 모욕적인 국서(國書)를 보내왔다. 그 내용은 대개 이러하였다.

"짐(朕)이 천명(天命)을 받아 천하를 사랑으로 기르면서 왕에게 바닷가 한 귀퉁이를 다스리도록 위임한 것은 교화(敎化)를 선양하여 모든 나라 백성들로 하여금 각각 천성(天性)을 완수케 함이니라.

왕이 매번 사절을 보내어 해마다 조공(朝貢)을 하니(*무릇 다른 나라에 사신을 보내는 것을 '조공(朝貢)' 이라고 쓰는 것은 중국에서는 춘추(春秋) 이래의 상례(常例)이다. 그러나 이 말은 사서(史書)에서만 그렇게 썼을 뿐이고 대등한 나라에 보내는 국서(國書)에서는 쓰지 못하는 것인데, 이제 고구려의 화를 돋우어 한번 싸워보려는 것이므로 일부러 이 말을 쓴 것이다.-원주), 비록 변방의 나라(藩附)라고 할 수는 있겠지만, 그 성의가 미진(未盡)하다.

왕은 이미 짐의 신하이므로 짐의 덕(德)을 닮아야 할 터인데도 불구하고 왕은 말갈(靺鞨) 사람들을 억압하고 거란(契丹)을 가두어서 왕의 신하나 첩처럼 만들고, 짐에게 조공을 바치러 오는 자들을 방해함으로써 착한 자들이 의(義)를 흠모함을 분하게 여기니, 어찌 이같이 주위에 해독(害毒) 끼침이 심한가?

짐의 황실 관부(太府)에는 공인(工人)들이 적지 아니하니, 만약 왕이 이들을 쓰고자 한다면 주청만 하면 얼마든지 보내줄 터인데(*그 부강함을 과장한 말이다-원주) 왕은 지난해에 은밀히 재화를 운반하고, 백성들을 동원하고, 노수(弩手)들을 은밀히 감추어두고, 병기를 수리하였는데, 이것은 무엇을 하기 위함이냐?……

고구려는 비록 토지도 협소하고 인구도 적은 나라이지만, 이제 왕을 쫓아낸다면 반드시 다른 관리를 뽑아서 보내야 할 것이다. 왕이 만일 마음을 씻고 행동을 고친다면 곧 짐의 좋은 신하가 되는 것이니, 어찌 반드시 다시 관리를 뽑아 보낼 필요가 있겠느냐…… .

왕은 생각해 보라. 요수(遼水)가 넓다고 한들 (짐이 진(陳)을 멸망시키기 위해 건너갔던) 장강(長江)과 비교하면 어떠하며, 고구려의 군사가 많다고 한들 (짐이 멸망시킨) 진(陳)과 비교하면 어떠한가. 짐이 만일 길러주고 보호해 주려고 하는 대신에 왕의 죄를 책망하고자 한다면 장수 하나를 보내는 것으로 충분한데 수많은 병사를 내보낼 필요가 어디 있겠느냐? 그러나 우선 은근히 타이름으로써 왕 자신이 새로워지기를 바라노라."고 하였다.

〈삼국사기〉에서는 이 글을 고구려 평원왕(平原王) 32년에 수 문제가 평원왕에게 보낸 것으로 기재되어 있으나, 〈수서(隋書)〉에는 수 문제 개황(開皇) 17년에 평원왕에게 보낸 것으로 기재되어 있다. 그러나 평원왕 32년은 수 문제 개황 17년이 아니므로 〈삼국사기〉에서는 연도에 착오가 생겼고, 개황 17년은 평원왕이 죽은 지 7년 뒤이므로 〈수서〉에서는 그 왕대(王代)에 착오가 생겼다.

이웃 나라 제왕들의 서거(逝去)를 매번 그 상(喪)이 보고된 해를 기준으로 기록하고, 따라서 그 사실이 발생한 연도가 옮겨지고 바뀌는 것은 중국에서는 〈춘추(春秋)〉 이래의 습관이기 때문에, 〈수서〉에 이와 같은 잘못된 기록이 있게 된 것이다.

그리하여 〈삼국사기〉에서는 평원왕 · 영양왕 두 본기(本紀)의 연도 표시는 고기(古記)를 쫓고, 중국과 고구려가 같이 관련된 사실은 전적으로 〈수서〉를 베껴 적었는데, 〈수서〉에서 이 글을 평원왕에게 보낸 글이라고 하였기 때문에 〈삼국사기〉에서는 마침내 이 글을 평원왕

32년으로 옮겨 기재함으로써 연도에 착오가 생긴 동시에, 사실의 관계 인물들에 관한 기록까지 잘못 적게 된 것이다.

영양대왕(嬰陽大王)이 이 모욕적인 국서를 받아보고 나서 대노하여 여러 신하들을 모아 놓고 회답할 문서를 보내려고 하였는데, 이때 강이식(姜以式) 장군이 아뢰기를, "이와 같이 오만 무례한 글은 붓으로 회답할 것이 아니라 칼로 회답해야 할 것입니다." 하고 개전(開戰)할 것을 주장하였다.

왕이 기꺼이 그 주장을 따르면서 강이식을 병마원수(兵馬元帥: 육군대장)로 삼고, 그에게 정예병 5만 명을 거느리고 임유관(臨渝關)을 향해 떠나가게 하고, 먼저 예(濊: 〈수서〉에서는 말갈-원주)의 병사 1만 명으로써 요서(遼西)를 침범(侵犯)하여 수나라 군사를 유인하게 하고, 거란병(契丹兵) 수천 명으로써 바다를 건너가 지금의 산동(山東)을 치게 하니, 이로써 양국의 제1회 전쟁이 개시되었다.

〈삼국사기〉에는 '강이식(姜以式)' 이란 이름 세 자가 전혀 보이지 않는데 이는 〈삼국사기〉가 〈수서〉만을 베꼈기 때문이고, 〈대동운해(大東韻海)〉라는 책에서는 강이식을 살수(薩水) 전쟁의 병마도원수(兵馬都元帥: 육군총장)라 하였고, 〈서곽잡록(西郭雜錄)〉이란 책에서는 강이식을 임유관 전쟁의 병마원수(兵馬元帥: 육군대장)라 하여 두 책의 기록이 서로 다르다.

그러나 살수 전쟁에서는 영양대왕의 동생 건무(高建武)가 해안을 맡았고 을지문덕이 육지를 맡았으니. 어찌 병마도원수 강이식이 있을 수 있겠는가. 그러므로 〈서곽잡록〉을 따르는 것이다.

3. 임유관(臨渝關) 전투

그 다음해에 고구려 군사가 요서(遼西)로 침입하여 수나라의 요서 총관 위충(韋沖)과 맞붙어 싸우다가 거짓 패하여 임유관으로 나오니, 수 문제가 한왕(漢王) 양량(楊諒)을 행군대총관(行軍大總管)으로 삼아 30만 대군을 거느리고 임유관으로 나가게 하고, 주라후(周羅侯)를 수군총관(水軍總管)으로 삼아 바다로 나가게 하였다.

주라후가 비록 겉으로는 평양으로 간다고 공언하였지만 사실은 군량선을 이끌고 요동의 바다(遼海)로 들어와서 양량의 대군에게 군량을 대어주려고 했던 것이다.

강이식이 해군으로 하여금 곧 바다로 나가서 적을 맞이하여 쳐서 군량 운반선을 깨뜨리게 한 다음, 군사들에게 명령을 내려 성루를 단단히 지키고 나가서 싸우지 않았다.

수나라 군사들은 양식이 떨어진데다 또 6월에 장마까지 만나서 기아와 전염병으로 수많은 군사들이 죽어갔으므로 더 이상 싸울 수 없게 되어 군사를 퇴각시켰다. 강이식이 물러가는 저들을 유수(渝水)에서 추격하여 수(隋)의 전군을 거의 섬멸하고 무수한 군수 물자와 무기와 전쟁기구들을 얻어 개선하였다.

〈수서〉에는 "양량(楊諒)의 군대는 장마 중에 전염병을 만나고, 주라후(周羅候)의 군대는 풍랑을 만나서 수나라 군사들이 퇴각할 때 죽은 자가 열 명 중 아홉 명이나 되었다"고 하여, 마치 천연의 불가항력 때문에 패배한 것이지 고구려에게 패배한 것이 아닌 것처럼 기록하고 있으나, 이는 어디까지나 중국의 체면을 위하여 치욕(恥辱)을 감추는 저 소위 춘추필법(春秋筆法)에 따른 것이다. 임유관 전투는 물론이고 다음 장(章)의 살수(薩水) 전투의 기록에도 이와 같은 춘추필법이 적용된 것이 많다.

하여간 임유관 전투 이후 수 문제(文帝)는 고구려를 두려워하여 다시는 출병하지 못하고 피차 휴전 약속을 맺고 상품교역을 재개함으로써 양국은 10여 년 동안 일 없이 지냈다.

제2장 살수(薩水) 전쟁

1. 고(高) · 수(隋) 제2차 전쟁의 원인과 동기

고구려가 장수태왕(長壽太王) 이래로 남진정책(南進政策)을 취하여 서북의 중국과는 친교(親交)하고 남방의 신라와 백제에 대하여는 전쟁을 하였다. 그러다가 수(隋)가 중국의 남북을 통일하자 고구려는 이에 두려움을 느끼고 "우리도 어서 신라와 백제를 쳐 없애고 조선을 통일해야겠다"는 생각으로 자주 남정군(南征軍)을 일으켰다.

신라와 백제는 동서(同婿) 간의 전쟁으로 인하여 피차 화합할 여지가 없어진 처지에서 서로 매년 창칼로 싸웠는데, 거기다가 또 북방 고구려의 침략이 있어서 국력이 피폐해져 견딜 수 없었으므로, 양국은 각각 수(隋)에 사자를 보내어 고구려 치기를 권하였다.

그러나 수(隋)가 임유관 전투에서 패배를 경험하였기에 고구려를 가벼이 대적하지 못할 줄 알고 이를 거절하였는데, 수 문제(文帝)가 죽고 수 양제(煬帝)가 즉위한 후에는 해마다 풍년이 들어 전국이 풍성하고 각지의 창고에는 미곡(米穀)들이 가득 차서 넘쳤다.

양제는 순유(巡遊)를 좋아하여 지금의 직예성(直隸省: 북경시) 통주(通州)에서부터 황하를 횡단하여 지금의 절강성(浙江省) 항주(杭州)까지 3천 리에 운하(運河)를 파서 용주(龍舟)를 타고 이리저리 돌아다니며 놀고, 토욕혼(吐谷渾: 지금의 西藏) · 서돌궐(西突厥: 지금의 몽고) · 돌궐(突厥: 지금의 몽고 동부) 등 나라들의 조공을 받으면서 이 하늘 아래에는 오직 수(隋)만이 유일한 강대제국(强大帝國)이라고 자랑하고자 하는데, 이에 동방에 고구려가 있어서 조선의 서북 – 지금의 황해 · 평안 · 함경 3도와 지금의 봉천(奉天) · 길림(吉林) · 흑룡강(黑龍江) 3성(省) – 을 전부 차지하여, 토지는 비록 수(隋)보다 협소하나 인구가 많고 사졸(士卒)들이 용감하여 수와 겨루려 하니, 일찍이 병마도원수(兵馬都元帥)로서 강남의 진(陳)을 토평(討平)하여 무공을 스스로 자랑하고 허영심과 야심에 가득 찬 수 양제가 어찌 잠시인들 고구려를 잊을 수 있겠는가. 그것이 폭발하지 않고 있었던 것은 다만 시기를 기다리고 있었기 때문이다.

607년(양제 즉위 후 3년), 양제가 수백 기의 기마병을 거느리고 유림(榆林: 지금의 山西省 寧夏)에 이르러 돌궐의 계민(啓民) 극한(可汗: 추장)의 장막으로 찾아갔다. 이때 돌궐은 비록 수(隋)에 대하여 스스로 신하(臣下)라 칭하고 있었으나, 다른 한편으로 고구려의 강성함을 두려워하여 자주 고구려에도 사자를 보내어 조공을 바치는, 말하자면 동시에 두 나라의 속국(屬國) 노릇을 하고 있었다.

마침 그때 고구려가 돌궐에 답빙사자(答聘使者: 먼저 사자를 보내온 나라에 그 답례로 보내는 사자—편역자)를 보냈는데, 양제가 이를 알고 계민을 협박하여 고구려 사자를 불러오게 해서 만나보았다.

그때 양제의 총신(寵臣) 배구(裴矩)가 양제를 부추겨 말했다.

"고구려의 땅은 거의가 본래 한사군(漢四郡)의 땅인데, 중국이 이를 차지하지 못하고 있는 것은 수치스런 일입니다. 선제(先帝: 文帝)께서 일찍이 이를 쳐서 없애려고 하셨으나, 양량(楊諒)이 재주가 없어서 성공하지 못했습니다. 폐하께서 어찌 이 일을 쉽게 잊을 수 있겠나이까."

이 말을 들은 양제가 고구려 사자에게 "만일 고구려왕이 찾아와서 인사를 하지 않으면 마땅히 출순천(出巡川)할 것이다."(→ '出巡川' 이란 글자대로 풀이하면 '냇가로 놀러 나간다' 는 뜻이지만, 이것은 곧 '쳐들어간다' 는 말이다.—편역자)라고 야유하였다.

그 말을 들은 사자가 무슨 말로 대답하였는지, 그리고 그 사자가 귀국한 뒤 고구려 조정에서의 논의가 어떠하였는지는 사서에 기록이 없어서 알 수 없지만, 배구(裴矩)가 〈동번풍속기(東藩風俗記)〉란 책 30권을 저술하여 양제에게 올린 가운데, 평양이 몹시 아름답다는 점과 개골산(皆骨山: 금강산)의 신령스럽고 빼어남을 그림으로 그리고 말로 설명하여 놀러 다니기 좋아하는 양제에게 동쪽으로 쳐들어갈 욕심을 더욱 부채질함으로써 이름 없는 수많은 병사들을 끌고 와서 동양 고대 역사상 일찍이 있어보지 못한 큰 싸움을 벌이기에 이르렀다.

2. 수 양제(煬帝)의 침공과 그 전략

611년 6월, 수 양제는 고구려를 치겠다는 조서(詔書)를 내려서 전국의 군사들을 다음해 정월 이내로 탁군(涿郡: 지금의 북경시 탁현)으로 모이도록 하고, 유주총관(幽州總管) 원홍사(元弘嗣)를 파견하여 동래(東萊: 지금의 산동성 액현(掖縣) 烟臺)의 바다 어귀에서 전선 3백 척을 만들게 하고, 4월에 강남(長江 以南)·회남(淮河 以南)의 수군 1만 명, 노수(弩手) 3만 명과 영남(嶺南)의 배찬수(排鑽手: 작은 창을 쓰는 군사) 3만 명을 징발하여 수군을 증가시키고, 5월에 하남(河南: 황하 이남)·회남에 명령을 내려 전차 5만 대를 만들어 군복과 무기와 군막을 싣게 하고, 7월에 강남·회남의 장정들과 배들을 징발하여 여양창(黎陽倉: 지금의 하남성 浚縣 서남)·낙구창(洛口倉: 지금의 하남성 공현(鞏縣) 동남에 있었던 창고. 낙수(洛水)가 이곳 鞏縣에 이르러서 황하로 들어가기 때문에 낙구(洛口)라 한다—원주) 등의 군량을 탁군으로 운반하게 하니, 강과 바다에는 배들이 언제나 1천여 리 늘어서 있었고, 육지에는 각지로부터 물자를 운송하는 인부들이 항상 수십만 명 이어져 있어서, 그들의 떠드는 소리가 밤낮으로 그치지 않았다.

다음해 정월에 양제가 탁군에 이르러서 전군을 지휘 통제하였는데, 좌군(左軍)과 우군(右軍)을 각각 12군(軍)으로 나누고, 각 군(軍)에는 대장(大將), 아장(亞將: 副將)을 각각 1인씩 두고, 기병(騎兵)은 전부 40대(隊)로, 1대(隊)는 100명으로 이루어지고, 10대(隊)가 1단(團)이 되어 전부 4단(團)으로 나누었으며, 보병(步兵)은 80대(隊)였는데 20대가 1단(團)이 되어 또한 4단으로 나누었다. 치중병(輜重兵: 수레로 무거운 짐을 나르는 병사)과 산병(散兵: 어느 특정 부대에 소속되지 않은 예비병)도 또한 각각 4단(團)으로 나누어 보병 사이에 끼우고, 개갑(鎧甲)과 기치(旗幟)는 각 단마다 그 색깔을 달리하였고, 진격(進)과 퇴각(退), 멈춤(留)과 행군(行)이 정연하였다. 전체 군대의 규모는 무려 24군(軍)이나 되었다.

하루에 1군(軍)씩 40리만큼 한 진영(營)을 이루어 출발하였는데, 40일만에야 전부 다 출발하였다. 앞선 군(軍)의 꼬리 부분과 그 다음 군의 머리 부분이 서로 이어졌고, 북소리와 호각 소리가 산하(山河)를 울렸고, 기치(旗幟)가 960리에 뻗쳤다.

마지막으로 황제가 직접 통솔하는 어영군(御營軍)이 출발하였는데 그 뻗친 길이가 80리나 되었다.

전투병이 합계 113만 3천8백 명이었는데, 이를 부르기를 2백만 군사라 하였으며, 군량과 군수물자 운송병도 4백만 명이나 되었다. 중국 유사(有史) 이래 일찍이 있어본 적이 없는 대병력의 동원이었다.

〈수서(隋書)〉에는 양제의 출군(出軍) 명령을 기록해 놓았는데, 이르기를, "좌군(左軍) 12군은 누방(鏤方), 장잠(長岑), 명해(溟海), 개마(蓋馬), 건안(建安), 남소(南蘇), 요동(遼東), 현토(玄菟), 부여(扶餘), 조선(朝鮮), 옥저(沃沮), 낙랑(樂浪) 등의 방면으로 진군하고,

우군(右軍) 12군은 점선(粘蟬), 함자(含資), 혼미(渾彌), 임둔(臨屯), 후성(候城), 제해(提奚), 답돈(蹋頓), 숙신(肅愼), 갈석(碣石), 동이(東暆), 대방(帶方), 양평(襄平) 등의 방면으로 진군하여 평양에서 총집결토록 하라!" 고 하였다.

'명해(溟海)' 는 지금의 강화(江華)이고, '옥저(沃沮)' 는 함경도와 혼춘(琿春: 지금의 훈춘) 등지이고, '임둔(臨屯)' 과 '동이(東暆)' 는 지금의 강원도이니, 평양에 총 집결하는 수(隋)나라 군대가 어찌 혼춘이

나 함북이나 평양 이남의 땅으로 나갔겠는가.

〈자치통감(資治通鑑)〉에서는 여러 군대가 나아간 실제 상황을 기록하여 이르기를 "좌익위(左翊衛) 대장군 우문술(宇文述)은 부여 방면으로 나가고, 우익위 대장군 우중문(于仲文)은 낙랑 방면으로 나가고, 좌효위(左驍衛) 대장군 형원항(荊元恒)은 요동 방면으로 나가고, 우익위 장군 설세웅(薛世雄)은 옥저 방면으로 나가고, 좌둔위 장군 신세웅(辛世雄)은 현토 방면으로 나가고, 우어위(右禦衛) 장군 장근(張瑾)은 양평 방면으로 나가고, 우무후(右武候) 장군 조효재(趙孝才)는 갈석 방면으로 나가고, 좌무위(左武衛) 장군 최홍승(崔弘升)은 수성(遂城) 방면으로 나가고, 우어위(右禦衛) 호분랑장(虎賁郎將) 위문승(衛文昇)은 군사를 거느리고 증지(增地) 방면으로 나가서, 모든 군사들이 압록강(鴨綠江) 서안에 집합하라."고 하였다.

그러나 '낙랑'과 '현토'는 한(漢) 이래 요동에 가설한 북낙랑(北樂浪)과 현토(玄菟)도 있었으니 압록강 서안이라고 할 수도 있지만, '옥저'가 어찌 압록강 서안이 될 수 있는가. 그러므로 〈자치통감〉에 기록된 지명들은 거의 모두 임시로 가정한 이름들이지 결코 고구려의 본 지명(地名)이 아니다. 이로써 그 행군의 노선은 자세히 말할 수 없다.

이제 그 전쟁의 광경에 근거하여 보면, 양제의 작전계획은 대략 다음과 같았다.

우선 24군(軍)을 수륙(水陸) 2개 방면으로 나누고, 육군을 또다시 2개 부(部)로 나누어, 그 한 부는 어영군(御營軍)과 그 외의 10여 군(軍)

으로 이루어진 부대로서 양제 자신이 대장으로서 직접 지휘하여 요하를 건너 요동의 각 성(城)을 치기로 하고, 또 한 부는 좌익위대장군 우문술(宇文述) 등이 거느리는 9개 군(軍)으로 이루어진 부대로서 우익위대장군 우중문(于仲文)은 참모, 우문술은 사령관(司令)이 되어 요수를 건너 고구려 서울 평양으로 쳐들어가기로 한다.

그리고 수군(水軍)이 또 수만 명인데, 좌익위대장군 수군총관(水軍總管) 래호아(來護兒)와 부총관 주법상(周法尙)이 군량을 실은 배들을 거느리고 해로(海路)를 따라 대동강(大同江)으로 들어가서 우문술과 합하여 평양을 공격하기로 한다.……

이는 대개 태조대왕(太祖大王: 고구려 6대왕. 國祖王이라고도 하고, 이름은 宮-편역자) 때에 왕자 수성(遂成: 고구려 제7대왕인 次大王-편역자)이 한(漢)나라 군사의 양도(糧道)를 끊고 이를 격파한 뒤로부터, 고구려에서 매번 북방의 침입을 방어할 때마다 그 전래의 계책을 써서 반드시 승리하였으며, 북방의 침입자들도 이것을 가장 경계하였다.

그래서 이때 수 양제의 육군은 행군하는 동안 먹을 양식만 가지고 목적지인 요동성 및 평양성에 도착한 뒤에는 수군에 의해 배로 운반된 군량을 먹으면서 두 성을 포위 공격하는 지구전(持久戰)을 펴서 고구려를 항복시키려 했던 것이다.

3. 고구려의 방어와 그 작전계획

후세에 살수(薩水) 싸움을 말하는 자들은 거의 대부분 그것이 을지문덕 한 사람의 계획으로 치러진 것으로 알고 또 을지문덕이 겨우 수천 명의 병졸로 수(隋)의 수백만 대군을 격파한 줄로 알고 있는데, 이것은 사실과 부합되지 않는 말이다.

고구려가 망할 때에도 그 상비병(常備兵)이 30만 명이나 되었는데 하물며 영양대왕(嬰陽大王)의 전성기에는 혹 30만 명도 더 되었을 것이다.

그리고 또 광개태왕(廣開太王)의 비문(碑文)에 "王躬率水軍(→ 왕이 친히 수군을 거느리고)"이란 말이 나오는 것으로 보거나, 수 양제의 고구려에 대한 선전포고 조서에 "高麗兼契丹之黨, 虔劉海戍(→ 고구려가 거란의 무리와 함께 바닷가를 지키던 우리 수비병을 죽였다)"는 말이 나오는 것으로 보더라도, 하여간 고구려에 수군(水軍)이 존재하였음을 알 수 있으니, 수군도 대략 수만 명에 가까웠을 것이다.

이 30여만 명으로 남방의 백제와 신라를 경계하는 데 몇 만 명이 필요하였을 것이고, 이를 제외한 그 나머지도 20만 명은 되므로, 이 20수만 명은 수(隋)에 대항하여 싸울 전사(戰士)가 되었을 것이다.

물론 수륙 대원수는 영양대왕이었고, 수군 원수(元帥)는 왕의 동생 고건무(高建武)였으며, 육군 원수는 을지문덕(乙支文德)이었는데, 수(隋)가 수륙 양 방면으로 침입해 오므로 고구려의 작전계획 역시 수륙 양 방면의 방어를 함께 중시하는 가운데 〈선수후전(先守後前)〉(→ 먼저 방어한 다음에 싸운다)으로 작전계획의 중심을 삼아서, 육상의 전사들은 백성들에게 명하여 모두들 먹을 양식을 거두어 가지고 성내로 들어와서 머물러 있게 하였으며, 수군들도 각자 요새(要塞) 항구(港口)의 안전지대로 물러나서 지킴으로써 싸움을 피하다가 수나라 군대의 양식이 다 떨어지기를 기다려서 그 후에 공격하려고 하였다.

4. 고구려군의 패강(浿江) 승첩

을지문덕이 수나라 군사들을 아군(我軍) 지역으로 깊숙이 유인하기 위하여 요하 서북의 군사들을 거두어 요하를 지키니, 그해 3월에 수나라 군사들이 요하에 이르러 강 서편 언덕을 따라 상하 수백 리에 걸쳐 진을 치고 마치 벌 떼같이 우글우글하였으며, 각 군단의 군장(軍裝)과 군기(軍旗)는 울긋불긋 햇빛에 비치었다.

수나라 군사들 중에서 첫째가는 용장(勇將)인 선봉 맥철장(麥鐵杖)이 부교(浮橋)를 매어 강 동쪽 언덕에 대려고 하자, 을지문덕이 여러 장수들로 하여금 맞이하여 치게 하였다. 그리하여 맥철장 등 장수 수십 명과 병졸 1만여 명을 베어 죽이고 부교를 끊어버리니, 수나라 군사들 중에서 잠수 잘 하는 자들과 헤엄 잘 치는 자들이 포상(褒賞)을 탐하여 다투어 물에 뛰어들어 한편으로 격전을 벌이면서 다른 한편으로는 부교를 다시 매었다.

이를 보고 을지문덕이 사전에 수립해 놓은 작전계획에 따라 거짓 패하여 군사를 뒤로 물리니, 수 양제가 이에 그 전군(全軍)을 거느리고 요하를 건너왔다.

수 양제는 그 어영군(御營軍)과 좌익위 대장군 등과 왕웅(王雄) 등으로 하여금 요동성을 포위하여 공격하게 하였으며, 좌둔위(左屯衛) 대장군 토우서(吐禹緖) 등 10여 군(軍)으로 하여금 그 부근의 각 성을 포위하여 공격하게 하였으며, 좌익위대장군 우문술 등 9개 군(軍)으로 하여금 을지문덕을 추격해 가서 평양을 치도록 하였다.

이에 앞서 우익위대장군 래호아(來護兒)가 강(江: 長江)·회(淮: 淮河)

의 수군 10여만 명을 거느리고 군량선을 보호하여 동래(東萊: 지금의 산동성 액현(掖縣) 연대(烟臺)에서 출발하여 창해(滄海: 발해)를 건너 패강(浿江: 대동강) 입구로 들어왔으므로, 영양왕의 아우 고건무(高建武)가 비밀리에 수군 장졸들을 구석진 항만에 감추어 두고, 평양 성 아래의 인가(人家)들에는 재물과 돈을 떨어뜨려 놓고 수나라 군사들이 상륙하도록 내버려 두었다.

래호아가 정예병 4만 명을 뽑아 대동강을 거슬러 올라 성 밑으로 돌진하니 사람들은 모두 피난가고 없고 여기저기 재물과 돈이 흩어져 있었으므로, 군사들이 재물과 돈을 노략질하느라 대오가 어지러이 흩어졌다.

이때 건무가 결사대 5백 명을 뽑아 성곽 안의 빈 절(空寺)로부터 돌격하여 이들을 격파하고, 군사들을 지휘하여 저들을 추격하자, 각처의 수군들도 일시에 출동하여 공격하니, 수나라 군사는 달아나다가 강 어귀에 이르러 다투어 배를 타려다가 서로 짓밟아서 죽은 자가 수도 없었으며, 군량선들도 모조리 깨뜨려져 바다 속으로 침몰하였다. 래호아는 겨우 단신으로 작은 배를 타고 도망하였다.

군량선들이 이미 전부 깨뜨려져 침몰해 버렸으니 그 후에 평양으로 침입해온 우문술 등의 대 군사들은 무엇을 먹고 싸우겠는가. 고구려는 벌써 이때에 필승의 지위를 차지하였으니, 만일 전공(戰功)의 차례를 매긴다면 왕의 아우 고건무가 을지문덕보다 앞선 제 1등이라 할 수 있을 것이다.

왕의 아우 고건무의 전공이 이같이 크지만 역사를 읽는 자들이 흔히 을지문덕만 아는 것은 무슨 까닭인가? 사마온공(司馬溫公)이 쓴 〈통감고이(通鑑考異: 〈자치통감 註〉)란 책에서는 "래호아의 군량선이 패하여 돌아오지 않았더라면 우문술이 살수에서 패하는 일이 없었을 것이다"라고 하였는데, 대개 사실과 부합되는 말이라 할 수 있다.

5. 고구려군의 살수(薩水) 전승

을지문덕이 요하에서 군사를 뒤로 물린 후 수나라 군사의 허실(虛實)을 탐지해 보려고 거짓으로 소위 항사자(降使者: 항복을 청하러 가는 사자)가 되어 수나라 진영으로 찾아가서 그 내용을 살펴보고 돌아왔다.

을지문덕이 찾아갔을 때 우문술 등은 그의 생김새와 모습이 늠름하고 풍채가 큰 것에 놀라서 이 사람이 혹시 고구려의 대왕(大王)이나 대대로(大對盧)가 아닐까 생각하고는 그 위엄에 눌려서 생포하지 못했는데, 돌아간 후에야 후회하고 그를 생포하기 위하여 사람을 보내어 다시 만나자고 청하였다.

을지문덕은 이때 이미 대동강 싸움에서 승리했다는 소식을 들었고 또 우문술 등 수나라 군사들의 얼굴에 굶주린 기색이 있음을 보았기 때문에 이미 필승의 계책을 세워놓았으니 어찌 호랑이 굴로 다시 찾아 들어가겠는가.

그가 급히 말을 달려 돌아오는데, 돌아오는 중에도 수나라 군사들을 유인하기 위하여 적의 요새를 만나면 멈추어서 맞붙어 싸우다가 다시 거짓 패하여 달아나곤 하였다. 이렇게 해서 하루 동안에 일곱 번 싸워 일곱 번 패하니 우문술 등은 크게 기뻐하면서 "고구려 군사들은 하잘 것 없구나." 하며 내리 길게 몰아쳐 와서 살수(薩水: 청천강)를 건너 평양에 이르렀다.

평양에 이르러보니 성 밖과 성 안의 인가(人家)가 고요하여 사람의 그림자도 볼 수 없었고 닭 우는 소리이나 개 짖는 소리도 들리지 않았다. 우문술 등이 의심스러워서 곧바로 진격하지 못하고 사람을 보내어 닫힌 성문을 두드리니, 성 안에서 대답하기를 "우리는 곧 항복하려고 토지와 인구 등에 관한 문서와 장부를 조사하고 있는 중이니, 큰 나라 군사는 성 밖에서 5일만 기다려 달라"고 하였다.

전보(電報) 같은 것이 없었던 고대였으므로, 우문술 등은 래호아가 이미 싸움에서 패배한 사실을 전혀 모르고 있었다. 그래서 래호아가 도착하기를 기다려서 합공(合攻)하려는 계획을 세우고는, 성 안으로부터의 거짓 대답을 받아들이고 성 부근에다 진을 치고 머물렀다. 군사들은 굶주려 있었기에 노략질을 하려고 했으나 집집마다 텅텅 비어 있고 아무것도 없었다.

5일을 거듭하여 10여 일이 지나도 성 안에 아무런 동정(動靜)이 없으므로 우문술이 수나라 군사를 지휘하여 나아가 공격하였더니, 성 위에 고구려의 기치가 한꺼번에 사방으로 세워지면서 화살과 돌멩이가 비 오듯 쏟아졌다.

이때 을지문덕이 통역병으로 하여금 크게 소리를 지르게 하였다.

"너희 군량선이 바다에 잠기어 먹을 양식의 보급이 끊어졌고, 평양성은 높고 튼튼하여 뛰어넘을 수가 없으니, 이제 너희들은 어찌 하려는가?"

그리고는 사로잡힌 수나라 수군 장졸들의 신인(信印)과 기치(旗幟)를 던져주니, 수나라 군사들이 그제야 래호아의 수군이 패한 줄 알고 마음이 흔들려서 싸울 수 없게 되었다. 그래서 우문술 등은 군사를 물리어 돌아가려고 하였다.

이때 을지문덕은 미리 사람을 보내어 모래주머니로 살수의 상류를 막아 놓고 정예병 수만 명을 뽑아 천천히 한가롭게 수나라 군사들의 뒤를 좇았다.

살수에 이르러서는 배가 하나도 없으므로 우문술 등은 물의 깊고 얕음을 알지 못하여 머뭇머뭇 하였는데, 갑자기 고구려의 승려 7인이 다리를 걷고 강물 속으로 들어서며 "물이 오금에도 차지 않는군." 하였다.

이를 본 수나라 군사들은 크게 기뻐하며 다투어 물에 뛰어들었다. 수나라 군사들이 미처 강 중간에도 못 미쳤을 때, 상류의 모래주머니를 터놓아 물이 거세게 밀려 내려오게 하고 을지문덕의 군사들은 뒤에서 갑자기 습격하니, 수나라 군사들은 칼과 화살에 맞아 죽고, 물에 빠져 죽었으며, 남은 자들은 하루 낮 하루 밤 사이에 450리를 달려 압록강을 건너 도망하여 요동성에 이르러 보니, 살아서 돌아온 자는 우문술 등 9개 군(軍)의 30만 5천 군사들 중에 겨우 2천7백 명밖에 되지 않았다. 이는 백에 하나 꼴도 못 되는 것이었으며, 부기나 기타 군수 물자 등 수 억만이 모두 고구려의 노획품이 되었다.

6. 고구려의 오열홀(烏列忽) 대첩

수 양제의 어영군(御營軍)과 기타 10여 군(軍)의 수십만 명의 수나라 병사들이 오열홀(烏列忽: 고구려 사람들은 본래 요동성을 오열홀이라 불렀다.-저자의 〈조선사연구草〉)과 요동 각지의 성들을 쳤으나 하나도 함락시키지 못했을 뿐만 아니라, 3월부터 7월까지 무려 4~5개월 동안 고구려인의 화살과 돌에 맞아 죽어서 성 아래의 해골(骸骨)들이 산을 이룰 정도였고, 또 양식을 얻지 못하여 장수와 병졸들은 같이 굶주리고 지쳐 있었다. 이런 상황에서 우문술 등의 군대가 패하여 돌아온 것을 보고는 더욱 싸울 뜻이 없어졌다.

그러나 수 양제는 오히려 최후의 요행수를 바라고 모든 군사를 오열홀 성 밑으로 집결시켰는데 을지문덕이 이를 갑자기 쳐서 대파하였다. 이때 인마(人馬)의 참살과 군기와 군수물자의 노획이 수도 없이 많았다.

후에 고구려가 망하자 당(唐)나라 장수 설인귀(薛仁貴)가 그 경관(京觀: 전사자들을 한 곳에 모아 매장한 후 그곳에 세워놓은 전승기념탑이나 기념관—편역자)을 헐어버리고 그 대신 백탑(白塔)을 세워 놓았는데, 세상 사람들은(*〈자치통감〉과 〈삼국사기〉—편역자) 이것을 당 태종(太宗)이 안시성(安市城)으로 쳐들어 왔을 때 당나라 장수 울지경덕(蔚遲敬德)이 쌓은 것이라고 하나, 이것은 잘못 전해진 말이다.

수나라의 24개 군(軍) 수백만 명이 전멸당하고 오직 호분랑장(虎賁郎將: 황제 경호부대의 장수) 위문승(衛文昇)이 거느리고 있던 군사 수천 명이 남아 있다가 양제를 호위하여 도주하였다.

〈수서(隋書)〉에 살수에서의 우문술의 패전은 기록해 놓고 오열홀에서의 양제의 패전은 기록해 놓지 않은 것은 이른바 "爲尊者諱(위존자휘:→존귀한 자의 잘못된 일은 숨긴다)"의 춘추필법(春秋筆法)에 따른 것이니, 춘추필법을 알아야 중국의 역사를 올바로 읽을 수 있다.

요하를 건너서 ○○리 쯤에 '발착수(渤錯水)' 가 있는데, 이것의 이름을 '水' 라고 하였지만 사실은 '水' 가 아니라 요동에서 유명한 길이가 2백리나 되는 진수렁으로 일명 '요택(遼澤)' 이라고도 하는데, 당 태종의 조서에 "요택매골(遼澤埋骨:→요택에다 전사자들의 뼈를 묻었다)" 이란 기록이 있는 것을 보면, 당시 수나라 군사들이 이 땅에서 매우 많이 죽었음을 알 수 있다. 이들도 대개 고구려 군대의 추격으로 인해 죽었을 것이다.

말하자면 살수 전쟁이란 패강(浿江: 대동강), 살수(薩水: 청천강), 오열홀(烏列忽: 요동성의 고구려 이름)의 세 대전(大戰)을 포함한 것인데, 그 첫째 공로는 패강에서의 전투이고, 그 다음의 공로는 살수에서의 전투이고, 그 끝맺음을 한 것이 오열홀 전투로서, 이들 셋 모두를 살수 전투라 부르는 것은 합당하지 못하지만, 이미 오랫동안 계속해서 써온 명사(名詞)이므로 그대로 쓰기로 한다.

제3장 오열홀·회원진에서의 전투와 수(隋)의 멸망

1. 수 양제의 재침과 오열홀 성주(城主)의 방어

수 양제가 고구려 군사에게 패하여 돌아간 후 그 패전의 죄를 우문술 등 여러 장수들에게 돌리어 그들의 직위를 빼앗고 옥에 가둠으로써 패전의 치욕을 씻으려고 하였다.

다음해 정월에 다시 전국의 병마(兵馬)를 다시 탁군(涿郡: 지금의 북경시)으로 집중시키고 요동 고성(古城: 지금의 永平府로서 고구려 太祖大王이 요동을 차지한 후 漢이 이 땅으로 옮겨 세운 것임-원주)을 수축하여 군량을 비축하게 하고, "여러 장수들의 지난 번 패전은 군량이 떨어졌기 때문이지 싸움을 잘못한 죄가 아니다"고 하여 국내에 조서를 내려 알린 후 다시 우문술(宇文述) 등을 복직시켜서 고구려를 칠 계획을 하였다.

그러면서 "작년에 요동을 평정하지 못한 상태에서 평양으로 쳐들어간 것이 실책이었다"고 하면서 조서를 내렸는데, 그 내용은 대개 지난해와 같이 여러 장수들이 출정할 길을 지정하고 있으나, 다만 오열홀(烏列忽: 요동성의 고구려 이름)을 먼저 쳐서 이를 함락시킨 뒤에야 차차 그 지리(地理)의 순서를 따라 각 주(州)·군(郡)을 평정하여 평양까지 쳐들어가겠다는 것이었다.

이때 수(隋)는 고구려와의 전쟁에서 대패한 뒤여서 나라의 창고가 텅 비었고, 군자금도 전혀 없었고, 백성들의 힘도 고갈되었고, 인심은 불만으로 가득하여 반란을 기도하는 자들이 지은 노래 〈無向遼東浪死歌(무향요동랑사가: 요동으로 가지마라, 개죽음 당하리라)〉가 돌았으나, 양제는 이런 상황임에도 불구하고 백성들의 재물을 강탈하여 군량으로 삼고, 장정들을 강제로 징집하여 병사를 삼고, 그들을 훈련시킨 지 몇 달 만에 요동으로 향해 출정하면서 우문술, 이경(李景) 등을 장수로 삼아 그들에게 고구려의 구원군이 오는 길을 막게 하였다. 그리고 양제는 스스로 어영군(御營軍) 소속 여러 장수들을 통솔하여 오열홀을 포위하여 공격하였다.

당시 오열홀 성주(城主)의 성명이 비록 사서(史書)에는 보이지 않으나, 그는 틀림없이 지혜롭고, 용감하고, 침착하고, 굳센 인물이었을 것이며, 성 안의 모든 장졸들도 거의 다 백전(百戰)을 겪은 용사들이었기 때문에, 양제가 비루(飛樓)를 매고, 운제(雲梯)를 세우고, 땅굴을 파고 토산(土山)을 쌓아 성을 공격하는 모든 기술들을 있는 대로 다 동원하여 사용해 보았지만, 오열홀의 성주 또한 그에 따라 응전하면서 서로 버텼는데, 그렇게 한 지 수십 일 만에 수나라 병사들은 수없이 많이 죽었다.

그때 마침 수(隋)의 동도수장(東都守將) 양현감(楊玄感)이 반란을 일으켰다는 소식이 전해오자, 양제는 밤 10시 경에 비밀리에 여러 장수들을 불러서 군수물자와 군사 무기, 공성 기구 등을 모두 다 내버리고 빨리 군사를 돌리라고 하였으나, 그것이 성주에게 발각되어, 수나라 후군(後軍)은 고구려 군사들의 습격을 받아 거의 다 사망하였다.

2. 수 양제의 세 번째 침략과 노수(弩手)의 저격

그 후 비록 양현감(楊玄感)의 반란을 평정하기는 하였으나, 그로 인해 국력의 피폐와 백성들의 원한이 극도에 달하였다. 그러나 양제는 도리어 패전의 치욕을 씻으려고 국내의 병마(兵馬)를 또다시 끌어 모아 회원진(懷遠鎭)에 이르렀는데, 사졸(士卒)들은 모두 지난 번 두 차례의 패전으로 인하여 전쟁에 끌려 나가면 죽을 줄 알았으므로 도중에 도망가는 자들이 많았으며, 이미 반란이 일어난 지역에서는 아예 징집에 응하지 않는 곳도 있었다.

양제가 이미 싸우기 어렵다는 것을 깨닫고 중지하고도 싶었으나, 백성들로부터 비웃음을 사게 되면 빈란을 진압할 수 없게 될까봐 염려하여 어떤 형태로든 그만둘 명분이나 만든 뒤에 휴전하려고 하여,

고구려에 대하여 반신(叛臣) 곡사정(斛斯政)을 건네줄 것을 유일한 휴전조건으로 내세워 화의를 제의하였는데, 곡사정은 곧 양현감의 일당으로서 양현감이 반란을 일으키자 처벌이 두려워서 고구려에 투항해 온 자였다.

이때 고구려의 국론(國論)은 두 파로 나뉘어 있었다.

(甲)은 남방의 신라와 백제를 멸망시키기 전에는 중국에 대해서는 비사(卑辭: 스스로를 낮추어 말함)와 후례(厚禮: 예물을 후하게 바침)로써 화의를 유지해야 하거늘, 이전에는 중국에 대한 입장이 너무 강경하였기 때문에 여러 해 동안 병화(兵禍)를 야기하였다. 그러니 지금부터라도 다시 정책을 바꾸어 수(隋)와 사이좋게 지내야 한다고 주장하였다.

(乙)은 신라와 백제는 산천이 험하여 지키기는 쉬우나 공격하기는 어렵고, 또 사람들의 성질이 질기고 고집이 세어서 좀처럼 굴복하지 않지만, 중국 대륙은 이와 반대로 평원과 광야가 많아서 싸우기에 매우 좋고, 또 중국 사람들은 전쟁을 무서워하여 한 쪽이 무너지면 다른 쪽도 동요하므로 장수태왕의 북수남진책(北守南進策: 북쪽은 수비에 치중하고 남쪽으로 진공한다는 정책)은 원래부터 잘못된 것이니, 이제부터라도 이 정책을 버리고 남방은 방어만 하고 정예병을 뽑아 수(隋)를 친다면, 비록 수많은 군대가 아니더라도 성공하기 쉽고, 이미 성공한 후에 가서 그 인민을 안정시키고 위무해 주고 인재를 채용한다면 전 중국을 통일하기가 쉽다고 주장하였다.

이렇게 두 파의 의견은 언제나 대립되어 서로 다투었다.

(甲)은 왕의 동생 고건무(高建武) 일파의 의견으로서, 여러 호족(豪

族)들이 이에 속하였다.

(乙)은 을지문덕 일파의 의견으로, 일부 무장(武將)들이 이에 속하였는데, 두 사람 모두 수(隋)와의 전쟁에서 큰 공을 세워 국민들의 신망이 매우 높았기 때문에, 따라서 두 파의 세력도 거의 비등하였다.

영양대왕(嬰陽大王)은 (乙)파의 의견에 찬성하였으나, 고구려는 원래 호족공화제(豪族共和制)였기 때문에 왕 또한 (甲)파의 의견을 꺾지 못하였다.

그때 마침 수 양제가 곡사정(斛斯政)의 인도(引渡)를 조건으로 화의를 제의해 오자 국내에는 (甲)파를 지지하는 자들이 훨씬 많아져서 (甲)파가 우세를 점하게 되었다.

드디어 망명해온 불쌍한 곡사정의 인도를 허락하는 동시에 사자가 국서(國書)를 받들고 양제의 어영(御營)에 가니, 어떤 장사(將士)가 이를 매우 분하게 여기고 쇠뇌(弩弓)를 품에 품고 사자의 수행원 차림으로 가만히 사자의 뒤를 따라 들어가서 양제의 가슴을 쏘아 맞추고 달아났다.

비록 이로써 화의를 파탄내지는 못했고 곡사정의 인도를 중지시키지도 못하였으나, 수 양제의 넋을 빼앗고 고구려의 사기왕성함을 보이기에는 충분하였다.

그 활을 맞고 돌아간 수 양제는 병도 들고 후회로 인한 노여움도 심하고 국내가 더욱 크게 어지러워져서 몇 년 지나지 않아 암살을 당하여 결국 수(隋) 왕조는 망하였다.

(*수 양제가 고구려 장사가 쏜 쇠뇌에 가슴을 맞았다는 말은 사실이 아닌 것 같다. 가까운 거리에서 쇠뇌에 가슴을 맞았다면 수 양제는 즉사하였을 텐데,

고구려와의 전쟁이 끝난 후에도 양제는 이곳저곳 놀러 다니면서 향락생활에 빠져 있었으며, 그가 건강상의 이유로 고생을 하였다는 기록은 〈자치통감〉이나 〈수서〉 등에 전혀 나오지 않는다.-편역자)

안정복(安鼎福) 선생이 살수 전쟁을 논하면서, 영양왕(嬰陽王)이 살수 전승(戰勝)의 위엄을 이용하여 수 양제가 자기 아비 죽인 죄를 성토하면서 을지문덕 등 여러 장수들에게 명령을 내려 수(隋)를 합병하지 못한 것을 한탄하였으나, 양제 시부설(弑父說)은 의문의 여지가 있는 사건일 뿐만 아니라, 이는 수(隋)의 궁중비사(宮中秘事)에 속하는 일이므로 고구려인들이 듣지 못하였을 것이니, 이것은 더 말할 나위도 없다.

그러나 〈해상잡록(海上雜錄)〉에는 명백히 이 전쟁 끝에 을지문덕 등 일파가 북벌(北伐)을 강력히 주창하였다고 기록해 놓았는데, 안정복 선생이 이것을 그가 쓴 〈동사강목(東史綱目)〉에 기록해 놓지 않은 것은 무슨 이유일까? 아마도 비사(秘史)의 설(說)을 정사(正史)에 넣을 수는 없다고 해서일 것이다.

그러나 정사(正史)인 〈삼국사기〉, 〈동국통감(東國通鑑)〉 등은 사대주의자의 기록이므로 대(對) 중국 전쟁에 대해서는 전적으로 중국 쪽의 기록만 인용하고 있기 때문에, 도리어 비사(秘史)의 설(說)이 전해지고 있는 정확한 사료(史料)가 아닐까 생각하여 본서에서는 이를 채택하여 기록해 두는 것이다.

(*이상의 글은 단재(丹齋) 신채호(申采浩) 저 『조선상고사』 제 9편 〈高句麗 對隋 戰役〉을 한글세대의 독자들을 위해 편역자가 현대문으로 번역한 것임을 밝혀 둔다.)

〈부록〉 2: -〈隋書〉, 〈資治通鑑〉,〈三國史記〉로 읽는 - 수(隋)와 고구려의 투쟁사

朴琪鳳 편역

1. 수(隋) 문제(文帝) 시대

(*중국은 동진(東晋) 왕조가 멸망한 기원 420년경부터 약 150년 동안 장강(長江)을 사이에 두고 남북으로 여러 나라들이 세력다툼을 벌였는데, 이를 역사에서는 남북조(南北朝) 시대라 부른다.

이때 장강 이남에서는 송(宋: 420~479), 제(齊: 479~502), 양(梁: 502~557), 진(陳: 557~589) 등이 빈번하게 그 주인의 자리를 바꿔가며 남조(南朝)라 불리었고, 장강 이북에서는 오호십륙국(五胡十六國)의 혼란을 통일한(서기 439년) 북위(北魏: 386~534)에 이어 동위(東魏: 534~550), 서위(西魏: 535~556), 북제(北齊: 550~577), 북주(北周: 556~581)로 그 세력의 주인이 바뀌어 왔다.

기원 580년경, 강북에서는 북주(北周)의 무제(武帝)가 장강 이북 지역을 통일하여 나라의 세력이 강성해짐으로써 중국은 이제 강북의 북주(北周), 강남의 진(陳)으로 양분됨으로써 천하가 통일될 날이 얼마 남지 않게 되었다.

그런데 강북을 통일한 북주의 무제가 죽자 나라의 권력은 당시 외척인 양견(楊堅: 후에 수(隋) 황제인 문제(文帝) 또는 고조(高祖)가 됨)의 수중에 들어갔다.

양견의 부친 양충(楊忠)은 처음에 부병제(府兵制)가 시행되던 당시 여러 전투에서 승리한 공로를 인정받아 주국(柱國) 대장군으로 승진하여 수국공(隋國公)으로 봉해졌는데, 양견은 자기 부친의 작위를 승계하여 수국공(隋國公)이 되었던 것이다.

양견의 처는 주국대장군(柱國大將軍)이자 선비족(鮮卑族)의 귀족인 독고신(獨孤信)의 딸이었는데, 북주 무제(武帝)의 모후(母后)와는 서로 자매 사이이기도 하였다.

양견과 독고신의 딸(후에 양견이 수나라 황제가 되자 獨孤皇后가 되었음) 사이에서 태어난 딸이 북주 무제의 아들인 북주 선제(宣帝)의 황후가 되었으니, 양견은 선제(宣帝)의 장인어른이 되고 그의 아내는 선제의 이모(姨母)이면서 동시에 장모가 된 것이다.

이리하여 양견은 2대에 걸친 외척으로서 군권과 정권을 장악한 후 한족(漢族)과 선비족(鮮卑族) 출신 사람들을 자기편으로 끌어들여 자신의 세력을 심고 키워나갔다.

그런데 뜻밖에 북주의 선제가 황제에 즉위한 그해(기원 579년)에 죽자, 당시 8살밖에 안 된 그의 아들이 황위를 계승하였는데, 이 사람이 곧 북주의 정제(靜帝)이다.

황제의 자리에 오른 어린 정제(靜帝)의 모후(母后)의 아버지, 곧 외할아버지 양견은 이런 외척으로서의 지위를 이용하여 조정의 일을 총람하고, 북주의 황가였던 우문씨(宇文氏)에게 충성을 바치려는 세력들을 제거함으로써 결국 2년 후인 기원 581년에 양견은 북주의 정제로부터 황위를 선양받는 형식으로 황제의 자리를 빼앗아 스스로 황제의 자리에 오른 후 국호를 수(隋)라 고치고 도읍을 대흥(大

興: 북주의 도읍은 지금의 섬서성 정변현(定邊縣)이었는데, 이듬해에 대흥성을 세우기 시작하여 3년 후에 이곳으로 천도하였으니, 지금의 서안시(西安市)가 이곳이다)으로 정했다.

이리하여 양견(楊堅)이 수(隋)나라의 황제, 곧 문제(文帝) 또는 고조(高祖)가 된 것이다.

양견은 황제가 된 후부터 연호를 개황(開皇)이라 고쳤는데, 개황 9년(서기 589)에는 병력을 대거 동원하여 장강을 건너가서 남쪽의 진(陳)나라를 멸망시킴으로써 마침내 오랫동안 분열되어 있던 중국을 다시 통일하였다.

(**이하에서 〈삼국사기〉에 나오는 내용은 「○ 」으로 표시하여, 〈삼국사기〉와 〈자치통감〉의 내용이 겹치는 곳을 알 수 있게 하였다.)

581년(開皇 1년) 2월: 수왕(隋王) 양견(楊堅)이 선양(禪讓)의 형식으로 북주(北周)의 어린 황제 정제(靜帝)로부터 황위를 빼앗아 황제가 되었다. 황위에 올라 문제(文帝: 또는 高祖)라 부르고 연호를 개황(開皇)이라 하였다. 그의 부인은 성이 독고씨(獨孤氏)여서 독고황후(獨孤皇后)라 불렀다.

그의 첫째 아들 양용(楊勇)을 황태자로 세우고 둘째 아들 양광(楊廣)을 진왕(晋王)으로 봉하였다.

(*이 양광(楊廣)이 후에 문제의 뒤를 이어 수 양제(煬帝)가 된다. 문제에게는 황후 독고씨(獨孤氏)와의 사이에서만 아들 다섯을 두었는데, 첫째가 태자 양용(楊勇), 둘째가 진왕(晋王) 양광(楊廣), 셋째가 진왕(秦王) 양준(楊俊), 넷째가 촉왕(蜀王) 양수(楊秀), 다섯째가 한왕(漢王) 양량(楊諒)인데, 후에 태자 양용이 폐립되고 양광이 태자가 되며, 셋째

양준이 가장 먼저 죽는다.)

581년(開皇 1년) 12월, 「○고구려에서 수(隋)에 사신을 보내어 조공하니, 고조(高祖: 文帝)는 고구려왕에게 "대장군 요동군공(大將軍 遼東郡公)"이란 관작을 주었다.」

「○582년(開皇 2년) 고구려에서 1월과 11월에 수(隋)에 사신을 보내어 조공하였다.」

583년(開皇 3년) 3월: 수(隋)는 새 수도 대흥성(大興城)으로 천도하였다.

「○고구려는 583년 1월과 4월, 겨울 모두 3차례에 걸쳐 수(隋)에 사신을 보내어 조공하였다.」

584년(開皇 4년) 6월: 수 문제(文帝)는 위하(渭河)에 모래가 많아서 강물의 얕고 깊음이 수시로 변하여 강을 통한 물자 수송에 어려움이 많다고 생각하여 우문개(宇文愷)로 하여금 수리(水利) 기술자들을 데리고 운하를 뚫게 하였다. 이리하여 위수(渭水)의 물을 끌어들여 대흥성에서 동쪽으로 동관(潼關)에 이르는 3백여 리의 운하가 뚫렸는데, 이를 광통거(廣通渠)라 하였다.

「○584년 봄에 고구려는 수(隋)에 사신을 보내어 조공하였다. 여름 4월에 수 문제(文帝)가 고구려의 사신을 위하여 대흥전(大興殿)에서 잔치를 베풀어 주었다.」

「○585년 겨울 12월에 고구려에서 진(陳)나라에 사신을 보내어 조공하였다.」

587년 2월: 장정 10만여 명을 동원하여 장성(長城)을 수리하였는데, 20일 만에 끝냈다.

〈수 문제의 천하 통일〉

588년 10월 23일, 진(陳) 선제(宣帝)가 산기시랑(散騎侍郎) 왕완(王琬)과 산기상시(散騎常侍) 허선심(許善心)을 수(隋)에 사신으로 파견하였다. 수(隋)에서는 이들 두 사람을 객관에 억류시켜 놓았다. 이 두 사람은 여러 차례 귀국하여 복명(復命)할 수 있게 해달라고 청하였으나, 수(隋) 문제는 대답하지 않았다.

10월 28일, 수(隋) 문제는 진(陳)을 토벌할 군사를 출발시키기에 앞서 태묘에 제사를 지내고 조상들에게 고하였다. 그리고 진왕(晋王) 양광(楊廣: 둘째 아들), 진왕(秦王) 양준(楊俊: 셋째 아들), 청하공(淸河公) 양소(楊素) 셋을 모두 행군원수(行軍元帥)로 임명하였다.

11월 23일, 문제는 풍익(馮翊: 수 문제가 태어난 고향)으로 가서 고향의 사당에 제사를 지낸 후 27일 장안으로 돌아왔다.

황제의 이번의 고향 행차에는 산동(山東) 사람인 내사령(內事令) 이덕림(李德林)은 병이 나서 수행하지 못했는데, 문제는 동주(同州)에서 직서를 내려 그를 불러와서 남쪽의 진(陳)을 토벌할 계책을 상의하였다.

장안으로 돌아온 후 문제는 말채찍으로 남쪽을 가리키면서 “남쪽의 진(陳)을 평정하고 나서 일곱 가지 보물로써 너를 장식해 주어 효산(崤山) 이동(以東)의 사대부들 중에서는 네(李德林)가 가장 존귀하도록 해 주겠다”고 하였다.

처음 수 문제가 황제의 자리를 선양받은 이래, 진(陳)과는 우호관계를 유지하고자 하여 진나라에서 보낸 간첩을 붙잡았을 때마다 의복과 말 등을 주어 친절하게 돌려보내 주었다.

그러나 진(陳)의 선제(宣帝)는 여전히 군대를 보내어 수나라의 변경을 침략하였다. 그래서 태건(太建: 진나라 선제 때의 연호) 말년 수나라에서도 군대를 파견하여 한 차례 공격하였는데, 마침 그때 선제가 죽었으므로 수 문제는 즉시 명령을 내려 군사를 돌리도록 하고, 조문 사절을 보내며 조서(弔書)에는 자기 이름을 쓰고 돈수(頓首: 고개를 숙여 절한다는 뜻)라는 표현을 썼다. 그러자 진(陳) 선제(宣帝) 의 답변은 더욱 교만해져서 끝에서 “네가 다스리는 지역은 편안한가? 이곳 천하(宇宙)는 태평하다”고 하였다. 이에 수 문제는 매우 불쾌해하며 그것을 대신들에게 보여주자, 상주국(上柱國) 양소(楊素)가, “군주께서 욕보임을 당하도록 하였으니 신하된 자 죽어야 마땅합니다”고 하면서 두 번 무릎을 꿇고 죄 주기를 청하였다.

문제가 고경(高熲)에게 진(陳)을 평정할 계책을 묻자, 그가 대답하였다. “강북(江北) 지방의 땅은 추워서 가을 추수가 늦지만, 강남 지방은 논의 벼들이 일찍 익습니다. 저들이 수확을 하려는 때에 맞추어 병마들을 조금 징집하여 저들을 크게 엄습할 것이라고 소문을 내면, 저들은 반드시 군사를 대거 소집하여 진을 치고 방어할 것이며, 그리하여 수확시기를 놓치게 될 것입니다. 저들이 이미 군사들을 모은 다음에 우리들은 모았던 군사들을 해산시킵니다. 두세 차례 이렇게 하고 나면 저들은 이것을 대수로운 일로 여기지 않게 될 것입니다.

그런 후에 우리가 다시 군사를 대거 소집하더라도, 저들은 틀림없이 믿지 않을 것입니다. 저들이 머뭇거리고 있을 때 우리 군사들이 강을 건너 육지에 올라 싸운다면 우리 병사들의 사기는 두 배로 늘어날 것입니다.

그리고 또 강남은 토질이 박하여 집들은 흔히 띠와 대나무로 짓고 모든 물건들은 땅속에 움을 파고 감추어두지 않기 때문에, 만약 은밀히 사람들을 파견하여 바람이 불 때에 불을 지르고, 저들이 그것을 수리하기를 기다렸다가 또 다시 불을 지른다면, 몇 년 지나지 않아 저들이 쓸 재물들은 전부 소진되고 말 것입니다."

문제가 그의 계책을 쓰자, 진 나라의 관리나 백성들은 모두 견딜 수 없이 피폐해져 갔다.

589년(開皇 9年) 2월: 이때 와서 진(陳)이 전부 평정되어, 30개 주(州)와 1백 개의 군(郡), 4백 개의 현(縣)을 얻었다. (*이로써 오랫동안 남북조로 분열되었던 중국은 다시 하나로 통일되었다.-편역자)

진왕 양광은 왕소(王韶)에게 석두성(石頭城)에 남아서 뒷일을 처리하도록 하고 군사를 이끌고 돌아왔다.

3월 6일, 진수보(陳叔寶: 진의 마지막 황제인 宣帝의 이름)와 그의 왕공(王公), 백관, 대신들은 건강(建康)에서 출발하여 장안으로 옮겨졌는데,

어른들과 아이들이 연속해서 길 위에 올라 그 행렬이 5백 리에 이어졌다. 수 문제는 명령을 내려 장안의 관리들과 백성들의 집을 잠시 항복해온 사람들의 거처로 내어주라고 하였으며, 도성 안을 수리하고 정리한 후 사자를 보내어 그들을 영접하고 위로해 주게 하였는데, 항복해오는 진나라 사람들은 마치 손님으로 왔다가 돌아가는 듯한 기분이었다.

4월 28일, 수 문제는 양소(楊素)의 작위를 월공(越公)으로 높여주고, 그의 첫째 아들 현감(楊玄感: 후에 양제가 제2차 고구려 정벌군을 일으켰을 때 반란을 일으키게 됨-편역자)을 의동삼사(儀同三司)에, 그의 둘째 아들 현장(玄獎)을 청하군공(淸河郡公)에 제수하고 비단 1만 단(段)과 조 1만 섬을 하사하였다.

그리고 상서좌복야(尙書左僕射) 고경(高熲)을 상주국(上柱國)에서 제공(齊公)으로 그 관작을 높여주고 상으로 비단 9천 단(段)을 하사하였다.

〈○590년. 수(隋)가 진(陳)을 평정하였다. 전쟁에 동원되었던 배 한 척이 탐모라국(耽牟羅國)까지 떠내려 왔다가 그 배가 돌아가게 되어 국경을 통과하므로 백제왕이 매우 후하게 대접하여 보내고 아울러 사신을 보내어 진(陳)을 평정한 것을 치하하는 표문을 올리니, 수(隋) 고조(高祖)가 좋게 여겨 조서를 내려 말하였다.

"백제왕이 진나라를 평정하였다는 말을 듣자 즉시 먼 길에 사신을 보내어 표문을 바쳤다. 오고 가기가 지극히 곤란한 터에 만일 바다에서 풍랑을 만나게 되면 인명의 희생과 재물의 손실을 당하기 쉬울 것이다.

백제왕의 마음이 순수하고 극진한 것은 내가 이미 잘 알고 있으므로 서로 멀리 떨어져 있지만 마치 서로 얼굴을 마주하여 이야기하는 것과 같다. 그러니 빈번하게 사신을 보낼 필요가 어디 있겠느냐. 와서 서로 다 알게 되었으니 이제부터는 해마다 조공을 하지 말 것이며, 나도 사신을 보내지 않을 것이니 왕은 마땅히 알아서 할지어다."라고 하였다.〉 (* 기호 '〈○ 〉'는 〈三國史記〉에만 있음을 표시한다.)

590년 4월, 수 문제는 시기심이 많고 의심이 많았으며, 배우기를 좋아하지 않았다. 그는 전적으로 지모(智謀)에 의지하여 황제의 자리를 차지하였으므로, 그는 자신이 법에 대해서 훤히 알고 있다고 생각하고 아랫사람들을 다룸에 있어 세세한 부분까지 따지면서 항상 자기 주위의 근신들을 보내어 조정 내외의 모든 관리들을 감시하게 하였다. 그리하여 조그마한 잘못이라도 발견되면 가차 없이 중죄(重罪)에 처하였다. 그리고 각종 직책을 맡고 있는 관리들이 뇌물을 탐내어 부패해질까 염려하여 은밀히 사람들을 보내어 그들을 뇌물로 유혹하도록 시험하고, 그 시험에 걸려들어 뇌물을 받게 되면 그 자리에서 죽여 버렸다.

매번 조당(朝堂)에서 관리들에게 매질을 하였는데, 하루에도 많게는 4차례나 했으며, 때로는 매를 때리는 자가 세게 때리지 않는다고 그의 목을 베기도 하였다.

상서좌복야(尙書左僕射) 고경(高熲), 치서시어사(治書侍御史) 유욱(柳彧) 등이 간하기를 "조당은 사람을 죽이는 곳이 아니며, 궁정(殿庭)은 죄인을 처결하는 곳이 아닙니다"고 하였으나 문제는 듣지 않았다. 그러자 고경 등은 모두 조당 앞에 엎드려 죄 주기를 청하였다. 그러나 문제는 영좌우도독(領左右都督) 전원(田元)을 보고 말했다.

"내가 사용하는 매가 무거운가?"

전원이 대답하였다.

"무겁습니다."

문제가 그 매가 어떻게 생겼는지 묻자, 전원이 손을 들면서 대답하였다.

"폐하께서 사용하시는 매는 그 굵기가 손가락만 합니다. 그것으로 사람을 30대 때리면 보통의 매로는 수백 대 맞는 것과 비슷합니다. 그래서 매를 맞는 자들이 많이 죽습니다."

그 말을 듣고 문제는 불쾌해 하면서 궁정(殿庭) 내에서 매를 치지 못하게 하고, 처벌할 일이 있으면 각각 주관하는 부서에 넘기도록 하였다.

후에 행참군(行參軍) 이군재(李君才)가 문제에게 말했다.

"폐하께서 고경(高熲)을 총애하심이 너무 지나치십니다."

문제는 크게 노하여 그에게 매를 치라고 명하였으나 궁정 안에 매가 없었으므로, 마침내 채찍으로 그를 때려 죽였다. 이 후부터 다시 궁정 안에 매를 갖다 놓았다.

그 후 얼마 지나지 않아 크게 노하여 또 궁정에서 사람을 죽이라고 명하였다. 병부시랑 풍기(馮基)가 극력 간하였으나, 문제는 듣지 않고 결국 그를 죽이고 말았다. 얼마 후 문제도 약간 후회하고는 좋은 말로 풍기를 위로하면서, 간하지 않은 다른 많은 신하들에게 화를 내었다.

590년 11월, 양소(楊素)가 진 나라와의 전쟁에서 승리한 후 군사를 거느리고 돌아오자, 문제는 좌령군(左領軍) 장군 독고타(獨孤陀)를 준의(浚儀)까지 보내어 영접하고 그 노고를 위로해 주라고 하였다. 양소가 경사(京師: 수도)에 돌아온 후에 문제는 매일 사람을 보내어 위문 인사를 하게 하였으며, 그의 아들 현장(玄獎)에게도 의동삼사(儀同三司)라는 관작을 제수하고 많은 상을 하사하였다. 독고타는 독고황후의 부친인 독고신(獨孤信)의 아들이다.(즉, 독고타는 독고황후의 남동생이니, 문제의 처남이다. 그리고 독고신(獨孤信)은 본래 선비족(鮮卑族)의 귀족으로 이에 앞서 북주 시대에 귀화한 사람이다.-편역자)

양소는 용병(用兵)에 있어서 권모(權謀)와 계략이 많았으며, 군사를 부리는 데 매우 엄정하였고, 군령은 산처럼 무거웠다. 매번 적과 마주하여 싸울 때에는 일부 사병(士兵)들의 잘못을 찾아내어 그들의 목을 베었는데, 많을 경우에는 1백여 명, 적을 때에도 십 수 명 아래로 내려오지는 않았으며, 목을 벤 다음 그 피가 바로 앞을 가득 흐르고 있어도 아무 일도 없는 듯이 태연하게 웃으며 이야기하였다.

쌍방이 대진(對陣)한 후에는 먼저 1~2백 명에게 적진을 향해 달려가게 하여 적진을 함락시킨 다음에야 그치게 하였으며, 만약 적진을 함락시키지 못하고 돌아오는 자가 있으면 그 수가 많든 적든 불문하고 모조리 다 목을 베어 죽였다. 그리고는 2~3백 명을 다시 내보내는데, 앞에서와 똑같이 하였다. 이리하여 장사들은 모두 두려워 벌벌 떨면서 필사(必死)의 각오로 싸우게 되는데, 이렇게 하여 싸우면 이기지 못하는 경우가 없었다. 이 때문에 그는 명장(名將)이라 불리게 되었다.

양소는 이때 황제의 신임을 받고 있었으므로 그의 말이라면 모두 다 받아들여졌으며, 양소를 따라가서 싸운 군사들은 아무리 작은 공로를 세워도 반드시 상을 받았다. 다른 장수들의 경우에는 비록 큰 공을 세우더라도 대부분 조정의 문관들에 의해 무시당해 버리기 때문에, 양소는 비록 잔인했지만, 사졸들은 이런 이유로 그를 따라가서 싸우기를 원했다.

「○590년 10월에 고구려가 신라를 쳤으나 이기지 못하고 그 장수 온달(溫達)이 이번 싸움에서 죽었다.(*〈三國史節要〉에는 이어서 우리가 익히 알고 있는 바보온달 장군의 이야기가 소개되고 있다.-편역자)」(-〈三國史節要〉 제7권)

「○591년 1월에 황태자 양용(楊勇)의 비 원씨(元氏)가 죽었다.

「○591년 3월에 고원(高元)을 고구려왕으로 책봉하고 수레와 복식을 내려주었다. 5월에 고구려왕이 사신을 보내어 사은(謝恩)하였다.」

*597년(開皇 17년) 9월, 「○고구려 평원왕(平原王: 이름은 陽成인데, 隋書, 唐書, 資治通鑑에서는 湯이라고 하였다.)이 진(陳)이 멸망했다는 말을 듣고 크게 두려워하여 군사들을 훈련시키고 군량을 비축하여 수군(隋軍)의 침략을 막을 대책을 세웠다.

수 황제가 (고구려의) 평원왕(平原王: 高湯)에게 조서를 보내어 "비록 수(隋)의 번방(藩邦: 울타리 나라)이라고 칭할 수는 있으나, 신하로서의 충성과 예절에는 미진(未盡)한 바가 있다"고 책망하고, 이어서 말하였다.

"네가 다스리는 지역은 비록 땅도 좁고 백성도 적다고 하더라도, 만약 짐(朕)이 지금 왕을 쫓아낸다면 그 자리를 비워둘 수는 없고 결국 새로 관리를 뽑아 보내어 그곳을 안정시키고 다스려야 할 것이다.

그러나 왕이 만약 마음을 씻고 하는 행동을 바꾸어 법을 준수한다면 이는 곧 짐(朕)의 좋은 신하이니, 굳이 따로 인재를 파견해 보내느라 수고할 필요가 어디 있겠느냐.

고구려왕은 생각해 보라. 요하(遼河)의 넓기가 (隋가 陳을 치기 위하여 건넜던) 장강(長江)과 비교하면 어떠하며, 고구려의 사람들이 (隋가 멸망시킨) 진(陳)과 비교하면 더 많은가 적은가?

짐(朕)이 만약 너희 작은 나라를 보호하고 길러주려는 마음이 없고 왕의 전날의 허물을 책망하려고 한다면, 한 명의 장수에게 명령을 내려 정벌하도록 하는 것으로 충분할 터인데, 많은 군사들을 동원할 필요가 어디 있겠느냐. 짐(朕)이 이와 같이 간곡한 말로 타이르는 것은 왕으로 하여금 스스로 이전의 잘못을 고치기를 바라서이니라."

평원왕은 황제의 조서를 받은 후 놀랍고 두려워서 곧 표문(表文)을 올려 사죄하려고 하였다. 그러다가 마침 병이 들어 죽었으므로, 그의 아들 고원(高元: 영양왕(嬰陽王). 이름은 元, 또는 大元)이 왕위를 이었다. 황제는 사신을 보내어 고원(高元)을 "상개부 의동삼사(上開府 儀同三司)"에 임명하고 "요동공(遼東公)"이란 관작(官爵)을 이어받게 하였다.

영양왕(嬰陽王)은 황제에게 표문(表文)을 올려 은혜에 감사를 표하고 그리고 고구려 왕(王)으로 책봉해 줄 것을 청하니, 황제는 이를 허락하였다.(*이때부터 수(隋)는 고구려를 칠 뜻을 가졌는데, 후에 결국 군사를 일으켰다가 나라가 망하고 만다.–자치통감 주)」

(*이 일이 〈자치통감(資治通鑑)〉과 〈수서(隋書)〉에는 597년(開皇 17년)에 있었던 것으로 기록되어 있으나, 심국사기에는 이 기사를 그대로 옮긴 후 끝의 注에서 "이는 개황 10년(즉, 1590년)의 일이다. 수서와

자치통감에는 「고조가 조서를 개황 17년에 보냈다.」 고 하였으나 잘못이다." 라고 하였다. 그래서 〈자치통감〉에서 597년 기사에 수록되어 있는 것을 590년의 기사 부분으로 옮겨 수록하였다. 이 일에 대해서는 단재 신채호 선생의 〈조선상고사〉 제 9편(부록 1) 참조)

597년(개황 17년) 3월, 수 문제(文帝)는 천하에 도적들이 너무 많다고 생각하여 1전(錢) 이상을 훔쳤다가 발각되면 모두 시장거리에서 처형하고 그 시체는 길거리에 내버려 두라고 명하였다.

어느 때에는 세 사람이 같이 참외 한 개를 훔쳐 먹었는데, 그 사실이 발각되어 처형을 당하였다. 이리하여 여행객들은 모두 저녁 일찍 잠자리에 들고 아침 늦게야 일어났으며, 천하 모든 사람들이 두려워 떨었다.

몇 사람이 법을 집행하는 관리를 붙잡아 겁박하면서 말했다.

"우리가 어찌 재물을 빼앗으려고 이런 짓을 하겠느냐. 다만 억울하게 죽어간 사람들을 위하여 이러는 것이다. 너는 우리를 대신하여 황제께 아뢰어라. 자고로 나라에서 법을 제정하면서 1전을 훔쳤다고 사형에 처한 일은 있은 적이 없었다. 만약 네가 우리를 대신하여 황제께 아뢰지 않는다면, 우리가 다시 와서 너희들을 모조리 붙잡아서 다 죽여 버릴 것이다!"

문제는 그 말을 보고받고 나서 이 법의 시행을 정지시켰다.

「○597년 여름 5월에 수나라에 사신을 보내어 조공하였다.」

〈수 문제의 고구려 침공〉

598년(開皇 18년) 2월 3일, 「○고구려왕 고원(高元)이 말갈(靺鞨)

의 군사 1만여 명을 거느리고 요서(遼西)를 침략하였는데, 영주(營州) 총관(摠管) 위충(韋冲)이 이들을 쳐서 물리쳤다.

문제가 이 일을 듣고 크게 화를 내며 한왕(漢王) 양량(楊諒)과 왕세적(王世積)을 같이 행군원수(行軍元帥)로 임명하여 수군과 육군 30만 명을 거느리고 가서 고구려를 치게 하였다.」

그리고 상서좌복야(尙書左僕射) 고경(高熲)을 한왕의 장사(長史: 군사 고문)로, 주라후(周羅睺: 본래 진(陳)의 수군 도독이었으나 진(陳)이 수(隋)에 멸망한 후 수의 수군 장수로 발탁되었다.-편역자)를 수군총관으로 임명하였다.

598년 6월 27일, 「○황제가 조서를 내려 고구려왕의 관직과 작위를 박탈하였다.

한왕 양량의 군사들이 임유관(臨渝關)을 출발하였을 때 장마가 져서 군량 수송이 잇따르지 못하여 군중에 식량이 떨어지고 또 전염병까지 돌았다. 주라후(周羅睺)는 동래(東萊: 지금의 산동성 烟臺)로부터 뱃길로 평양성으로 가다가 그 또한 풍랑을 만나서 배가 대부분 표류되거나 침몰하였다.」

가을 9월 21일, 「○군사를 돌려서 돌아왔는데, 죽은 자가 열 명 중에 팔구 명이나 되었다.

고구려왕 고원(高元) 또한 황공하고 두려워서 사신을 보내어 사죄하면서 표문(表文)을 올렸는데, 스스로 "요동의 미천한 신하 아무개(遼東糞土臣某)"라고 하였으므로, 이에 황제는 군사를 철수시키고 고구려를 이전처럼 대하였다.

백제왕 창(昌)이 사신을 보내어 표문을 올렸는데, 고구려로 쳐들어가는 군대의 길 안내가 되기를 청하였다. 황제가 조서를 내려 "고구려가 죄를 자복하였기 때문에 짐이 이미 용서해 주었다. 그러므로 칠 수 없다"고 타이르고는 백제의 사신을 후하게 대접하여 돌려보냈다. 고구려에서 이 일을 알고 나서 군사를 끌고 가서 백제의 변경을 침략하였다.」

〈○가을 9월에 백제왕이 장사(長史) 왕변나(王辯那)를 수(隋)에 사신으로 보내어 조공하게 하였다. 왕이 수에서 요동전쟁을 일으킨다는 말을 듣고 사신을 파견하여 표문을 올리고 수나라 군대의 길안내가 되기를 청하였더니, 황제가 조서를 내려 말하기를 "지난해에 고구려가 조공을 바치지 않고 신하로서의 예절도 갖추지 않기에 장수들에게 명하여 치게 하였다. 그러자 고구려왕 고원(高元)과 그 신하들이 겁이 나서 잘못하였다고 사죄하기에 짐이 이미 용서해 주었다. 그러므로 칠 수 없다"고 하면서 우리 사신을 후하게 대접하여 돌려보냈다. 고구려가 그 일을 알고 나서 군사를 보내어 국경을 침략하였다.〉

(*이 기사는 〈三國史記〉, 백제본기, 백제 위덕왕 45년 조에 나오며 〈자치통감〉에는 없다)

599년 6월, 문제의 황후(皇后)인 독고황후(獨孤皇后)는 타고난 성질이 투기(妬忌)가 심하여 후궁의 비빈(妃嬪)들은 아무도 밤에 감히 황제를 모실 생각을 못하였다.

북주(北周)의 위지형(尉遲迥)의 손녀가 매우 아름다웠는데, 앞서 북주가 망하면서 집안이 적몰(籍沒)되어 궁중에 들어와 있었다. 문제는 그녀를 인수궁(仁壽宮)에서 처음 보고는 몹시 마음에 들어서 총애하게 되었다.

이 사실을 알게 된 황후는 황제가 조회에 나가고 없는 틈을 엿보아 은밀히 사람을 시켜서 그녀를 죽여 버렸다. 문제가 이 사실을 알고 나서 크게 화가 나서 혼자 말을 타고 궁궐을 빠져 나가 길도 없는 산 속으로 20여 리나 들어갔다.

고경(高熲)과 양소(楊素) 등이 말을 타고 쫓아가서 문제의 말고삐를 잡고 궁중으로 돌아가기를 청하였다. 그러자 문제는 한숨을 쉬면서 말했다.

"내가 존귀하기로는 천자(天子)가 되어 있지만 이처럼 마음대로 할 수 있는 것이 없다!"

그러자 고경이 말했다.

"황제 폐하께서는 어찌하여 일개 아녀자 때문에 천하를 가벼이 여기나이까."

그 말을 듣고 황제의 노여움이 조금 풀려서, 말을 세워놓고 한참 있다가 밤중에야 황궁으로 돌아왔다.

황후는 궁전 안에서 황제를 기다렸는데, 황제가 돌아오자 눈물을 흘리면서 절을 하고 사죄하였으므로, 고경과 양소 등은 둘을 화해시켜서, 술상까지 차려놓고 밤늦게까지 매우 즐겁게 놀았다.

이전에 독고황후는 고경이 자기 부친 독고신(獨孤信)의 가객(家客)으로 있었기 때문에 그를 매우 친절하게 대해 주었다. 그런데 이때 와서 고경이 자기를 가리켜 "일개 아녀자"라고 했다는 말을 듣고는 마침내 그에게 원한을 품게 되었다.

〈태자 양용을 폐립하기 위한 음모〉

당시 황태자 양용(楊勇)은 문제의 총애를 잃어버렸으므로, 문제는 은밀히 그를 폐립(廢立)할 생각을 하고 있었다. 그래서 고경에게 조용히 말했다.

"어떤 무당이 진왕(晋王) 광(楊廣)의 비(妃)에게 말하기를, 진왕이 반드시 천하를 차지하게 될 것이라고 하였다는데, 어떻게 해야 좋을지 자네가 한번 말해 보게."

고경이 오래도록 무릎을 꿇고 있다가 말했다.

"장유(長幼)에 순서가 있는데, 어찌 폐할 수 있겠습니까."

독고황후는 고경의 뜻을 꺾을 수 없음을 알고 은밀히 그를 제거해 버리고자 하였다.

그때 마침 문제는 동궁(東宮: 태자궁)의 호위병들 가운데 건장한 자들을 뽑아서 황궁의 숙위(宿衛)를 맡기도록 하라고 지시하였다. 그러자 고경이 주청하였다.

"만약 폐하께서 건장한 자들을 모두 뽑아가 버리시면 동궁의 호위가 약해질까 두렵습니다."

문제는 얼굴에 노기를 띠고 말했다.

"짐은 수시로 궁궐 밖으로 나가서 순시를 하므로 숙위하는 병사들은 반드시 용감하고 건장해야 한다. 그러나 태자는 동궁에 편히 앉아서 덕을 닦아야 하는데 좌우에 건장한 호위병들을 둘 필요가 어디 있느냐. 동궁에 강한 호위병들을 두는 것은 폐단만 많아질 따름이다.

짐의 생각으로는, 서로 임무를 교대하는 날 나누어 동궁으로 가서 경비하도록 한다면 양쪽 궁궐이 상하 하나같이 되어서 좋지 않겠느냐. 짐이 전대(前代)의 각종 제도의 장단점을 깊이 고려한 후에 내린 결정이니, 그대는 이전의 방침을 그대로 따르자고 주청하지 말라."

고경의 부인이 죽자 독고황후가 문제에게 말했다.

"고 복야(高 僕射: 高熲)는 이미 늙었는데, 게다가 부인까지 잃었습니다, 폐하께서는 어찌하여 그를 새 장가 보내주시지 않으십니까."

문제가 그 말을 고경에게 하였더니, 그는 눈물을 흘리면서 사양하며 말했다.

"신은 이미 늙어서 조정에서 물러나면 집안에서 불경만 읽고 있습니다. 폐하께서는 소신을 한없이 불쌍히 여겨 주시지만, 처를 맞아들이는 일은 신이 원하는 바가 아니옵니다."

그리하여 문제는 그 일을 그만 두었다.

얼마 후 고경의 애첩이 남자 아이를 낳았는데, 문제는 그 소식을 듣고 매우 기뻐하였으나, 황후는 매우 언짢아하였다. 문제가 그 이유를 묻자, 황후가 말했다.

"폐하께서는 아직도 고경을 믿으십니까? 전에 폐하께서 그를 위해 아내를 얻어 주려고 하자, 고경의 마음에는 이미 애첩이 있었으면서도, 면전에서 폐하를 기만하습니다. 지금 그가 폐하를 기만하였음이 이미 다 드러났는데도 어찌 그를 믿을 수 있단 말입니까!"

이 일로 인하여 문제는 고경을 멀리하기 시작하였다.

지난해 요동(遼東)을 정벌하려고 했을 때, 고경은 한사코 고구려를 치지 말라고 간했으나 문제가 듣지 않았으며, 마침내 군사를 동원하여 쳤으나 아무런 공도 세우지 못하고 돌아오자, 황후가 말했다.

"고경은 처음에 가고 싶어 하지 않았는데 폐하께서 강하게 주장하여 보냈던 것으로, 첩은 처음부터 그가 공을 세우지 못할 것을 알고 있었습니다."

그리고 또 문제는 한왕 양량(楊諒)이 나이가 어리므로 군사에 관한 일은 고경에게 전적으로 위임하였는데, 고경은 자신에게 맡겨진 임무가 매우 크고 무겁다고 생각하여 매사를 지극히 공정하게 처리하고 스스로 혐의를 피하려는 마음을 먹은 적이 없었으므로, 한왕 양량이 말하는 것도 받아들이지 않은 것이 많았다.

한왕 양량은 이에 대하여 원한을 품고 돌아와서는 황후에게 울면서 말하였다.

"제가 고경에게 죽임을 당하지 않은 것만 해도 다행입니다."

문제는 이 말을 듣고 마음속으로 그에 대한 불평이 더욱 쌓여갔다.

고경이 군사를 거느리고 가서 돌궐(突厥)을 칠 때, 대군들이 추격해 가서 백도(白道)를 넘어 사막 더 깊숙이 쳐들어갈 계획으로 사자를 조정에 보내서 더 많은 군사들을 보내달라고 청하자, 문제 좌우의 근신(近臣)들은 고경이 반란을 일으키려 한다고 말했다. 문제는 아무런 대답을 하지 않았고, 고경은 돌궐의 군사를 패퇴시키고 돌아왔다.

그가 도착하기 전에 조정에서는 양주(凉州) 총관 왕세적(王世積)을 처형했는데, 그의 죄를 심문하는 과정에서 궁중의 비밀에 속하는 일을 왕세적이 토설(吐說)하였다. 왕세적은 그것을 고경에게 들었다고 말했으므로, 문제는 크게 놀랐다. 담당 관리가 보고서를 올려 말하였다.

"고경과 좌우위(左右衛) 대장군 원민(元旻), 원주(元胄) 및 왕세적은 서로 관계를 갖고 왕래하였는데, 고경은 왕세적이 바치는 명마(名馬)를 받기도 했습니다."

상주국(上柱國) 하약필(賀若弼), 병부상서 유술(柳述) 등이 고경의 무죄임을 변명하였으나, 문제는 더욱 화를 내면서 그들을 모두 사법관에게 넘겨서 그들의 죄까지 조사하도록 하였다. 이후부터 조정의 신하들

중에서는 더 이상 감히 그를 옹호하는 말을 하는 자가 없었다.

가을 8월 10일, 고경은 상주국(上柱國), 상서좌복야(尙書左僕射)란 관작을 박탈당하고 다만 제공(齊公)이란 관작만 가진 채 집으로 돌아가 한가하게 쉬게 되었다.

얼마 후 문제는 셋째 아들 진왕(秦王) 준(俊)의 집에 들러 연회를 베풀면서 고경을 불렀다. 불려간 고경은 한숨을 쉬면서 슬픈 마음을 이기지 못하였고, 독고황후 역시 그를 대하여 눈물을 흘렸다.

문제가 고경에게 말했다.

"짐이 공(公)을 배반한 것이 아니라 공 스스로 자기 자신을 배반한 것이다."

그리고 시신(侍臣)들에게 말했다.

"나는 고경을 내 자식들보다 더 사랑했으며, 혹 보지 못할 때에도 언제나 마치 눈앞에 있는 듯이 생각하였다. 그러나 그가 관직에서 해임되고 난 후에는 그를 까마득히 잊어버렸는데, 마치 본래부터 고경이란 사람은 있지도 않았던 듯이 하였다. 그러므로 신하된 자는 군왕의 총애를 믿고 자신이 마치 제일인 듯이 행동해서는 안 된다."

얼마 후 제공(齊公)인 고경의 국령(國令: 수(隋)의 직제에서 공(公)이란 작위를 가진 사람에게는 일정한 지역의 땅이 주어지는데, 그곳을 관리하는 책임자를 국령(國令)이라 하였다.-편역자)이 고경의 비사(秘事)를 고발하였는데, 그 내용은, 그의 아들 표인(高表仁)이 자기 아비에게, "사마중달(司馬仲達)은 처음에 병을 핑계대고 조정에 나가지 않았으나 마침내 천하를 차지하였습니다. 아버님께서 이번 일을 당하신 것이 도리어 복이 될 줄 어찌 알겠습니까!"라고 하였다는 것이었다.

이 보고를 들은 문제는 대노하여 고경을 붙잡아 와서 내사성(內史省)에 가두어 놓고 고문을 가하면서 심문하였다. 관련 사법관이 다시 보고하였다.

"진각(眞覺)이란 승려가 일찍이 고경에게, '내년에 나라에 큰 상(喪)이 있을 것이다.' 라고 말해 주었다고 하였으며, 영휘(令暉)라는 여승도 다시, '개황(開皇) 17년(서기 610년)과 18년에 황제에게 큰 재액이 들어 있는데, 19년을 넘길 수 없다.' 고 말해 주었다고 하였습니다."

이 말을 들은 문제는 더욱 화를 내며 여러 신하들에게 말했다.

"제왕의 자리가 어찌 추구한다고 해서 얻을 수 있는 것인가. 공자 같은 대성인(大聖人)의 재주로도 오히려 천하를 얻을 수 없었다. 고경과 그 아들 사이의 대화는 자신을 마치 진(晋)의 선제(宣帝) 사마의(司馬懿)에 비유하고 있는데, 그들의 마음이 어디에 있다는 말인가!"

담당 관리가 그의 목을 베자고 청하자, 문제가 말했다.

"지난해에는 우경칙(虞慶則)을 죽였고, 금년에는 왕세적(王世積)을 죽였는데, 지금 다시 고경까지 죽인다면 천하 사람들은 나를 보고 무엇이라 하겠는가!"

그리고는 그의 관작을 박탈하여 평민으로 삼았다.

고경이 처음 복야(僕射)가 되었을 때 그의 모친이 경계하여 말하기를 "너의 부귀가 이미 극에 달하였으니, 남은 것은 머리 잘리는 것뿐이다. 너는 제발 조심하거라!"

그래서 고경은 항상 재난이나 변란을 당하게 될까봐 두려워하였다. 그러나 이때 이르러서는 기뻐하면서 원망하는 기색이 전혀 없었다. 이에 앞서 국자 제주(國子 祭酒: 지금의 국립대학 총장에 해당하는 관직-편역자) 원선(元善)이 양제에게 말하기를 "양소(楊素)는 거칠고 소략하며, 위소(威蘇)는 겁이 많고 나약하며, 원주(元胄), 원민(元旻)은 마치 오리 같습니다. 사직(社稷)을 맡길만한 자는 고경밖에 없습니다."

문제도 처음에는 그렇다고 생각하였다. 그러나 고경이 죄를 얻게 되자 문제는 그를 크게 책망하였으므로, 원선은 걱정과 두려움에 떨다가 죽었다.

(*수(隋) 왕조를 세우는 데 큰 공을 세운 고경(高熲)은 이러한 과정을 거쳐 결국 문제에게 토사구팽(兎死狗烹) 당하였다.
이에 비해, 같은 개국 공신으로 양광(楊廣)의 편에 붙어 그를 태자로 세우는 데 큰 공을 세운 양소(楊素)는 양광이 황제로 등극한 후 얼마동안은 온갖 권세와 부귀영화를 다 누렸으나, 얼마 후에 죽고, 결국 그의 아들 양현감(楊玄感)은 수 양제가 제2차 고구려 정벌 길에 오른 후에 반란을 일으켜 멸문지화를 당하고 만다. 양소가 죽은 직후 수 양제는 시신(侍臣)에게, "만약 그가 지금 죽지 않았다면 그는 멸족지화를 당했을 것이다" 고 했다고 한다. 권력의 냉엄함을 생생하게 볼 수 있는 사례이다.)

600년(開皇 20년), 〈○봄 1월에 수(隋)에 사신을 보내어 조공하였다. 왕이 태학박사 이문진(李文眞)에게 명하여 고사(古史)를 요약하여 신집(新集) 5권을 만들게 하였다. 나라의 초창기에 처음으로 문자를 사용할 때 어떤 사람이 옛 일을 기록하여 1백 권의 책을 쓰고 이것을 「유기(留記)」라 하였는데, 이때 와서 요약, 수정하였다.〉

〈○고승 원광(圓光)이 수나라에 갔던 사절 나마(奈麻) 제문(諸文)과 대사(大舍) 횡천(橫川)을 따라 돌아왔다.〉(-〈삼국사기〉, 신라본기, 신라 진평왕 22년)

2. 수 양제의 즉위와 고구려 정벌 준비

(*다음에서는 수 양제(煬帝)가 자기 형인 양용(楊勇)의 태자 자리를 음모와 모함으로 탈취하여 황태자로 세워지는 과정, 문제(文帝)의 뒤를 이어 황제에 즉위하게 되는 과정, 황제가 된 후의 호화를 극한 생활태도, 제 1차 고구려 침공의 계기, 전쟁 준비과정, 고구려를 침략하였다가 패하여 군사를 철수하여 돌아가게 되는 과정을 〈자치통감〉을 통하여 살펴본다. 앞에서도 언급하였듯이, 수나라와 고구려의 관계에 관한 한 〈삼국사기〉의 기록은 〈자치통감〉의 기록을 거의 그대로 베낀 것이다.)

(1) 태자 자리를 음모와 모함으로 탈취한 양광(楊廣)

(*종법사회(宗法社會)에서는 적장자(嫡長子) 계승 제도가 정착되어 있다. 황실에서는 적장자를 태자로 정하여 저군(儲君: 황태자)으로 삼고 황위를 계승하게 했다.
수 문제(文帝)와 독고황후(獨孤皇后)는 아들 다섯 명을 낳았는데, 첫째가 양용(楊勇)으로 문제가 황제로 즉위한 후 곧바로 태자로 세워졌다. 둘째는 당시 평판이 좋았고 전투에서도 큰 공을 세운 진왕(晋王) 양광(楊廣)이니, 후에 수 양제(煬帝)가 된 자이고, 셋째는 진왕(秦王)으로 봉해진 양준(楊俊), 넷째는 촉왕(蜀王)으로 봉해진 양수(楊秀), 막내가 한왕(漢王)으로 봉해진 양량(楊諒)으로, 598년 고구려를 침공할 때 행군원수로서 쳐들어왔던 자이다.

이 순서에 따르면 양용이 황위를 계승하지 못하면 당연히 양광에게 그 차례가 돌아가게 되어 있었다. 그러나 양용은 신체도 건강하였고 별다른 문제가 없었을 뿐만 아니라, 일찍이 군사를 거느리고 가서 돌궐의 침략을 막아냄으로써 나라에 공도 세웠다. 게다가 태자의 자리에 있었기 때문에 황위를 계승하는 데 큰 문제가 없었다.

그런데 후에 양용이 모친 독고황후의 신임과 총애를 잃고 자기 부친인 문제의 신임까지 잃어 태자의 지위가 위태롭게 되자 그 틈을 이용하여 그 바로 아래 동생인 진왕 양광은 태자의 자리를 탈취하기 위하여 온갖 음모와 모함을 총동원하여 결국 태자의 자리를 탈취하는 데 성공하여 태자가 된다. 그 후 문제(文帝)가 죽자 황제의 자리에 올랐는데, 이가 곧 수 양제(煬帝)이다.)

600년(開皇 20년) 4월, 당초에 수 문제는 태자 양용(楊勇)에게 나라의 군사(軍事)나 정사(政事)를 결정하는 데 참여시키고 때때로 그가 제기하는 비판도 모두 받아들였다.

양용은 성격이 너그럽고, 솔직하고, 열정적이었으며, 남들이 가까이 하기가 편했으며, 무엇이든 가식적으로 꾸미는 일이 없었다.

문제는 본성이 근검절약하는 것을 높이 평가하였는데, 양용은 촉지(蜀地)에서 나는 매우 정교한 갑옷으로 몸을 치장하기를 좋아하였다.

문제는 그것을 보고 매우 불쾌하게 여겨 그에게 충고하였다.

"옛날부터 제왕으로서 사치를 좋아하면서도 오랫동안 그 자리를 유지할 수 있었던 사람은 없었느니라. 너는 황제의 자리를 이어갈 사람인데 마땅히 근검절약을 우선해야 한다. 그래야만 종묘사직을 이어갈 수 있느니라. 내가 옛날 입었던 옷을 한 벌 줄 테니 너는 항상 그것들을 꺼내어 봄으로써 너 자신을 경계토록 하라.

네가 이미 황태자가 되었다고 해서 과거의 일들을 잊어버리고 있는 것은 아닌지 염려된다. 그래서 내가 옛날 차던 칼과 옛날 네가 태자가 되기 이전에 먹었던 반찬 한 합(盒)을 내려주겠다. 네가 이전의 일들을 마음속에 잘 기억하고 있어야만 황제인 내가 얼마나 고생을 하고 신경을 쓰는지 알 수 있을 것이다."

그 후 동지(冬至)가 되자 백관(百官)들이 모두 태자 양용을 찾아가 인사하였다. 양용은 악대(樂隊)를 벌려 세워놓고 백관들의 축하를 받았는데, 문제가 그 일을 듣고 신하들에게 물었다.

"최근에 듣자니, 동짓날에 조정의 내외 백관들이 모두 가서 태자를 조견(朝見)하였다는데, 그것은 무슨 예법인가?"

태상소경(太常少卿) 신단(辛亶)이 대답하였다.

"백관들이 동궁을 찾아간 것은 다만 동지를 축하하기 위해서였습니다. 그것을 가지고 조견(朝見)했다고 할 수는 없습니다."

문제가 말했다.

"축하하러 가는 것이라면 서넛이 또는 많아야 열 명 정도가 인정에 따라 각자 찾아가야지, 무슨 이유로 관련 부서에서 사람들을 소집하여 일시에 백관들이 전부 모여 같이 갔단 말인가? 그리고 태자는 예복을 입고 음악을 연주하면서 백관들을 접대하였다는데, 그렇게 해도 되는 것인가?"

그 일로 문제는 조서를 내려 명하였다.

"예(禮)에는 등급과 차별이 있어서 군신(君臣)이 뒤섞여 놀 수는 없는 법이다. 태자는 비록 황제의 자리를 계승할 사람이기는 하나 그러나 도리로 말하자면 어디까지나 신하이다. 그리고 각 지방의 장관(長

官)들은 동짓날 짐(朕)을 찾아와서 축하인사를 드리고 자기 관할 지방의 특산물을 바치도록 되어 있다. 그러나 따로 태자에게 공물(貢物)을 바치는 것은 예에 어긋나는 일이다. 마땅히 모두 중단토록 하라."

이 일로 인하여 양용에 대한 황제의 은총이 줄어들기 시작하여 점차 시기하고 경계하는 마음까지 생겼다.

양용에게는 많은 희첩(姬妾)들이 있었는데, 그는 특히 소훈(昭訓) 운씨(雲氏)를 사랑하였다. 그러자 태자의 정비(正妃) 원씨(元氏)는 태자의 총애를 받지 못하게 되어 가슴앓이 병을 얻어 이틀 만에 죽었다. 독고황후는 그녀의 죽음에는 다른 이유가 있을 것이라 생각하고 태자 양용을 책망하였다. 이후부터 소훈 운씨(雲氏)가 동궁 내의 모든 일을 주관하였고, 세 명의 아들(엄(楊儼), 유(楊裕), 균(楊筠))을 낳았다. 다른 희첩들도 다섯 명의 아들들을 낳았다.

이렇게 되자 독고황후는 태자를 더욱 미워하면서 은밀히 사람을 보내어 그의 행동을 감시하고 그의 잘못과 죄를 찾아내게 하였다.

진왕(晋王) 양광(楊廣)은 이 일을 알고 난 다음부터 더욱 자신을 위장하였다. 자신은 소비(蕭妃)와 같이 거처하면서 후궁 소생의 자녀들을 낳지 않았는데, 이 일로 독고황후는 여러 차례 양광을 유덕(有德)하다고 칭찬하였다.

그리고 양광은 조정에서 실권을 잡고 있는 중신들과 교제하는 데 신경을 썼다. 문제와 독고황후가 신변 사람을 양광의 거처에 보낼 때마다, 찾아온 사람의 시위 고하를 막론하고, 양광은 소비(蕭妃)와 같이 문 입구에서 영접하고 성대한 연회를 베풀어 주었으며, 후한 예물을 주어 보냈다. 그리하여 그를 찾아 왔다가 돌아간 노비나 하인 등은 모두들 양광은 아래 사람들을 아껴주고 부모에게 효도하는 사람이라고 칭찬하였다.

문제와 독고황후가 한번은 양광의 거처로 찾아간 적이 있었는데, 그때 양광은 아름다운 첩들은 모두 다른 방에 몰아넣고 늙고 못생긴 여자들만 남겨두어 아무 장식도 없는 옷차림으로 시중을 들게 하였다. 방안에 있는 휘장(幔帳)도 모두 소박한 것으로 바꾸고, 비파의 줄도 끊어버리고 그 위에 먼지가 쌓여 있는 것처럼 위장하였다. 검소함을 좋아하는 문제는 양광의 그런 모습을 보고, '양광은 음악이나 여자를 좋아하지 않는구나!' 하고 생각하게 되었다.

황궁으로 돌아온 후 문제는 시신(侍臣)들에게 양광의 그런 모습을 자랑삼아 이야기해 주었다. 문제가 몹시 기뻐하자, 모시고 있던 신하들은 모두 문제에게 축하를 드린다고 하였다. 이때부터 문제는 양광을 다른 아들들보다 더욱 사랑하게 되었다.

문제는 관상을 잘 보는 사람을 시켜서 황궁으로 와서 몰래 자기 아들 전부의 관상을 보도록 하였다.

그가 보고 나서 대답했다.

"진왕 양광은 눈썹 위에 쌍골(雙骨)이 우뚝 솟아서 이루 말할 수 없이 귀하게 될 상(相)입니다."

황제는 또 의동삼사(儀同三司) 위정(韋鼎)에게 물었다.

"짐의 저 여러 아들들 가운데 누가 나의 황위를 계승할 만한가?"

위정이 대답하였다.

"지존(至尊)의 자리는 마땅히 폐하와 황후께서 가장 사랑하는 아들이 계승해야 할 것입니다. 그러나 이 일은 신으로서는 감히 미리 알 수 없는 일입니다."

문제는 웃으면서 말했다,

"그대는 분명히 말하려고 하지 않는군!"

진왕(晋王) 양광(楊廣)은 그 용모가 준수하고 행동거지도 훌륭했고, 그 성정(性情)도 민첩하고 지혜로웠으며, 성격은 사려 깊고 침착하였고, 학문을 좋아하였고, 글짓기에 뛰어났으며, 조정의 여러 신하들과 잘 사귀었고, 사람을 대할 때 매우 예의바르고 겸손하였다. 그래서 그의 명성은 문제의 여러 아들들 중에서 제일 높았다.

양광이 양주(揚州) 총관(總管)으로 임명되었는데, 양주로 돌아가기 전에 그는 황궁으로 들어가서 문제를 배알한 후 독고황후를 찾아가서 임지(任地)로 떠나는 인사를 하면서 땅에 무릎을 꿇고 눈물을 흘렸다. 그러자 독고황후도 따라서 눈물을 흘렸다.

양광이 말했다.

"저는 비록 어리석고 못났지만 평소 형제간의 우애를 지키려고 노력해 왔습니다. 그런데 제가 무슨 일로 형님 태자에게 죄를 얻었는지, 형님 태자께서는 언제나 저만 보면 화를 내면서 저를 모함하여 죽이려고 합니다. 저는 가까이 있는 사람들이 참소를 하여 술잔이나 음식에 독약이나 넣지 않을까 겁이 나서 죽을 지경입니다. 장차 이런 일로 죽게 될 것 같은 생각에 잠시도 마음 편히 있을 수 없습니다."

독고황후가 화를 내면서 말했다.

“그놈 자식은 차마 두고 볼 수 없는 짓들만 하고 있구나! 내가 그 놈을 원씨(元氏)의 딸에게 장가보냈더니, 그놈은 결국 원씨를 부부의 예로 대해 주지 않고 운가(雲家) 계집만을 총애하여 그 여자가 돼지 새끼 같은 자식들을 저렇게 많이 낳게 하였다.

전에 며느리 원씨가 독살되었으나 나는 그 일을 특별히 추궁할 수가 없었는데, 그가 무슨 이유로 너에게 대해서까지 그런 마음을 먹는단 말인가! 내가 아직 살아 있는데도 네게 이렇게 한다면, 내가 죽은 후에는 그놈은 틀림없이 너희 동생들을 다 죽여 버리고 말게다. 동궁의 황태자에게 정실부인이 없으니, 네 부황(父皇)께서 돌아가시고 나면 너희 형제들은 저 운가(雲家) 계집에게 무릎을 꿇고 인사를 하게 될텐데, 이 얼마나 가슴 쓰라린 일이냐!”

양광은 바닥에 무릎을 꿇고 엉엉 소리 내어 울었고, 독고황후 역시 비참한 생각을 억누를 수 없었다. 이 일로 인하여 독고황후는 태자 양용(楊勇)을 폐하고 양광을 태자로 세우기로 결심하였다.

양광과 안주(安州) 총관 우문술(宇文述)은 평소 사이가 좋았으므로, 양광은 그를 끌어들이기 위하여 황제에게 주청하여 우문술을 수주(壽州) 자사(刺史)로 임명하게 하였다. 그리고 양광은 장형(張衡)과 가까이 지내며 그를 신임하였는데, 장형에게 황태자의 자리를 빼앗을 계책을 생각해 내라고 지시하였다.

양광이 우문술에게 계책을 가르쳐 달라고 청하자, 그가 말했다.

“태자가 황제의 신임과 총애를 잃어버린 지 이미 오래 되었고, 양용의 행동은 천하 모든 사람들로부터 이해받지 못하고 있습니다. 대왕(大王: 왕으로 봉해진 황제의 아들을 대왕이라 부른다-편역자)께서는 어질고 효심이 깊은 것으로 소문 나 있고 재능은 세상에 당할 자 없으며, 군대를 통수하는 장수로 임명되어 여러 차례 큰 공도 세우셨습니다. 그리고 대왕께서는 황제와 황후의 사랑을 받고 계시고, 명성 또한 천하에 드높기 때문에, 실제로는 이미 태자의 자리를 대왕께서 차지하고 있는 것과 마찬가지입니다. 그러나 태자를 폐한다는 것은 국가의 대사인데, 저는 왕자님의 부자(父子) 사이에 처해 있으므로, 계책을 내기가 쉽지 않습니다.

그런데 황제의 생각을 바꾸게 할 수 있는 인물로는 양소(楊素)가 있을 뿐이고, 양소와 상의하여 계책을 낼 수 있는 인물은 그의 동생 양약(楊約)뿐입니다. 제가 양약과는 잘 아는 사이이니, 저를 경도(京都)로 보내 주시어 그와 만나 함께 이 일을 의논하도록 해 주십시오."

양광은 매우 기뻐서 우문술에게 수많은 금은보화를 주어 경도로 들어가게 하였다.

양약(楊約)은 당시 대리소경(大理少卿)이란 지위에 있었는데, 양소는 무슨 일이든 먼저 양약과 상의한 후 처리하였다.

우문술은 양약을 초대하여 수많은 진기한 보물들을 늘어놓고 그와 함께 술을 마시면서 그 보물들을 걸고 내기를 하였다. 그리고 매번 일부러 져줌으로써 양광이 보내준 금은보화들을 전부 양약에게 잃어 주었다.

양약이 그 많은 보물들을 얻고 나서 우문술에게 고맙다는 인사를 하자, 우문술이 말했다.

"이 보물들은 사실은 진왕(晋王) 양광께서 나와 당신이 같이 즐기라고 하사하신 것들입니다."

양약이 깜짝 놀라서 물었다.

"무엇 때문에요?"

우문술이 양광의 뜻을 전달하고 나서 양약에게 권했다.

"정도(正道)를 지키고 실천하는 것은 신하된 자의 본분입니다. 그러나 현명하고 지혜로운 자는 정도를 위반하더라도 의(義)에 부합되게 행동하고자 합니다. 자고(自古)로 현인군자로서 화를 피하기 위해서 세상인심을 살피지 않았던 사람은 없습니다. 현재 공(公)의 형제들의 공명(功名)은 세상을 뒤덮고 있고, 대권을 잡고 나라 일을 처리해온 지가 이미 여러 해 됩니다.

조정의 신하들 중에는 당신네 집안으로부터 모욕을 당한 사람의 수가 얼마나 되는지 알 수 없을 정도입니다. 그리고 당신들 때문에 하고 싶은 일을 못하게 된 태자도 항상 당신들에게 이를 갈고 있는 있습니다.

비록 지금은 당신 형제들이 황제 폐하의 신임을 단단히 받고 있어서 문제가 없지만, 당신들을 해치고자 하는 사람들 또한 매우 많습니다. 이런 상황에서 만약 황제께서 어느 날 갑자기 신하들을 버리고 돌아가시게 되면, 당신들은 누구에게 의지하여 스스로를 보호할 수 있겠습니까?

지금의 태자는 황후의 사랑을 받지 못하고 있고, 황제 폐하께서는 평소 태자를 폐립시킬 뜻을 갖고 계신다는 것은 귀하께서도 잘 아시는 바입니다. 현재 황제 폐하에게 진왕 양광(楊廣)을 태자로 삼자고 주청드릴 수 있는 분은 공의 형제들밖에 없습니다. 만약 이때 큰 공을 세운다면, 진왕(晋王)께서는 틀림없이 이 일을 영원히 골수(骨髓)에 새겨두실 것이고, 그렇게 되면 공의 형제들은 누란(累卵)의 위기에서 벗어날 뿐만 아니라 공의 형제들의 지위는 태산처럼 안전해질 것입니다."

양약은 깊이 그렇겠다고 생각하여, 이 일을 양소에게 보고했다. 양소는 그 말을 듣고 크게 기뻐하면서 박수를 치며 말했다.

"나의 지혜와 생각은 죽었다가 깨어나도 이에 미칠 수 없다. 네가 나를 깨우쳐 주었구나."

양약은 자기의 계책이 성공한 것을 알고 양소에게 말했다.

"현재 황제께서는 황후의 건의라면 들어 주시지 않는 것이 없습니다. 마땅히 기회를 봐서 빨리 황후에게 접근하여 그분에게 의지하여 부귀와 영화를 장구하게 누릴 뿐만 아니라 그 복을 자손들에게도 물려주도록 해야 할 것입니다. 형님께서 멈칫거리는 동안에 일단 변화가 생겨 양용 태자가 대권을 장악하는 날에는 곧바로 우리 머리 위에 큰 화가 떨어질 것입니다!"

양소는 양약의 말을 듣고 그대로 따랐다.

며칠 후 양소는 황궁에 들어가서 연회에 참석하여 황제를 모시고 있다가 넌지시 말하였다.

"진왕(晋王)께서는 효심도 깊고, 형제간에 우애하고, 어른을 공경하고, 검소한데, 이는 폐하를 닮은 것 같습니다."

그리고는 이와 똑같은 말로써 황후의 의중을 떠보았다.

황후가 눈물을 글썽이며 말했다.

"공의 말이 맞습니다. 내 아들은 매우 효심이 깊고 우애가 있어요. 매번 폐하와 내가 궁내 사자를 그가 있는 곳에 보낼 때마다 반드시 멀리까지 나와서 맞이하고, 부모를 멀리 떠나게 될 때에는 울지 않을 때가 없어요.

그리고 그의 부인 역시 매우 사랑스러워요. 내가 비녀(婢女)를 심부를 보내면 언제나 자신들과 같이 자고 같이 먹게 해요. 어찌 저 현지벌(睍地伐: 태자 양용의 아호)과 그의 첩 아운(阿雲: 소훈 운씨)처럼 둘이 마주앉아 하루종일 술이나 마시고 잔치나 열어 소인들과 친하게 지내면서, 골육지친(骨肉之親)을 의심하고 시기하는 인간들과 같겠어요. 나는 그래서 더욱 저 둘째 광(楊廣)이 불쌍하고, 언제나 그가 혹시 암살이나 당하지 않을까 겁이 나요."

양소는 황후의 뜻을 이미 알았으므로, 더욱 여러 가지 말로 태자가 못난 인물임을 이야기하였다. 황후는 마침내 양소에게 황금을 보내주면서, 황제를 도와서 태자를 폐립시켜 달라고 부탁하였다.

태자 양용은 한편에서 이런 음모가 벌어지고 있음을 어느 정도 알고 있었으나 다만 걱정하고 두려워만 할 뿐 아무런 대책도 생각해내지 못하고 왕보현(王輔賢)에게 주문(呪文: 厭勝)을 만들어 달라고 부탁하여, 후원에다 평민촌(平民村)을 만들고, 낮고 누추하게 집을 꾸며놓고, 때때로 그곳에 가서 자기도 하고 쉬기도 하면서, 무명옷을 입고 짚신을 신고 주문을 외워 화를 피할 수 있기를 빌었다.

문제는 양용이 스스로 불안해하고 있음을 알고 인수궁(仁壽宮)에서 양소를 보내어 태자 양용의 하는 짓을 살펴보게 하였다.

양소는 동궁에 이르러 앉아 쉬면서 들어가지 않았다. 그가 온다는 소식을 들은 양용은 정장 차림을 하고 기다렸으나, 양소는 일부러 오랫동안 들어가지 않음으로써 양용을 화나게 만들었다. 양용이 그에 대하여 원한을 품었으므로 그것이 말과 얼굴빛에 나타났다. 양소가 황궁으로 돌아가서 문제에게 보고하였다.

"양용은 원망하고 있었는데 무슨 변이라도 생길까봐 두렵습니다.

잘 방비하면서 관찰하시기 바랍니다."

문제는 양소의 참소와 헐뜯는 말을 듣고 태자를 더욱 의심하였다. 황후 또한 사람을 보내어 동궁을 몰래 살펴보도록 하였는데, 사소한 일까지 시시콜콜 다 보고하고 거기다가 무고의 말까지 덧붙여서 그의 죄를 만들어 내었다.

문제는 마침내 태자 양용을 멀리하고 시기하면서, 현무문(玄武門)에서 지덕문(至德門)에 이르는 길에 사람들을 배치하여 양용의 거동을 살펴보게 하고, 큰일이든 작은 일이든 모조리 보고하라고 하였다. 그리고 또 동궁 소속의 숙위(宿衛) 군사들 중에 시관(侍官) 이상의 위병들은 그 소속을 전부 각 위부(衛府)로 옮김으로써, 용맹하고 건장한 자들을 그곳에 하나도 남겨두지 않았다.

좌위솔(左衛率) 소효자(蘇孝慈)를 석주(淅州) 자사로 임명해 보내자, 태자 양용은 더욱 기분이 나빠졌다. 태사령(太史令) 원충(袁充)이 문제에게 말했다.

"신이 천문(天文)을 보았더니, 태자는 폐출될 것 같습니다."

문제가 말했다. "현상(玄象: 하늘의 뜻을 나타내는 여러 가지 현상들)이 나타난 지는 이미 오래되었다. 여러 신하들도 감히 말을 하지 못하고 있을 따름이다."

진왕(晋王) 양광은 또 독왕부(督王府) 군사인 단달(段達)에게, 동궁에서 태자의 총애를 받고 있는 희위(姬威)를 개인적으로 뇌물로 매수하여 태자의 동정을 은밀히 살펴서 양소(楊素)에게 은밀히 보고하도록 하라고 지시하였다. 그리하여 조정 내외에서 태자 양용을 비방하는 소리가 들끓었으며, 그가 범한 죄들에 관한 이야기가 날마다 들려왔다.

단달은 기회를 보아 희위를 협박하여 말했다.

"동궁의 과실(過失)은 황제 폐하께서도 이미 다 알고 계신다. 나는 이미 황제의 비밀 조서를 받들고 있는데, 태자는 반드시 폐출되고 말 것이다. 만약 네가 태자 양용의 죄를 고발한다면, 너는 장차 크게 부귀를 누릴 수 있을 것이다."

희위는 그렇게 하겠다고 승낙하고 글을 올려 태자의 죄들을 고발하였다.……

문제가 말했다.

"이놈이 태자의 자리를 감당할 수 없게 된 것은 이미 오래 전의 일이다. 황후는 항상 나에게 그를 태자에서 폐립하자고 권했다. 그는 내가 평민으로 있을 때 나은 자식으로 장자(長子)이기도 하므로, 나는 그가 점차 나아지기를 바라고 지금까지 꾹 참아 왔던 것이다. 용(楊勇)은 일찍이 황후의 시녀들을 보고 '이것들은 모두 내 것이다' 라고 한 적이 있는데, 이 말이 얼마나 괴이한 것이냐!

그의 처 원비(元妃: 태자의 첫째 부인. 元孝矩의 딸)가 죽었을 때 나는 혹시 독약을 먹여 죽였을지도 모른다는 의심을 하고 용(勇)을 야단쳤다. 그러자 그는 나를 원망하며 말했다. '그 아비 원효구(元孝矩)도 죽일 수 있습니다.' 이 말은 바로 나를 해치고 싶어하면서 그 화를 다른 사람에게 옮긴 것이다.……

내가 비록 덕행 면에서 요(堯)임금과 순(舜)임금에 미치지 못하지만, 그러나 천하 백성들을 이처럼 못난 자식에게 맡길 수는 없다. 그리고 나는 항상 그가 나에게 해를 끼칠까봐 두려워서 그를 방비하기를 마치 대적을 방비하듯이 해 왔다. 지금 그를 태자의 자리에서 폐출시킴으로써 천하를 편안하게 하고자 한다."

좌위(左衛) 대장군 원민(元旻)이 간하여 말했다.

"태자를 폐립하는 일은 국가의 중대사입니다. 만약 조서가 반포되어 시행된다면, 나중에 가서 후회해도 소용없습니다. 참언(讒言)의 말들은 망극(罔極)한 것들이오니, 폐하께서는 자세히 통찰해 주시옵소서."

문제는 그의 말을 듣지 않고 희위(姬威)에게 태자의 죄악에 대하여 하나도 빠뜨리지 말고 다 진술하라고 명하였다.……

양용이 일찍이 동궁 소속 신료(臣僚)들을 초청하여 연회를 베푼 적이 있었는데, 그때 당령칙(唐令則)은 직접 비파를 타면서 〈무미낭(娬媚娘)〉이란 노래를 불렀다. 그러자 세마(洗馬) 이강(李綱)이 일어나 태자 양용에게 말했다.

"당령칙은 그 신분이 궁경(宮卿)으로서, 그 맡은 바 직책은 태자 전하를 교육하고 보호하는 것인데, 넓은 마당에서 많은 사람들 앞에서 스스로 창기나 배우처럼 행동하면서 음탕한 노래와 더러운 시청(視聽)을 태자 전하께 진헌하고 있는바, 이런 일을 황제 폐하께서 아시게 되면 당령칙은 어떤 죄를 받게 될지 헤아리기조차 어렵습니다. 그렇게 된다면 이 어찌 태자 전하께도 누가 되지 않겠습니까. 속히 그를 치죄(治罪)하십시오."

양용이 말했다. "나는 다만 한번 즐겁게 놀아보려는 것뿐이니, 그대는 너무 신경 쓰지 마시오."

그래서 이강은 곧바로 그 자리를 박차고 나와 버렸다.

양용이 태자에서 폐출될 때, 문제(文帝)는 동궁 소속 관리들을 불러서 엄하게 야단쳤는데, 모두들 두려워서 아무도 감히 한마디도 대답하지 못했다. 그때 이강(李綱) 혼자 말하였다.

"태자를 폐하는 일은 나라의 중대사입니다. 지금 문무 대신들은 모두 그렇게 해서는 안 되는 줄 알고 있으면서도 아무도 말을 하려고 하지 않는데, 제가 어찌 죽음이 두려워서 폐하에게 이 일에 대한 다른 의견을 말씀드리지 않을 수 있겠습니까.

태자의 성격은 본래 보통 사람의 성격이므로 그를 착하게도 할 수 있고 악하게도 할 수 있습니다. 전에 만약 폐하께서 정직한 사람들을 뽑아 태자를 보좌하게 하셨더라면, 태자는 충분히 황통(皇統)과 홍업(鴻業: 국가를 다스리는 일)을 계승할 수 있습니다.

그런데 지금까지는 도리어 당령칙(唐令則)을 좌서자(左庶子: 태자의 교육 등을 담당하는 직책)로, 추문등(鄒文騰)을 가령(家令: 동궁의 총책임자)으로 임명해 놓으셨는데, 이 두 사람은 다만 노래와 사냥으로 태자를 즐겁게 해줄 줄만 아는 자들이니, 어찌 지금과 같은 지경에 이르지 않을 수 있었겠습니까. 이렇게 된 것은 폐하의 잘못이지 태자의 죄가 아닙니다."

그리고는 바닥에 엎드려 눈물을 흘리며 소리 내어 울었다.

문제 또한 한참 동안 슬퍼하다가 말했다.

"이강은 나를 야단치는데, 네 말에도 일리가 없는 것은 아니다. 그러나 너는 그 하나만 알고 그 둘은 모른다. 나는 너를 뽑아서 동궁의 신하로 삼아 주었으나 양용은 너와 같은 사람들과는 친하게 지내지도 신임하지도 않았으니, 비록 정직한 사람들을 뽑아서 붙여주더라도 무슨 유익함이 있겠느냐!"

이강이 대답하였다.

"신이 태자와 친해지지도 못하고 신임도 받지 못하게 된 이유는 간사한 인간들이 태자 곁에 있었기 때문입니다. 폐하께서는 단지 당령칙과 추문덕만을 참(斬)하시고, 다시 어진 인재들을 뽑아서 태자를 보좌하도록 하신다면, 어찌 신이 끝내 태자와 소원해지고 버림을 받게 되겠습니까.

자고로 적장자(嫡長子)를 폐하고도 그 나라가 기울어지고 위험에 빠지지 않았던 적은 드뭅니다. 폐하께서는 깊이 생각하시어 후회하시는 일이 없도록 하시기 바랍니다."

문제는 매우 불쾌해하였다. 조회가 끝난 후 황제의 좌우에 있던 사람들은 모두들 이강 때문에 벌벌 떨었다.

마침 그때 상서우승(尙書右丞)의 자리가 공석으로 있었는데, 담당 관리가 어떤 사람으로 임명할지 묻자, 문제는 이강(李綱)을 가리키면서, "이 자가 훌륭한 우승(右丞) 감이다!"고 하였다. 그리고는 곧바로 그를 임명하였다.

600년 11월 3일, 진왕(晋王) 양광을 태자로 세웠다. 천하에 지진이 일어나자 태자가 황제에게 청하기를, "예복을 입지 않고 있도록 해주시고 동궁 소속 관리들은 저를 대하여 스스로 신하라고 칭하지 못하도록 해주십시오."라고 하였다.

12월 3일, 문제는 조서를 내려서 양광의 건의대로 하라고 하였다. 양광은 우문술(宇文述)을 좌위솔(左衛率)로 임명하였다. 처음 양광이 태자의 지위를 빼앗으려는 계획을 추진할 때 홍주(洪州) 총관 곽연(郭衍)도 그 음모에 참여하였으므로, 그를 불러들여 좌감문솔(左監門率)에 임명하였다.

문제는 전 태자 양용을 동궁(東宮)에 가두어 놓고 태자 양광으로 하여금 감시하게 하였다.

양용은 자신이 태자의 자리에서 폐출될 만한 죄를 지은 적이 없다고 생각하여 수차 문제를 직접 만나서 호소하고자 하였으나, 양광이 이를 저지하여 문제가 알지 못하도록 하였다. 그러자 양용은 큰 나무에 기어 올라가서 큰 소리로 외침으로써 그 소리가 문제가 거처하는 곳까지 들려 문제를 만나볼 수 있기를 바랐다.

양소는 문제에게, 양용은 정신이 혼란하다가 결국 미쳐버려서 원래 상태로 되돌아올 수 없다고 말했다. 문제는 그 말을 듣고 그대로 믿었으므로, 양용은 끝내 부친인 문제를 만나볼 수 없었다.

〈방현령(房玄齡)과 두여회(杜如晦)〉

문제가 진(陳)을 쳐서 멸망시키고 천하를 통일하자, 모든 사람들은 장차 천하가 태평해질 것으로 생각하였으나, 감찰어사(監察御使) 방언겸(房彦謙)은 사적인 자리에서 친한 사람에게 말했다.

"황제의 성질이 시기가 많고 각박하고 또 가혹하며, 태자는 성질이 겸손하고 유약하므로 여러 왕들이 권력을 마음대로 휘두를 것이다. 천하가 지금은 비록 평안하다고 하더라도 곧바로 위망(危亡)과 동란(動亂)이 닥칠 것이 염려된다."

그 아들 방현령(房玄齡) 역시 은밀히 자기 아버지에게 말하였다.

"주상께서는 본래 공로도 덕도 없으면서 천하를 사취(詐取)하였으며, 여러 아들들은 모두 교만하고 사치하고 어질지 못하므로, 반드시 돌아가면서 서로 죽일 것입니다. 천하가 지금은 비록 태평하더라도, 천하는 얼마 되지 않아 뒤집어질 것입니다."

방현령과 두여회(杜如晦)는 모두 이부(吏部)의 예비 관리들이었는데, 이부시랑(吏部侍郎) 고효기(高孝基)는 사람을 잘 알아보기로 유명하였다. 그가 현령을 보고 감탄하여 말했다.

"내가 많은 사람들을 보아왔지만, 이 낭자와 같은 사람은 보지 못하였다. 다음날 반드시 위대한 그릇이 될 것이다. 다만 한스러운 것은 그가 대성(大成)하는 것을 보지 못하고 죽는 것이다."

그가 두여회를 보고는 말했다.

"자네는 임기응변(臨機應變)의 재주가 있으므로 반드시 동량(棟梁)의 중임(重任)을 맡게 될 것이다."

그리고는 자기 자손들을 그들에게 부탁하였다.

(*후일 이들은 둘 다 당 태종(太宗) 밑에서 큰 역할을 하게 되어 역사상 그 이름을 남기게 된다.)

601년(仁壽 元年) 7월, 당초, 수 문제는 북주(北周)로부터 황제의 자리를 물려받고 나서 민심이 불복하는 것이 두려워서 많은 부서(符瑞: 상서로운 현상)들을 이용하여 자기가 황제의 자리를 선양(禪讓)받은 것은 하늘의 뜻에 따른 것임을 선전하려고 하였다. 그러자 부서들을 위조하여 바치는 자들이 헤아릴 수 없이 많이 나타났다.

602년(仁壽 2년) 3월, 양소(楊素)가 황하를 건너 남쪽으로 쳐들어온 돌궐 족 사력사근(思力俟斤) 등의 무리들을 추격해 가서 크게 패배시켰다. 양소는 이번의 공로로 자기 아들 양현감(楊玄感)을 주국(柱國)으로 승진시키고, 양현종(楊玄縱)은 회남공(淮南公)이란 관작을 하사받게 하였다.

익주(益州) 총관 촉왕(蜀王) 양수(楊秀: 문제의 넷째 아들)는 용모가 특이하고 웅대하였으며 담량(膽量)과 기백이 있었고 무예를 좋아하였다. 문제는 매양 독고황후에게 말했다.

"수(秀)는 틀림없이 제 명대로 못 살 것이다. 내가 살아있는 동안에야 무슨 문제가 없겠지만, 그의 형제 대에 이르면 틀림없이 반란을 일으킬 것이다."

대장군 유쾌(劉噲)가 서찬(西爨)을 토벌하러 갈 때, 문제는 상개부 의동삼사(上開府 儀同三司) 양무통(楊武通)에게 군사를 끌고 가서 그의 뒤를 따르라고 하였다. 그러자 양수는 자기가 총애하는 만지광(萬智光)이란 자를 양무통의 행군사마(行軍司馬)로 임명하였다.

문제는 양수가 그 직책에 어울리지 않는 인물을 임명했다는 이유로 그를 크게 꾸짖고는 여러 신하들을 보고 말했다.

"나의 법도를 파괴하는 자는 바로 나의 자손이다. 이는 비유하자면, 맹호는 다른 동물들이 그를 해칠 수는 없지만, 그의 털 사이에 있는 벌레가 그를 해치고 잠식(蠶食)하는 것과 같다."

그리고는 양수가 통할하는 지역을 삭감시켜 버렸다.

장사(長史) 원암(元巖)이 죽고 난 후부터 양수의 성격은 점점 사치하고 참월(僭越: 분수를 벗어나는 행동을 함)하기 시작하였다. 그는 혼천의(渾天儀)를 제작하고, 산 속에 사는 요인족(獠人族)들을 붙잡아서 환관

(宦官)으로 충당하고, 자기의 거마(車馬)와 옷들을 모두 황제의 그것과 같이 만들어 사용하였다.

후에 태자 양용(楊勇)이 참소로 인하여 폐출된 후 진왕(晋王) 양광(楊廣)이 태자가 되자, 양수의 마음은 극히 불편하였다. 태자 양광은 양수가 끝내 후환이 될까봐 두려워서 은밀하게 양소(楊素)에게 그의 죄를 찾아내서 그를 모함하라고 지시하였다.

그래서 문제가 마침내 양수를 수도로 불러올리자 양수는 머뭇거리면서 병을 핑계대고 가려고 하지 않았다. 총관사마(總管司馬) 원사(源師)가 가라고 권하자, 양수는 얼굴을 붉히면서 말했다.

"이것은 우리 집안의 일이다, 그대가 왜 끼어드는가!"

원사가 눈물을 흘리면서 말했다.

"제가 대왕부(大王府)의 막료(幕僚)가 되어 어찌 충성을 다하지 않을 수 있겠습니까! 황제 폐하께서 칙명으로 대왕(大王)을 부르신 지 이미 많은 세월이 지났는데도 지금까지 미루면서 가지 않은 것에 대해 백성들은 왕자님의 마음을 이해하지 못하고 혹시 왕자님을 비난하는 의론이 일어나고, 조정 내외에서도 의심을 하고 놀란다면, 황제 폐하께서는 크게 진노하시어 조서를 내릴 것이고 또 사자를 파견하실 텐데, 그렇게 되면 대왕께서는 뭐라고 변명하시겠습니까. 이 점을 잘 생각해 보십시오."

조정에서는 양수가 변란을 일으킬까봐 두려워서, 12일에 원주(原州) 총관 독고해(獨孤楷)를 익주(益州) 총관으로 임명하여 급히 말을 달려가서 양수와 교대하도록 하였다.

독고해가 도착했는데도 양수는 여전히 가려고 하지 않았으나 독고해가 알아들을 수 있게 타이른 다음에야 길을 나섰다. 독고해는 양수가 길을 떠나면서 후회하는 기색이 있음을 보고 군사들을 동원하여 만일의 사태에 대비하였다. 양수는 40여 리를 갔다가는 다시 돌아가서 독고해를 습격하려고 사람을 파견하여 상황을 탐색하게 하였는데, 독고해가 이미 대비하고 있음을 알고는 그만두었다.

602년(仁壽 2년) 8월 19일, 독고황후(獨孤皇后)가 죽었다.

태자 양광은 황제와 궁인들이 보는 앞에서는 마치 너무나 슬퍼서 곧바로 숨이 넘어갈 듯이 비통해 하다가, 자기 처소로 돌아와서는 먹고 마시며 웃고 이야기하기를 평소처럼 하였다. 뿐만 아니라 양광은 매일 아침 일찍 큰 그릇에 가득히 밥을 담아 올리게 하여 먹고 또 남들이 알지 못하게 살코기, 건육, 절인 물고기 등을 죽통(竹筒) 속에 넣어 밀랍으로 봉하여 자기 처소로 들여오게 해서 먹었다.

602년 윤10월 10일, 문제(文帝)는 상의동삼사(上儀同三司) 소길(蕭吉)에게 독고황후의 장지(葬地)를 고르도록 지시하였다.

소길은 길지(吉地) 한 곳을 골라서 보고하였다.

"점을 쳐보니, 이곳에 묘를 쓰면 양씨 가문의 기업(基業)이 2천년은 지속될 것이며, 황통(皇統)은 2백 대나 이어갈 것입니다."

문제가 말했다.

"길흉(吉凶)은 인간에게 달려 있고 땅에 있지 않다(吉凶由人, 不在於地). 북제(北齊)의 후주(後主) 고위(高緯)인들 자기 부친을 장사지낼 때 그 땅에 대하여 어찌 점을 쳐보지 않았겠느냐? 그런데도 북제는 곧바로 망해버렸다. 이는 마치, 만약 우리 집안의 묘터가 길지(吉地)가 아니라고 한다면, 나는 천자가 되어서는 안 된다는 것이고, 만약 흉지(凶地)가 아니라고 한다면, 나의 동생들은 싸움에서 죽어서는 안 된다는 것과 같다."

그러면서도 결국 문제는 소길의 건의에 따라 독고황후의 묘지를 그곳으로 정했다.

소길은 퇴근하여 자기 친척인 소평중(蕭平仲)에게 말했다.

"황태자 양광이 우문술(宇文述)을 나에게 보내어 깊이 사의(謝意)를 표하면서 말을 전하기를, '공(公)은 전에 내가 태자가 될 것이라고 말했었는데, 결국 그대로 되었소. 나는 끝까지 공을 잊을 수가 없소. 지금 공은 능지(陵地)를 고르고 있는데, 어떻게든 내가 하루 빨리 황제의 자리에 오를 수 있는 곳으로 골라 주시오. 내가 황제가 된 후 반드시 공에게 부귀와 영화로 보답해주겠소' 라고 하더군.

그래서 내가 말하기를, '4년 후에는 태자께서 반드시 천하에 군림하시게 될 것입니다' 라고 대답하였지.

그러나 사실대로 말하자면, 지금의 태자가 황제가 되어 나라의 정사를 장악하게 되면 수(隋)는 곧바로 멸망하고 만다. 나는 앞서 사람들을 속여서 말하기를, 양씨 가문의 기업(基業)이 2천년은 지속될 것이라고 하였지만, 그것은 사실은 30년이란 뜻이고, 황통(皇統)은 2백 대나 이어갈 것이라고 하였지만, 그것은 사실은 단지 2대만 전해진다는 뜻이다. 너는 이 일을 잘 기억해 두어라"고 하였다.

602년 윤10월 28일, 촉왕(蜀王) 양수(楊秀)가 장안에 도착하였으나, 문제는 그를 보고 아무 말도 하지 않았다. 다음날 사자를 대신 보내어 그를 엄중하게 질책하였다. 양수는 잘못을 사죄하고, 태자 양광과 기타 여러 왕들도 마당에 서서 눈물을 흘리면서 사죄하자, 문제가 말했다.

"전에 진왕(秦王) 준(楊俊: 문제의 셋째 아들)이 재물을 낭비하기에 나는 아비 된 도리(父道)로써 그를 훈계하였다. 지금 수(楊秀)는 백성들을 해치고 있으므로, 나는 마땅히 군왕의 도리(君道)로써 그를 처벌할 것이다." 그리고는 그를 법을 집행하는 관리에게 넘겼다.

개부의동삼사(開府儀同三司) 경정(慶整)이 문제에게 간하였다.

"서인(庶人) 용(楊勇)은 이미 폐출되었고, 진왕(秦王: 楊俊)은 이미 죽었으므로, 폐하께는 남은 아들들이 많지 못합니다. 어찌하여 꼭 이렇게까지 하려 하십니까. 촉왕 수(楊秀)는 성질이 괄괄하여 지금 이런 질책을 당하고 있는데, 이렇게 하다가는 그 또한 목숨을 보전하지 못할까봐 두렵습니다."

문제는 대노하여 그(慶整)의 혀를 잘라버리려고 하였다. 이어서 여러 신하들에게 말했다.

"마땅히 수(秀)를 저자에서 참수하여 백성들에게 사죄하도록 할 것이다."

그리고는 양소(楊素) 등에게 명하여 그의 죄를 추궁하도록 하였다.

한편, 태자 양광(楊廣)은 은밀히 우인(偶人: 허수아비 인형)을 만들어서 그 손을 묶고 그 심장 부위에 못을 박고, 목에 칼을 채우고 족쇄를 채운 다음 그 위에다가 황제와 한왕(漢王)의 이름을 쓰고는 이어서 "서악(西嶽)의 자부(慈父)와 성모(聖母)께서는 양견(楊堅)과 양량(楊諒)의 귀신과 영혼을 거두어 가셔서 이런 모양으로 만들어 놓고 흩어지지 않게 해주십시오."라고 쓴 다음, 그것을 화산(華山) 아래에다 묻어놓고 양소(楊素)로 하여금 그것을 찾아내도록 꾸몄다.

그리고 또, 양수는 망령되게 도참설(圖讖說)을 이야기하면서 지금의 수도에는 요사스런 일들이 많으므로 촉지(蜀地)에다 상서로운 징후들을 만들었으며, 또 '날짜를 정하여 죄를 묻겠다(指期問罪)' 는 격문까지 지어서 자기 문집(文集)에다 수록해 놓았다는 등, 참소의 말들을 모두 황제에게 보고하였다.

문제가 말했다.

"천하에 어찌 이런 놈이 다 있는가!"

602년 12월 20일, 양수를 폐하여 서인(庶人)으로 만들고 그를 내시성(內侍省)에 유폐시켜 놓고 자기 처자식들도 서로 만나보지 못하게 하였다. 다만 요인족(獠人族) 비녀(婢女) 두 사람만 곁에 두고 부릴 수 있게 하였다.

양수는 표문을 올려 처벌에 굴복하고 사죄하면서 말했다.

"엎드려 바라오니, 긍휼히 여기시고 불쌍히 여기시어, 죽기 전에 과자(瓜子)를 한번 만나보게 해주시고, 구덩이 하나를 허락하시어 죽은 후에 뼈를 묻게 해주십시오."

과자(瓜子)는 그의 사랑하는 아들을 말한 것이다.

문제는 조서를 내려 그의 죄를 하나하나 지적하면서 말했다.

"나는 양견(楊堅: 문제 자신을 말함)과 양량(楊諒)이 네게 무슨 친족이 되는지 모르겠다."

그러나 후에 가서는 그 아들과 함께 있도록 허락해 주었다.

〈모함의 대가로 권세와 호화를 누린 양소(楊素)〉

양소의 동생 양약(楊約)과 그의 숙부 양문사(楊文思), 양문기(楊文

紀), 그리고 그의 동족 아저씨 양기(楊忌) 등은 모두 상서(尙書), 열경(列卿) 등의 고관이 되었고, 그의 여러 자식들은 말에게 땀 한 방울 흘리게 한 공로(汗馬之勞)도 없으면서 관직이 주국(柱國), 자사(刺史) 등의 고관이 되었다.

양씨 집안에서 경영하는 재산은 경사(京師: 수도)에서부터 여러 지방의 도회지에 두루 걸쳐 있었으며, 그 종류도 객점(客店: 지금의 여관, 호텔 등), 연애(碾磑: 연자방앗간, 지금의 정미소) 등 다양하였다. 비옥한 전답과 호화 주택 등은 이루 다 헤아릴 수 없을 정도로 많았으며, 집안에서 부리는 하인이나 종들의 수도 수천 명이나 되었고, 후정(後庭)에는 몸에 비단자락을 칭칭 감고 있는 기생첩들이 수천 명이나 되었다.

모든 집들은 극도로 호화롭고 사치스럽게 장식하였는데 전부 황궁을 본떠서 만들었다. 그의 친척과 친구, 옛 부하들은 모두 나라의 주요 직위를 다 차지하고 있었다.

양소는 이미 태자 하나, 왕 하나를 폐출시켰으므로 그의 권세는 나날이 성대해져 갔다. 조정의 신하들 중에서 그의 뜻을 거스르는 자는 죽임을 당하거나 심지어 멸족(滅族)을 당하였고, 그와 그의 친척, 친구, 옛 부하들의 편에 붙는 자들은 비록 아무런 재능이 없는 자라 할지라도 반드시 승진하고 작위도 높아졌다. 조정 내외의 모든 사람들은 모두들 양씨 집안의 세력에 굴복하고 양소를 두려워하여 그에게 붙지 않는 자가 없었다. 감히 양소에게 대항하고 굴종하지 않았던 사람으로는 다만 유욱(柳彧)과 상서우승(尙書右丞) 이강(李綱), 대리경(大理卿) 양비(梁毗) 뿐이었다.

양비는 양소가 권력을 멋대로 휘두르는 것을 보고 그가 나라의 화환(禍患)이 될까봐 두려워서 이에 황제께 비밀 상소를 올렸다.

"신이 듣기로는 신하된 자가 위엄과 복을 스스로 만들어 내면서도 자기 집안과 나라에 화가 되지 않은 경우는 없다고 하였습니다.

제가 보니, 좌복야(左僕射) 월국공(越國公) 양소(楊素)는 폐하의 총애를 갈수록 크게 받아 그 권세가 나날이 성대해지고, 조정의 관리들과 환관들은 모두 그의 이목(耳目)이 되어 있습니다.

그의 뜻을 거스르는 자는 마치 한 여름에 엄동(嚴冬)의 서리와 얼음을 만나듯이 타격을 입고, 그에게 아첨하고 봉승(奉承)하는 자들은 마치 가뭄에 단비를 만나듯이 보호를 받고 있는바, 모든 사람들의 영욕(榮辱)은 양소의 입술 끝에 달려 있고, 관리들의 승진과 폐출이 모두 그의 손가락이 가리키는 데 따라 정해집니다.

그가 편애하는 자들은 모두 충심으로 나라를 위하는 자들이 아니고 그가 추천하는 자들은 모두 그의 친척들이며, 그의 자식들의 세력은 전국 각 주(州)나 현(縣)에 널리 퍼져 있습니다.

천하가 무사할 때에는 비록 그가 다른 마음을 품고 있더라도 별 탈이 없겠지만, 일단 나라에 무슨 어려움이 생기면 그는 틀림없이 큰 우환 거리가 될 것입니다.……

원컨대 폐하께서 고금의 여러 가지 일들을 거울삼아 지금의 사정을 잘 헤아려 처리함으로써 수(隋)나라의 기업이 영원히 공고하게 하신다면, 이는 천하 모든 백성들의 큰 행운일 것입니다!"

그 상소가 위로 올라가자, 문제는 그것을 읽고 크게 화를 내며 양비를 붙잡아 감옥에 처넣도록 하고 자신이 직접 심문을 하였다.

그러자 양비가 극력 말하였다.

"양소는 폐하의 신임을 믿고 권력을 멋대로 행사하고, 아래 사람들을 통솔하는 데 있어서도 아무 이유도 없이 함부로 죽였습니다. 그리고 태자(楊勇)와 촉왕(蜀王: 楊秀)이 죄를 얻어 폐출되던 날, 조정의 문무백관들 중에 두려워하고 황송해 하지 않는 이들이 없었으나, 양소만은 눈을 치켜뜨고 팔을 휘두르며 노골적으로 기뻐하는 기색을 얼굴에 드러냈는데, 그는 나라에 어려운 일이 있음을 자기에게는 다행이라 여겼습니다."

그 후 문제 역시 은연중에 양소를 멀리하고 기피하면서 칙서를 내려 말했다.

"복야(僕射)는 국가의 재상(宰相)인데 어찌 자잘한 일들까지 직접 챙길 수 있는가. 다만 사흘이나 닷새에 한 번씩 나와서 큰일들만 평론하도록 하라."

표면적로는 양소를 우대해주고 떠받들어 주는 것처럼 하였으나, 실은 그의 권리를 빼앗았던 것이다. 양소는 이 일로 인하여 문제가 죽을 때까지 자기 소속 관청의 일에 관여하지 못하였다. 그리고 문제는 양약을 이주(伊州) 자사로 임명하여 지방으로 내쳤다.

양소가 소원해진 후 이부상서(吏部尙書) 유술(柳述)의 권력이 갈수록 커져서 병부상서(兵部尙書)의 일까지 겸직하면서 국가의 기밀에 속한 일을 처리하는 데 참여하였다. 이 일로 인하여 양소는 유술을 미워하게 되었다.

(2) 문제(文帝)의 죽음과 그의 치적

604년(仁壽 2년) 1월. 문제(文帝)가 인수궁(仁壽宮)으로 피서를 가려고 하자, 술사(術士) 장구태익(章仇太翼)이 극력 말렸으나 문제는 듣지 않았다. 장구태익이 말하였다.

"이번에 가시게 되면 돌아오시지 못하게 될까봐 두렵습니다."

그러자 문제는 크게 노하여 장구태익을 붙잡아 장안의 감옥에 가두어 놓고 돌아온 후 그를 죽이려고 하였다. 27일에 인수궁에 도착하였고, 28일에 조서를 내려서, 상을 주거나 재정을 지출하는 등 크고 작은 모든 일들을 태자 양광이 처리하도록 하였다.

7월 10일, 황제의 병이 중해져서 그는 침상에 누워서 문무백관들과 영별하며 그들의 손을 잡고 흐느껴 울었다. 그리고 태자에게 장구태익의 죄를 용서해 주라고 명하였다. 13일에 황제는 대보전(大寶殿)에서 돌아갔다.

문제는 성격이 매우 근엄하였으며, 매일 아침 일찍부터 해가 기울 때까지 정사(政事)나 법령 등을 처리하면서도 지칠 줄 몰랐다. 비록 재물에 인색하였으나 공로가 있는 자에게 상을 줌에 있어서는 인색하지 않았으며, 장사(將士)들이 전쟁터에서 죽으면 반드시 넉넉히 상을 주고 또 사자(使者)를 보내어 그 죽은 자의 가족들을 위문하였다.

그는 백성들을 아끼고 보호하였으며, 농사와 누에치기를 장려하였고, 부역을 줄이고 세금을 가볍게 하였다.

자신의 생활은 검소하게 하려고 애썼으며, 타는 수레나 사용하는 물건들은 낡은 것까지 수리하여 사용하였다. 연회를 베풀 때가 아니면 자신이 먹는 것도 한 가지 요리를 넘지 못하게 하였으며, 후궁들은 모두 옷을 빨아서 입게 하였으므로 천하 모든 사람들도 문제의 행동에 감화를 받았다.

개황(開皇: 580~600), 인수(仁壽: 601~604) 연간에 남자들은 모두 무늬 없는 비단(絹布) 옷을 입고 무늬 있는 비단(綾綺) 옷을 입지 않았으며, 옷에 차는 장식품도 구리나 쇠, 짐승의 뼈나 뿔로 만든 것들이었고 금이나 옥으로 된 장식품은 없었다. 그리하여 국가의 재물은 나날이 늘어나서 창고마다 가득 차게 되었다.

문제가 처음 황제의 자리를 물려받았을 때에는 수나라의 가구 수는 4백만 호도 되지 않았으나, 말년에는 8백9십만 호를 넘었으며, 기주(冀州) 한 주만 하더라도 1백만 호나 되었다.

그러나 문제는 성격이 지나치게 시기심이 많고 참소하는 말을 쉽게 믿었기 때문에, 그의 공신들과 옛 친구들로서 끝까지 생명을 보전한 자가 없었다. 심지어 자기 자식들까지 모두 원수 보듯이 하였는데, 이것은 그의 단점이었다.

(3) 아비를 시해(弑害)하고, 아비의 희첩(姬妾)을 찜하고 황제의 자리에 오른 수 양제(煬帝)

전에 독고황후(獨孤皇后)가 죽고 나서 선화부인(宣華夫人) 진씨(陳氏), 용화부인(容華夫人) 채씨(蔡氏)가 문제(文帝)의 총애를 받았는데, 진씨는 진(陳) 고종(高宗)의 딸이었고, 채씨는 단양(丹楊) 사람이었다.

문제가 인수궁(仁壽宮)에서 병이 들어 누워 있을 때 양소(楊素), 병부상서(兵部尙書) 유술(柳述), 황문시랑(黃門侍郞) 원암(元巖)은 모두 인수궁에 들어와서 병상 옆을 지키고 있었다. (*수나라 관직에서 상서(尙書)나 시랑(侍郞)은 재상에 해당하는 관직명이다. -편역자)

문제는 태자 양광(楊廣)을 불러들여 대보전(大寶殿)에 들어와서 기거(起居)하라고 하였다. 태자는 황제가 죽을 때를 대비하여 사전에 여러 가지 대비책을 잘 마련해 두어야겠다고 생각하고는 직접 편지를 써서 잘 봉한 후 양소에게 보내어 대비책을 물었고, 양소는 먼저 처리해야 할 일들을 조목조목 써서 태자에게 보고하였다.

그런데 궁인(宮人)이 그 답장을 황제의 침소로 잘못 보내고 말았는데, 황제가 그것을 읽고나서 노발대발하였다.

마침 진씨 부인이 아침에 옷을 갈아입으러 나갔는데, 태자는 부인을 붙들고 강제로 범하려고 하였다.

진씨 부인이 몸부림을 쳐서 겨우 빠져나와 문제의 침소로 돌아갔는데, 황제는 그녀의 안색이 몹시 좋지 못한 것을 보고 괴이하게 여겨 무슨 이유로 그러는지 물었다.

진씨 부인이 눈물을 흘리며 말했다.

"태자가 무례(無禮)합니다."

문제는 화가 나서 책상을 치며 말했다.

"이런 짐승 같은 놈! 이런 놈에게 어찌 국가 대사를 맡길 수 있단 말인가! (그를 태자로 세우도록 권한) 독고황후가 나를 잘못 인도하였구나!"

그리고는 유술(柳述)과 원암(元巖)을 불러서 지시하였다.

"내 아들을 불러오라."

유술 등이 황제의 뜻을 잘 이해하지 못하여 태자 양광(楊廣)을 부르러 가려고 하자, 문제가 다시 말했다.

"용(楊勇)을 불러오란 말이다!"

유술과 원암이 (양용을 불러오려고) 칙서를 쓰기 위하여 바삐 궁전을 나갔다.

양소가 이 소식을 듣고 태자 양광에게 보고하자, 양광은 황제의 가짜 조서를 만들어 황제의 명령이라고 하면서 유술과 원암을 체포하여 큰 감옥 속에 가두어버렸다. 그리고는 재빨리 태자궁(東宮)을 수비하던 비장(裨將)들과 병사들에게 황궁을 지키던 수비병들을 몰아내고 대신 지키도록 하고, 사람들의 궁문 출입을 일절 금지시켰다.

그리고 우문술(宇文述)과 곽연(郭衍)을 보내어 모든 일을 지휘하게 하고, 우서자(右庶子: 태자궁 소속의 관리) 장형(張衡)에게는 문제의 침전(寢殿)에 들어가서 황제를 시중들도록 하고, 후궁들은 모조리 별실로 쫓아 보냈다. 그리고 조금 있다가 문제가 갑자기 죽었다.

이 일로 인하여 조정 내외에는 여러 가지 말들이 많았다.

진씨 부인은 후궁들과 함께 궁중에 변란이 일어났다는 말을 듣고 서로 쳐다보며 겁을 먹고 벌벌 떨면서 안색이 파랗게 질려 있었다.

해질 무렵 태자 양광이 사자를 보내어 금으로 만든 작은 그릇을 진씨 부인에게 바쳤는데, 그 위에는 종이를 붙이고 태자가 친필로 쓴 "봉(封: 봉하다)" 자(字)가 보였다. 진씨 부인이 그것을 보고는 그 안에 사약(鴆毒)이 들어 있을 것으로 생각하고는 두려워서 감히 열어보려고도 하지 못했다.

사자가 빨리 열어보라고 재촉하여 열어 보니, 그 안에 몇 개의 '동심결(同心結)' 이 있었다. 궁인들은 모두들 기뻐하며 서로 말하기를 "이제 죽음은 면했구나!" 라고 하였다.

진씨 부인은 화를 내며 주저앉아서 그것을 받으려고 하지 않았다.

그러자 여러 궁인들이 모두 진씨 부인에게 받으라고 강요하니, 그제야 사자에게 사례하는 절을 하였다.

(* '동심결(同心結)' 이란 '같은 마음을 묶은 매듭' 이란 뜻으로 지금의 연애편지 같은 것이다. 그 방식은 두 개의 노끈 등을 서로 묶어서 일정한 모양의 매듭을 만든 후 그것을 그릇에 담거나, 또는 내용의 글이 전혀 없는 빈 봉투의 겉봉에 일정한 모양의 매듭을 만들어 그것을 인편을 통해 상대에게 보내면, 상대는 그 구애 신청을 받아들일 마음이 있으면 그 위에 손을 얹고, 거절하려는 경우에는 손을 얹지 않는 것으로써 자신의 대답을 대신한다. 심부름 온 사람이 상대의 행동을 보고 그대로 전해줌으로써 서로간의 구애를 위한 커뮤니케이션은 완성된다.-편역자)

그날 밤 태자 양광은 진씨 부인을 '찜(烝)하였다.'

(*아래 항렬의 사람이 위 항렬의 사람과 갖는 이런 불륜 행위를 사서(史書)에서는 "烝(증: 솥에 넣고 찌다)"이란 글자 한 자로 표현한다. 우리말에는 이런 경우에 해당하는 단어가 없으므로 직역해 보았다.-편역자)

21일, 문제(文帝)가 죽은 사실을 공표하고 태자 양광이 황제의 자리에 오르니, 이가 곧 수 양제(煬帝: 물론 이 제호(帝號)는 양광이 죽은 후에 붙여진 시호이다-편역자)이다.

이때 이주자사(伊州刺史) 양약(楊約)이 인사하러 와 있었는데, 태자는 그를 장안(長安)으로 보내어 현재의 장안 유수(留守)를 갈아 치우고 황제의 명령이라고 거짓말하여 이전 태자 양용(楊勇)에게 죽음을 내렸는데, 밧줄로 목을 매여 죽였다. 그러고 나서 군사들을 모으고 군중들을 불러 모은 후에 황제의 죽음을 공표하였다.

양제(煬帝)는 양약이 취한 조처와 행동을 듣고 그의 형 양소(楊素)에게 말했다. "형의 동생은 과연 큰일을 맡길 만합니다."

〈한왕(漢王) 양량(楊諒)의 반란〉

604년(仁壽 4년) 8월, 한왕 양량(楊諒)은 고조(高祖: 文帝)의 총애를 받아 병주(幷州) 총관이 되어 있었는데, 효산(崤山) 이동에서 창해(滄海)에 이르는 지역과 남으로는 황하에 이르기까지 52개 주가 모두 병주에 소속되어 있었다. 특히 그는 문제로부터 편리한 대로 일을 처리하고 법령에 구애받지 않아도 된다는 허락까지 받아놓고 있었다.

양량은 자기가 다스리는 지방은 천하의 정예병들이 모여 있는 곳이라고 스스로 생각하고 있었다. 그런데 태자 양용(楊勇)이 참소를 당하여 폐출되는 것을 보고는 늘 마음속으로 앙앙불락(怏怏不樂)하였으며, 또 촉왕(蜀王) 양수(楊秀)가 죄를 얻는 것을 보고는 스스로 더욱 불안해져서 은밀히 마음속으로 다른 생각을 품게 되었다.

일찍이 그가 문제에게 말했다.

"돌궐은 지금 한창 강성하므로 군비를 강화해야 합니다."

그리하여 그는 공부(工夫)들을 대규모로 징발하여 공역(工役)을 일으키고, 무기를 제조하고, 망명해온 자들을 불러 모아서 신변 가까이에 둔 사인(私人)들만 해도 거의 수만 명이나 되었다.

돌궐인들이 변경을 노략질하자 문제는 양량을 파견하여 돌궐인들을 막도록 하였다. 그러나 그가 돌궐인들에게 패하였기 때문에, 그의 휘하에 있는 장수들에게 패배의 책임을 물어서 직위해제한 자들이 80여 명이나 되었는데, 그들을 모두 영표(嶺表) 지방으로 유배시켰다. 그들 모두가 양량의 오랜 부하들이었기 때문에, 양량은 문제에게 그들을 유임시켜 달라고 주청하였다. 그러자 문제가 대노하여 질책하였다.

"너는 번왕(藩王)으로서 오직 조정의 명령을 공손히 받들고 그에 따라야 마땅하거늘, 어찌 사적으로 오랜 부하들이라고 해서 나라의 법을 폐기하려고 한단 말이냐! 아, 이놈아, 너는 일단 나만 없으면 경거망동하려 하는데, 그러다가는 남들이 너를 마치 조롱 속의 병아리 잡듯이 너를 잡아 죽일 텐데, 네 심복들은 두어서 어디에 쓴단 말이냐!"

왕규(王頍)는 그 위인이 소탈하고 계략을 잘 내어 양량의 자의참군(諮議參軍: 작전참모)이 되었다. 소마가(蕭摩訶)는 옛날 진(陳)의 장수였다. 이들 두 사람은 모두 뜻을 펼 기회를 얻지 못하여 항상 답답해하면서 반란을 꿈꿔 왔는데, 양량이 그들을 친하게 잘 대해 주었으므로 그의 반란음모를 찬성하였다.

문제가 세상을 뜨자 양제(煬帝)는 거기장군(車騎將軍) 굴돌통(屈突通)을 파견하여 고조의 새서(璽書: 옥새가 찍힌 문서)를 가지고 가서 양량을 장안으로 불러오게 하였다.

전에 문제와 양량(楊諒)은 서로 은밀히 약속하기를 "만약 새서(璽書)로써 너를 부르고자 할 때에는 칙자(勅字) 옆에 점 하나를 더 찍겠다. 그리고 사자가 가지고 간 명부(命符)가 옥린부(玉麟符)와 서로 합치되거든 내가 부른 줄 알고 부름에 응하거라!"고 하였었다.

양량은 칙서에 방점이 없는 것을 보고 무슨 일이 생긴 줄 알아차리고 굴돌통에게 따져 물었으나, 굴돌통도 그가 묻는 말에서 그가 눈치챘음을 알아차리고는 아무 대답도 하지 않았다. 그래서 그는 장안으로 돌려보내졌으며, 양량은 드디어 군사를 동원하여 반란을 일으켰다.

총관사마(總管司馬) 황보탄(皇甫誕)이 간절히 말렸으나, 양량은 듣지 않았다. 황보탄이 눈물을 흘리면서 말했다.

"제 생각에는 대왕의 병력은 황제의 군대와 상대가 되지 않습니다. 게다가 군주와 신하의 지위가 이미 정해져 있고 반역(叛逆)과 순리(順理)의 세력이 다르기 때문에, 비록 군대가 정예롭다 하더라도 이기기 어렵습니다. 일단 몸에 반역자란 낙인이 찍히게 되면 형법이 적용되기 때문에 비록 평민으로 남고자 하여도 안 됩니다."

양량은 화를 내며 그를 가두었다.

남주(嵐州) 자사 교종규(喬鍾葵)가 양량에게로 달려가서 붙으려고 하자, 그의 사마(司馬) 경조도모(京兆陶模)가 말리면서 말했다.

"한왕(漢王)은 반역을 도모하고 있습니다. 공은 나라의 두터운 은혜를 입고 있으므로 마땅히 성심을 다하여 목숨을 바쳐야 할 텐데, 어찌하여 스스로 몸을 화단(禍端: 재앙을 입게 될 처지)에 빠뜨리려 하십니까!"

종규는 얼굴이 창백해지며 외쳤다.

"사마(司馬)가 나에게 반기를 들었다!"

그러면서 그에게 칼을 들이대었으나 경조도모의 언사(言辭)에는 조금도 굽힘이 없었다. 교종규는 그의 의기(義氣)에 감명을 받고 그를 풀어 주었다. 그러자 한 군관(軍官)이 말했다.

"경조도모를 죽이지 않고서는 여러 사람들의 마음을 복종시킬 수 없습니다."

그리하여 그를 가두었다. 이때 양량을 따라서 반란에 가담한 자들은 모두 19개 주(州)였다.

왕규(王頍)가 양량에게 말했다.

"대왕께서 거느리신 장수와 군관들은 그 가솔들이 모두 관서(關西) 지방에 있으므로, 만약 이들을 쓴다면 마땅히 깊이 쳐들어가서 곧바로 경도(京都)를 차지해야 합니다. 이것이 이른바 천둥처럼 빨라서 귀를 가릴 틈도 없이 한다는 것입니다. 만약 옛 북제(北齊)의 땅을 차지하고 할거(割據)하실 생각이라면 관동(關東) 지방 사람들을 써야 합니다."

양량은 결단을 내리지 못하고 두 가지 계책을 다 쓰면서, 밖으로 표방한 명분은 양소(楊素)가 반란을 일으켰으므로 그를 죽이려 한다는 것이었다.……

양소가 진격하여 양량의 군사를 크게 깨뜨리고 소마가(蕭摩訶)를 사로잡자 양량은 물러가서 진양(晋陽)을 지키고 있었다. 양소가 진군하여 진양을 포위하자 양량은 속수무책이 되어 항복을 청해 왔고, 그 나머지 무리들도 모두 평정되었다. 양제는 양약(楊約: 楊素의 동생)을 보내어 자신이 직접 쓴 조서를 양소에게 보내주어 그를 위로하였다.

이 전에 왕규가 자기 아들에게 말했다.

"형편이 매우 좋지 않다. 우리 군사들은 반드시 패배할 것이다. 너는 나를 따라오너라."

왕규는 돌궐로 달아나다가 산 속에 이르렀는데 길이 끊어져서 벗어날 길이 없음을 알고 그 아들에게 말했다.

"나의 계책이 양소보다 못하지 않았으나, 다만 나의 건의가 채택되지 못하였기 때문에 결국 이 지경에 이르렀다. 그렇다고 가만히 앉아서 사로잡히는 얼간이가 될 수는 없다. 내가 죽은 후에 너는 조심하고 친척이나 친구들이 있는 곳을 지나가지 말아라."

그리고는 자살하여, 그의 시체는 석굴(石窟) 속에 묻혔다.

그 아들은 여러 날 동안 아무것도 얻어먹지 못하여 마침내 옛 친구가 있는 곳을 지나가다가 결국 사로잡히고 말았다. 그리하여 왕규의 시체도 찾아내어 진양에서 그 목을 잘라 효수하였다.

여러 신하들은 모두 한왕 양량을 죽여야 한다고 주청하였으나, 양제는 허락하지 않고 그를 제명하여 평민으로 삼고, 그의 이름을 종실에서 빼버렸다. 양량은 최후에 가서 유폐되었다가 죽었다. 그의 부하들과 신하 및 백성들로 양량의 죄에 연루되어 죽임을 당하거나 유배된 자들은 모두 20여만 가(家)나 되었다.

처음에, 문제(文帝)와 독고황후는 서로 매우 사랑하여, 다른 희첩(姬妾)이 낳은 아들을 두지 않기로 맹세하였는데, 일찍이 여러 신하들에게 말하였다.

"전대의 황제들을 보면, 총애하는 희첩들에게 빠져서 적자(嫡子)와 서자(庶子)들 간에 투쟁이 벌어지고 마침내 폐립(廢立)되는 일들이 생기고, 그로 인하여 혹은 망국(亡國)에 이르는 일들까지 있었다. 그러나 나는 다른 희첩들이 주위에 없고, 나의 다섯 아들들은 모두 같은 어미의 소생들이니 진정한 형제들이라 할 수 있다. 그러니 어찌 그런 염려가 있겠느냐!"

문제는 또 북주(北周)의 황실이 쇠약해진 것을 교훈삼아 여러 아들들에게 큰 진(鎭)을 나누어 지킴으로써 각자 한 방면을 전적으로 맡아 다스리도록 하여 여러 왕들의 권력이 황제와 비슷하게 하였다. 그러나 문제의 만년에 이르러서 부자와 형제들이 서로 시기하여 다섯 아들들 모두 제 명에 죽지 못하였다.

(*신(臣) 사마광(司馬光)은 말한다.

"옛날 신백(辛伯)이 주(周) 환공(桓公)에게 간하기를, '안으로 총애하는 희첩과 황후의 지위가 비등하고(內寵並后), 밖으로 총애하는 신하가 황제와 같은 권력을 가지고 호령하고(外寵貳政), 서자와 적자가 서로 필적하고(嬖子配嫡), 큰 도성의 세력이 국도의 세력과 맞먹는 것(大都偶國), 이 네 가지가 동란이 일어나는 근본 원인이다.' 고 하였다.

군주된 자가 만약 이 네 가지 일을 신중히 처리할 수 있다면, 동란이 어찌 저절로 생기겠는가!

수나라 고조(高祖)는 다만 적자와 서자 간에 다툼이 많으면 황실의 지위가 쉽게 흔들릴 수 있다는 것 한 가지만 알았고, 여러 왕들의 세력과 황제의 세력이 비슷하면 황제의 지위가 위태로워진다는 것과, 비록 같은 어미를 둔 골육지친(骨肉之親)이라 하더라도 서로 권력을 빼앗으려 하는 일이 없을 수 없다는 것을 몰랐다. 신백의 말에 비추어 보면, 그는 그 중에서 한 가지만 얻었고 그 나머지 세 가지는 놓쳐버렸다고 할 수 있다.")

604년 11월 3일, 양소(楊素)가 양량의 반란을 진압한 공로로 그 아들 만석(楊萬石), 인행(楊仁行), 조카 현정(楊玄挺) 등은 의동삼사(儀同三司)란 관작을 제수받았고, 양소 자신은 재물 5만 단(段), 비단 1천 필, 한왕 양량이 소유하고 있던 기녀와 시첩(侍妾) 20명을 상으로 받았다.

11월 4일, 양제는 남자 장정 수십만 명을 징발하여 운하를 파게 했는데, 용문(龍門)의 동쪽에서부터 장평(長平), 급군(汲郡)을 거쳐 임청관(臨淸關)에 이르고, 황하를 건너 준의(浚儀), 양성(襄城)에 이르고 상락(上洛)에 도달하였는데, 각 곳에 관방(關防)을 설치하게 하였다.

(4) 호화를 극한 수 양제의 행차

605년(大業 元年) 5월, 수 양제는 사방 2백 리나 되는 규모의 서원(西苑)을 만들게 하고, 서원 내에는 둘레가 10여 리나 되는 바다(*큰 호수)를 만들게 하였다. 다시 바다 안에다 수면에서 1백여 척 높이의 봉래(蓬萊), 방장(方丈), 영주(瀛洲) 등 여러 신산(神山)들을 만들고, 산 위에는 곳곳에 전망대와 전각(殿閣)을 세워서 어느 곳에서 바라보더라도 전부 마치 선경(仙境)처럼 보이게 하였다.

서원 북쪽에는 용린거(龍鱗渠)라는 수로를 파서 물이 굽이굽이 흘러서 바다(호수)로 들어가게 하였다. 그리고 그 수로를 따라서 16개의 담장을 두른 저택(院)을 만들고 그 문들은 모두 수로 쪽으로 내었으며, 각 저택에는 품계가 4품인 부인 하나를 두어 주관하게 하였고, 저택 안의 집이나 누대는 모두 더할 수 없이 화려하게 꾸몄다.

궁 안의 나무에는 가을과 겨울철에 잎이 떨어진 후 채색된 비단을 재단하여 꽃과 잎을 만들어 나뭇가지에 매달았으며, 그 색깔이 바래면 새로운 것으로 바꾸어 매달아서 경관과 색깔이 항상 따뜻한 봄철처럼 보이게 하였다.

못 안에도 겨울철에는 채색 비단을 재단하여 연(荷)과 마름(芰) 등 수초를 만들어 얼음 위에 띄워 놓았으며, 양제가 놀 때에는 못의 얼음을 걷어내고 채색된 비단으로 만든 수초를 띄워서 마치 봄철과 같은 풍경을 만들었다.

16곳의 저택에서는 서로 경쟁적으로 온갖 산해진미를 잔뜩 갖추어 놓고 양제가 들러서 은총을 베풀어 주기를 기다렸다.

양제는 서원에서 달밤에 수천 명의 궁녀들을 거느리고 말을 타고 놀기를 좋아하였으며, 자신이 직접 〈청야유곡(淸夜游曲: 맑은 달밤에 노니는 노래)〉이란 악곡을 지어 말 위에서 연주하였다.

605년 8월 15일, 수 양제는 강도(江都: 지금의 江蘇省 揚州市)로 순유(巡遊)를 나갔다. 그는 현인궁(顯仁宮)에서 출발하였는데, 왕홍(王弘)이 용주(龍舟)를 보내서 영접하였다.

18일에 양제는 붉은 색의 작은 배를 타고 운하를 통하여 낙구(洛口)로 나와서 용주에 올랐다.

용주 위에는 4층짜리 건축물이 있었는데 높이는 45척, 길이는 2백 척이나 되었다.

용주의 맨 위층인 4층에는 정전(正殿), 내전(內殿), 동과 서의 조당(朝堂)이 있고, 중간의 2층과 3층에는 방이 120개나 있는데 모두 금과 옥으로 화려하게 장식하였다.

맨 아래층은 궁내의 시신(侍臣)들이 거처하는 곳이었다. 황후 소씨(蕭氏)가 탄 익리주(翊螭舟)는 그 규모가 수 양제가 탄 용주에 비해 조금 작았으나 그 장식에는 차이가 없었다.

이밖에 부경선(浮景船)이 9척으로, 배 위에는 3층의 건축물이 있었는데 모두 수상 궁전이었다. 그리고 또 양채(漾彩), 주조(朱鳥), 창리(蒼螭), 백호(白虎), 현무(玄武), 비우(飛羽), 청부(青鳧), 능파(陵波), 오루(五樓), 도장(道場), 현단(玄壇), 판탑(板艓), 황멸(黃蔑) 등 수천 척의 배가 있었는데, 이들에는 후궁들과 여러 왕자들, 공주들, 백관(百官), 승려, 도사(道士), 번객(蕃客)들이 타고 또 조정 내외의 각 기구와 부서에서 바치는 물품들을 실었다.

이 배들을 끄는 데 모두 8만여 명의 인력이 동원되었다. 그 중에서도 양채(漾彩) 급 이상의 배를 끄는 데 9천여 명이 동원되었는데, 그들을 전각(殿脚)이라 불렀으며, 그들 모두에게는 몸에 채색 비단으로 만든 웃옷을 입히었다.

그리고 또 12위(衛)의 사병(士兵)들이 타고 또 병기와 장막 등을 싣는 데에 평승(平乘), 청룡(青龍), 몽동(艨艟), 팔도(八棹), 정가(艇舸) 등 수천 척의 배가 이용되었다. 이 배들은 사병들이 직접 끌었다.

배가 이처럼 많아서 뱃머리와 꼬리가 서로 이어지기를 2백여 리. 배의 등불 빛이 강과 육지를 환히 밝혔으며, 말을 탄 병사들이 운하 양변에서 행진해 가며 호위하였고, 각 부대를 상징하는 정기(旌旗)들이 들판을 뒤덮었다.

이들의 대오(隊伍)가 지나가는 주(州) · 현(縣)에서는 그 5백 리 안팎에 명령하여 음식물을 바치도록 하였다. 많게는 한 주(州)에서 모두 수륙의 진미들로만 차려진 음식물을 수레 1백 대에 가득 실어 바쳐야만 했다. 후궁들까지 기름지게 먹었으며, 출발할 때에는 남은 음식물들을 내다버려 묻게 하였다.

606년 가을 7월 8일, 백관(百官)들을 고과(考課)에 따라 승급시키지 않고 반드시 덕행과 공로와 능력이 뛰어난 자만 승진시키도록 하는 제도를 도입하였다. 양제는 지위와 직책을 주는 데 인색하여 군신들 중에 응당 승진시켜야 할 자라도 그 자리에서 겸직하도록 하고, 궐원(闕員)이 생겨도 그 자리를 비워두고 임명을 보류하였다.

이때 우홍(牛弘)이 이부상서(吏部尙書)로 있었으나, 그 직무를 전적으로 수행하지 못하고 납언(納言) 소위(蘇威), 좌익위(左翊衛) 대장군 우문술, 좌효위(左驍衛) 대장군 장근(張瑾), 내사시랑(內史侍郞) 우세기(虞世基), 어사대부(御使大夫) 배온(裴蘊), 황문시랑(黃門侍郞) 배구(裴矩) 등이 관리를 뽑는 일에 같이 참여하여 결정하였으므로, 당시 사람들은 이들을 〈관리를 뽑는 7명의 귀인(選曹七貴)〉이라 불렀다. 그러나 비록 7인이 같이 관리 인선에 참여하였지만 우세기 혼자서 전권을 행사하였는데, 뇌물을 많이 바치는 자는 등급을 초월하여 승진시켜 주고 뇌물을 바치지 않는 자는 승진 대상자 명단에만 올려주었다.

원덕태자(元德太子: 양제의 아들) 양소(楊昭)가 장안으로부터 와서 양제를 배알하였다.

수개월 후 돌아가기 전에 그는 좀 더 머물러 있을 수 있도록 허락해 달라고 애걸하였으나 양제는 허락하지 않았다. 양소는 수도 없이 여러 번 꿇어 엎드려 청하였는데, 그는 평소 몸이 몹시 뚱뚱하였으므로, 이 때문에 병을 얻어 7월 22일에 죽었다.

양제는 몇 차례 곡(哭)을 하고는 그만두고 얼마 지나지 않아 다시 무희와 노래하는 기녀들을 데리고 즐겁게 마시고 놀기를 평상시처럼 하였다.

(* 『고이(考異)』란 책에서는 말했다.

"잡기(雜記)란 책에서 말하기를, 〈처음 태자가 병에 걸린 것은, 당시 태자가 양소(楊素)와 함께 연회에 참석하였는데, 당시 황제(煬帝)는 이미 양소를 몹시 미워하고 있었으므로, 술잔 두 개를 들어서 양소와 태자에게 전해 주라고 하였다.

그런데 술잔을 전해주는 자가 그 중 하나는 약주(藥酒: 독주)인 줄 모르고 양소에게 줄 술잔을 잘못하여 태자에게 전해주었다. 태자가 그것을 마시고 3일 후에 독이 퍼져 2되나 하혈(下血)하였다.

궁인은, 양소는 평상시와 다름없다는 말을 듣고, 비로소 태자가 독주를 잘못 마신 것을 알게 되었으나, 이는 극비 사항이어서 감히 말을 할 수 없었다.

태자가 이를 알고 나서 탄식하여 말했다. '양소를 대신하여 죽을 줄 어찌 생각이나 했겠는가? 이는 다 운명이다!" 그리고 며칠 후에 죽었다. 후에 양소 역시 독살을 당하였다.〉-〈자치통감〉 주에서)

초경무공(楚景武公) 양소(楊素)는 비록 큰 공로가 있었지만 양제는 그를 시기하고 미워하여, 밖으로는 그를 특수하게 예우해 주었지만 실제로는 양소에게 매우 각박하게 대하였다.

태사(太史)가 "(천문을 보니) 수(隋)가 속해 있는 분야(分野)에 장차 큰 상사(喪事)가 있을 것입니다."라고 하였다. 양제는 양소를 초공(楚公)으로 옮겨 임명하였다. 그러나 실제의 의도는 초(楚)와 수(隋)는 (천문과 지리에 있어서) 같은 분야에 속하므로, 그를 그곳으로 옮김으로써 요사스런 기운을 진압하려는 것이었다.

양소가 병이 들어 눕자 양제는 매번 명의(名醫)를 보내어 치료해주게 하고 좋은 약을 하사해 주었으나, 은밀히 의사에게 그 증세를 물어보면서 항상 그가 죽지 않을까봐 염려하였다.

양소 또한 자기의 관작과 지위가 이미 극점(極點)에 이른 것을 스스로 알고 있었기 때문에 약을 먹으려 하지 않았고, 몸조리에도 신경을 쓰지도 않으면서, 자기 동생 양약(楊約)에게 말했다.

"내가 어찌 다시 살기를 바라겠느냐!"

23일, 양소가 죽자 그에게 태위공(太尉公)이란 관작과 홍농(弘農) 등 10개 군의 태수(太守)란 관작을 추증(追贈)하고, 그의 장례를 극히 성대하게 치러 주었다.

(5) 수 양제의 욕심과 고구려 침공 준비

607년(大業 3년) 봄 1월 1일, 예의(禮儀), 예기(藝技) 등 온갖 문물(文物)들을 대규모로 벌려놓고 시연(施演)하였다. 이때 돌궐의 추장 계민(啓民)이 입조(入朝)하여 그것을 구경하고는 매우 부러워하면서 수 황실의 조복(朝服)과 관대(冠帶) 등 복식을 자신도 사용할 수 있게 해달라고 청하였으나, 양제는 허락하지 않았다. 그 다음날 계민은 자기 부하들까지 인솔하고 들어와서 간절히 청하였으므로, 양제는 매우 기뻐하면서 우홍(牛弘) 등에게 말했다.

"지금 의관 등을 많이 준비해 놓았으니, 선우(單于: 可汗. 즉 啓民을 가리킴)에게 보내주어 조복을 바꿔 입게 하고 변발(辮髮)을 풀어버리도록 하라. 이는 모두 경(卿)들의 공이다!"

그리고는 그들에게 비단 등을 후하게 하사하였다.

607년(大業 3년) 겨울 10월, 서역의 여러 호인(胡人)들은 장액(張掖)에 와서 교역을 하였다. 황제는 이부시랑(吏部侍郎) 배구(裴矩)로 하여금 그곳 일을 관장하게 하였다.

배구는 황제가 원정(遠征)을 하고 싶어 하는 것을 알고 물건을 교역하러 오는 호인들에게 물어서 여러 나라의 산천(山川: 지리)과 풍속, 그곳의 왕들과 일반 백성들의 풍속과 복식, 의식 등을 조사하여 〈서역도기(西域圖記)〉 3권을 썼는데, 모두 수나라를 찾아와서 양제를 조견(朝見)한 44개 나라가 소개되었다.

그리고 별도로 서역지도를 만들어 서역의 중요한 군사 요충지를 모두 표시하였는데, 서경산(西傾山)에서부터 시작하여 종횡으로 2만 리에 걸친 지역을 표시하였다. 돈황(敦煌)에서 출발하여 서해(西海: 터키 서쪽 바다)에 이르는 길 세 개를 표시하였는데, 북쪽 길은 이오(伊吾: 伊州)에서 출발하고, 중간 길은 고창(高昌: 西州)에서 출발하고, 남쪽 길은 선선(鄯善: 納縛波)에서 출발하여 모두 돈황에서 모이는 것으로 되어 있었다.

배구가 말하였다.

"우리나라의 위엄과 덕망으로 보나, 장사들의 용맹함으로 보나, 몽사(濛汜: 濛谷의 물)를 건너고 곤륜산(崑崙山)을 넘어가는 것은 손바닥을 뒤집는 것처럼 쉬운 일입니다. 다만 돌궐(突厥)과 토욕혼(吐谷渾)이 각각 강족(羌族)과 호족(胡族)의 나라들을 나누어 다스리고 있기에 그들 때문에 중간에서 막히어 조공하러 오지 못하는 실정입니다.

지금 저들은 상인들을 통하여 많은 성의를 비밀리에 보내주면서 우리 수(隋)의 신첩(臣妾) 되기를 목을 길게 늘이고 바라고 있습니다.

만약 저들의 항복을 받아들인 후 그곳을 점령하고 잘 위무해 준다면, 조정에서는 병력을 파견할 필요 없이 사자(使者)만 파견해도 됩니다. 여러 호인들이 이미 우리를 따른다면 토욕혼과 돌궐을 멸망시킬 수 있습니다. 오랑캐와 중국을 하나로 만드는 일은 이 한 가지에 달려 있습니다."

이 말을 듣고 수 양제는 크게 기뻐하면서 비단 5백 필을 하사하고 날마다 배구를 어좌(御座) 옆으로 불러다 앉혀 놓고 직접 서역의 사정들을 물었다. 배구는 과장하여 말했다.

"서역에는 진기한 보물들이 많습니다. 토욕혼은 어렵지 않게 병탄할 수 있습니다."

배구의 말을 들은 황제는 감개에 젖어 서역을 정벌한 적이 있는 진 시황(秦始皇)과 한 무제(漢武帝)의 공적을 흠모하면서 진심으로 서역으로 통하는 길을 개척하고 싶어하였으며, 사방의 오랑캐를 처리하는 일은 모두 배구에게 맡기었다.

그리고 배구를 황문시랑(黃門侍郎)으로 임명하여 다시 장액(張掖)으로 보내어 여러 호인(胡人)들을 불러오게 하고, 그들을 이(利)로써 유인하여 수에 들어와 조공을 바치게 하였다.

이로부터 서역 호인들의 왕래가 끊이지 않았으며, 그들이 지나가는 군(郡)·현(縣)에서는 그들을 초대하여 영접하고 환송하느라 지치고 억만 금의 재정이 소모되었으므로, 결국 이 일로 중국이 피폐해져 망하기에 이르렀는데, 이는 모두 배구가 주창한 것이다.

이때 철륵(鐵勒) 부족 사람들이 변경을 침범하였으므로 황제는 장군 풍효자(馮孝慈)에게 군사들을 이끌고 돈황으로 가서 그들을 치게 하였으나 형세가 불리하였다. 그러나 얼마 후 철륵 사람들이 사자를 보내어 사죄하면서 항복하기를 청해 왔으므로, 양제는 배구를 보내어 그들을 위무하게 하였다.

609년(大業 5년) 2월 11일, 1월에 동도(東都: 東京)에서 출발한 양제의 어가(御駕)가 서경(西京)에 도착하였다.

3월 2일에 양제는 서쪽으로 순유(巡遊)를 나가서 하우(河右)를 구경하고, 8일에는 부풍군(扶風郡)의 양가(楊家) 구택(舊宅)을 방문하였다.

4월 27일, 임진관(臨津關)으로 나가서 황하를 건너 서평(西平)에 이르렀다. 이곳에서 군대를 벌려 세우고 전투 훈련을 하여 토욕혼(吐谷渾)을 치려고 하였다.

5월 9일, 발연산(拔延山)에서 대규모 위렵(圍獵: 많은 사람들이 담장처럼 둘러싸서 짐승을 몰아넣고 그 안에서 하는 사냥. 포위 사냥-편역자)을 거행하였는데, 그 둘러선 길이가 무려 20리나 되었다.

14일에는 장녕곡(長寧谷)으로 들어가서 성령(星嶺: 마치 별이 손에 잡힐 듯이 높은 재란 뜻이다-편역자)을 넘어 20일에는 호미천(浩亹川)에 이르렀다. 내를 건널 다리가 미처 완성되지 못하였으므로 양제는 도수사자(都水使者) 황긍(黃亘)과 공사 감독 9명의 목을 베었다. 수일 후 다리가 완성되자 계속 앞으로 나아갔다.

토욕혼의 추장 복윤(伏允)이 무리를 거느리고 복원천(覆袁川)을 지키고 있었으므로, 양제는 각각 따로 명령을 내려서, 내사(內史) 원수(元壽)에게는 남쪽의 금산(金山)에 진을 치게 하고, 병부상서 단문진(段文振)에게는 북쪽 설산(雪山)에 진을 치게 하고, 태복경(太僕卿) 양의신(楊義臣)에게는 동쪽의 비파협(琵琶峽)에 진을 치게 하고, 장군 장수(張壽)에게는 서쪽의 니령(泥嶺)에 진을 치게 하여 사면으로 그를 포위하였다.

그러자 복윤은 수십 기의 기병을 거느리고 도망을 가면서, 한 명의 부하 왕(王)에게 명하여, 자기가 복윤(伏允)이라고 거짓말을 하고 차아진산(車我眞山)을 지키고 있으라고 하였다.

5월 26일, 양제는 명령을 내려서 우둔위(右屯衛) 대장군 장정화(張定和)로 하여금 나가서 그를 사로잡으라고 하였다. 장정화가 저들의 숫자가 적음을 가벼이 보고 갑옷도 입지 않고 앞장서서 산으로 올라가자, 토욕혼의 복병들이 그를 쏘아 죽였다. 장정화의 부장 유무건(柳武建)이 군사를 거느리고 진격해서 그들을 깨뜨렸다.

5월 28일, 토욕혼의 선두왕(仙頭王)은 달아날 길이 없자 남녀 십여만 명의 무리를 이끌고 투항해 왔다.

6월 2일, 양제는 좌광록대부 양묵(梁黙) 등을 파견하여 복윤(伏允)을 추격, 토벌하도록 하였으나, 그의 군사들은 도리어 그들에게 패하고 그는 복윤에게 살해당하였다. 위위경(衛尉卿) 유권(劉權)이 군사를 거느리고 이오도(伊吾道)로 나가서 토욕혼을 공격하면서 청해(靑海)에 이르러 1천여 명을 생포하였다. 그리고 이긴 기세를 타고 추격하여 복사성(伏俟城: 토욕혼의 수도)까지 이르렀다.

6월 6일, 양제가 급사랑(給事郞) 채징(蔡徵)을 보고 말했다.

"옛날부터 천자(天子)에게는 순수(巡狩)의 예(禮)가 있었는데도 강동(江東) 남조(南朝)의 여러 황제들은 예쁘게 분칠한 여자들만 사랑하고 궁궐 깊숙이 처박혀 있으면서 백성들을 만나지 않았는데, 그 이유가 무엇인가?"

그가 대답하였다.

"그것이 바로 그들 왕조가 오래 지속될 수 없었던 이유입니다."

6월 11일, 양제가 장액(張掖)에 도착하였다.

양제는 장차 서쪽으로 순유를 떠나려 하면서 배구(裴矩)에게 명하여 고창국(高昌國)의 왕 국백아(麴伯雅)와 이오(伊吾)의 토둔설(吐屯設) 등을 큰 이익으로 유인하여 그들로 하여금 사자를 파견하여 입조(入朝)하도록 하라고 하였다.

6월 17일, 양제가 연지산(燕支山)에 도착하니 국백아, 토둔설 등과 서역(西域) 27개 국의 국왕과 사자들이 도로 동편에 늘어서서 양제를 배견(拜見)하였다. 그들은 모두 금과 옥(玉)을 차고 비단 옷을 입고 향을 불사르고 음악을 연주하고 노래를 부르고 떠들썩하게 춤을 추라는 명령을 받았다.

양제는 다시 명령을 내려, 무위(武威)와 장액(張掖)의 여인들로 하여금 성대하게 차려 입고 마음껏 놀고 구경하게 하였으며, 의복과 거마(車馬)가 깨끗하지 못한 자들은 군현(郡縣)에서 책임지고 거두어 새것으로 바꿔주라고 하였다. 모든 길들이 거가(車駕)와 말들로 가득 메워져 그 주위가 무려 수십 리나 됨으로써 중국의 강성함을 한껏 과시하였다.

토둔설이 서역의 땅 수천 리를 헌납하자, 양제는 크게 기뻐하였다.

6월 18일, 그 지역에 서해(西海), 하원(河源), 선선(鄯善), 차말(且末) 등의 군(郡)을 설치하고, 천하의 죄인들을 그곳으로 귀양 보내어 수졸

(戍卒)로서 그곳을 지키도록 하였다. 양제는 유권(劉權)에게 명하여 하원군(河源郡) 적석진(積石鎭)을 지키게 하고, 둔전(屯田)을 열어 토욕혼의 침략을 방어하고 서역(西域)으로 가는 길을 보호하도록 하였다.

이때 전국적으로 모두 190개의 군(郡)과 1,255개의 현(縣)이 있었으며, 호수(戶數)는 890여만 호나 되었다. 국토는 동서로는 9,300 리였고, 남북으로는 14,815리나 되었다. 수(隋)나라의 강성함은 이때에 이르러 극에 달하였다.

양제는 배구(裴矩)가 변방의 이족(異族)들을 안무하고 회유하는 도략(韜略)이 있다고 해서 그를 은청광록대부(銀靑光祿大夫)로 승진시켜 주었다.

서경(西京)의 여러 현(縣)과 서북의 여러 군(郡)으로부터 새외(塞外)로 물자들을 운반해 갔는데, 거기에 소모되는 것만 해도 해마다 수억만이나 되었으며, 거쳐 가는 길이 험하고 먼데다 또 도적들의 습격까지 받아, 물자를 운반하던 사람과 말들이 죽어서 목적지에 도달하지 못하면, 군이나 현에서는 다시 징발하기 때문에 그 가정은 파탄되었다. 이로 인하여 백성들은 생계를 잃었는데, 서방 지역이 먼저 빈곤에 시달리게 되었다.

겨울 11월 13일, 양제는 다시 동도(東都: 낙양)로 돌아왔다.

610년(大業 6년) 1월, 양제는 각 번(藩)의 추장들을 모두 낙양(洛陽)으로 불러 모아서 15일에 단문가(端門街)에서 온갖 가지 놀이 공연을 성대하게 거행하였다. 그 공연장의 주위는 무려 5천 보(步)나 되었으며, 음악 연주자들의 수만도 무려 1만8천 명이나 되었는데, 그 음악 소리는 수십 리 밖까지 들렸으며, 해가 질 무렵에 시작하여 아침까지

휘황찬란한 등불 빛이 천지를 비추었다. 그 달 말에 가서야 끝났는데, 이를 위해서 들어간 비용만도 억만 금이나 되었다. 이 행사는 해마다 거행되었다.

각 번(藩)의 추장들은 풍도(豊都)의 저자에 가서 교역을 할 수 있게 해달라고 청하였는데, 양제는 이를 허락해 주었다.

이에 앞서 양제는 명령을 내려 모든 점포들을 수리하고 장식하도록 하여 모든 점포들의 처마 모양과 정면의 모습들이 하나같이 통일되게 하였으며, 점포 안에 휘장을 설치하고 진열대 위에는 온갖 진귀한 물건들을 가득 진열하게 하고 상인들은 화려한 옷을 입고 있도록 하였는데, 심지어 야채 가게까지 용수석(龍須席: 용수초로 짠 값비싼 돗자리)을 바닥에 깔아 놓도록 하였다.

호인(胡人) 손님들이 지나가는 술집이나 음식점의 주인들은 반드시 그들을 안으로 청해 들여 그들에게 실컷 먹고 마시게 한 후 그 값은 받지 못하도록 하고, 그 대신 그들에게 "중국은 부유하기 때문에 술값이나 음식 값은 받지 않는다"고 허풍을 떨도록 지시하였다. 호인들은 모두 놀라고 감탄하였다.

그들 중에서 총명한 사람들은 눈치를 채고 또 나무까지 비단으로 칭칭 동여매어 놓은 것을 보고 물었다.

"중국에도 입을 옷이 없어서 몸을 가리지 못하는 가난한 사람들이 많이 있는데, 저 비단들을 그들에게 주어서 옷을 해 입게 하지 않고 나무에 동여매 놓는 이유가 무엇이오?"

시장 사람들은 부끄러워서 아무런 대답도 할 수 없었다.

양제는 배구가 유능하다고 칭찬하고 여러 신하들에게 말했다.

"배구는 짐의 뜻을 익히 알고 있기 때문에, 그가 말하거나 보고하는 일들은 모두 짐 또한 이미 많이 생각은 해왔으나 미처 말을 하지 않은 것들로서, 그것을 배구는 짐에게 말하여 듣게 하는 것이다. 이것은 나라를 위하여 마음을 다하지 않고서는 불가능한 일인데, 그 말고 누가 또 이렇게 할 수 있겠는가!"

이때 배구와 우익위(右翊衛) 대장군 우문술, 내사시랑(內史侍郎) 우세기(虞世基), 어사대부(御史大夫) 배온(裴蘊), 광록대부(光祿大夫) 곽연(郭衍) 등은 모두 양제에게 아첨하고 봉승(奉承: 윗사람의 기분을 맞추면서 나쁜 길로 인도하는 것-편역자)함으로써 총애를 받고 있었다. 우문술은 양제를 잘 모시어 그의 일거일동은 모두 아첨하고 봉승하는 것이었으므로, 양제를 모시는 사람들은 모두 그를 본받았다. 곽연은 일찍이 양제에게 5일에 한 번씩만 조회에 참석하도록 권하면서 말했다.

"부황(父皇: 文帝)을 본받지 마십시오. 공연히 스스로 열심히 고생할 필요가 어디 있습니까!"

양제는 더욱 그를 충신으로 생각하고 말했다.

"짐의 마음과 같은 것은 단지 곽연뿐이구나!"

610년 겨울 12월, 양제는 칙명을 내려서, 경구(京口: 洛陽)에서 시작하여 여항(餘杭: 지금의 浙江省 杭州市)까지 8백여 리의 길이에다 폭이 10여 장(丈)이나 되는 운하 강남하(江南河)를 파서 용주(龍舟)가 통행할 수 있도록 하게 하였다. 그리고 중간에 역궁(驛宮)을 세우고 임시 휴식처를 만들어서 동쪽으로 회계(會稽)까지 놀러가고 싶어 하였다.

「○전에 양제가 돌궐의 극한(可汗: 추장) 계민(啓民)의 장막에 갔을 때, 마침 고구려의 사신이 계민의 장막 안에 와 있었다. 계민이 양제를 감히 속일 수가 없어서 그와 함께 양제를 뵙고 절하였다.

이때 황문시랑 배구(裴矩)가 양제에게 말하였다.

"고구려는 원래 서주(西周) 때 기자(箕子)를 봉한 땅이었으며, 한(漢)·진(晋) 때에는 모두 중국의 군(郡)·현(縣)이었습니다. 그러나 지금에 와서는 신하로서 자칭하지 않고 한 개 독립국이 되어 있습니다.

선제(先帝)께서는 오래 전부터 고구려를 치고자 하여 한왕(漢王) 량(楊諒)을 행군원수(行軍元帥)로 삼아 군사를 이끌고 가서 치게 하였으나(*서기 598년의 일이다.-편역자), 그가 무능해서 성공하지 못했습니다.

지금은 폐하께서 천하에 군림하고 계시는 때인데, 어찌 그곳을 내버려 둠으로써 문명과 예의가 있던 지역이 오랑캐의 땅이 되도록 방치해둘 수 있습니까. 오늘 고구려의 사신은 자기 눈으로 돌궐의 극한(可汗) 계민이 자기 나라를 중국에 바치고 귀화한 것을 직접 보았으므로 폐하의 위엄을 두려워할 것입니다. 이 기회를 이용하여, 그를 위협하여 고구려로 하여금 찾아와서 인사를 올리도록 하는 것이 좋겠습니다."

양제는 그의 말을 따랐다. 그리고 우홍(牛弘)에게 황제의 조서를 고구려 사신에게 읽어주라고 지시하였다.

"짐은 계민(啓民)이 성심으로 나라를 받들기 때문에 몸소 계민의 장막에 찾아온 것이며, 내년에는 탁군(涿郡)으로 갈 것이다. 너는 돌아가는 날로 고구려왕에게, 마땅히 일찍 찾아와서 나에게 인사하고, 스스로 의심을 품거나 두려워하지 말라고 하라.

그렇게 한다면 내가 너의 왕을 보호해주고 길러주기를 계민에게 한 것처럼 하겠지만, 만일 찾아와서 인사하지 않는다면 계민의 군사들을 거느리고 가서 너희 지역을 순행할 것이다(*치겠다는 뜻이다.-편역자)."

고구려왕 고원(高元)은 두려워하였으나 번방(藩邦)으로서의 예절은 자못 소홀히 하였다.」

그래서 양제는 고구려를 치려고 결심하고 전국의 부자들에게 전마(戰馬)를 사들이도록 명하였다. 그 결과 말 한 필의 값이 10만 전(錢)까지 치솟았다. 사람을 시켜서 병기와 의장들을 골라서 검열하도록 하였는데, 병기들은 반드시 정밀하고 새로운 것으로 마련하라고 하였다. 혹 무기를 엉성하고 질이 낮게 만드는 자를 발견하면, 검사관이 그 자리에서 목을 베어버렸다.

611년(大業 7년) 2월 3일, 양제는 조대(釣臺)에 올라 양자진(楊子津)가에서 백관들에게 대 연회를 베풀었다.

2월 19일, 양제는 강도(江都: 지금의 江蘇省 揚州市)에서부터 순유(巡遊)하여 탁군(涿郡: 지금의 북경시)에 이르러 그곳에서 용주(龍舟)에 올라앉아 황하를 건너 운하 영제거(永濟渠)로 들어갔다. 그리고 칙명을 내려 선부(選部), 문하(門下), 내사(內史), 어사(御史) 4개 부문의 관원들을 배 앞에서 신청접수를 받아서 뽑도록 하였다. 그 뽑힌 자들이 3천여 명이나 되었는데, 어떤 자들은 그곳에서부터 도보로 배를 따라 3천여 리나 걸어가면서도 자리를 얻지 못하여 추위에 떨고 굶주리고 지쳐서 죽은 자들이 열 명 중에 한둘은 되었다.

2월 26일, 양제는 조서(詔書)를 내려 고구려를 치도록 하고, 유주

(幽州) 총관 원홍사(元弘嗣)에게 동래(東萊: 지금의 山東省 掖縣 烟臺)의 바다 어귀로 가서 배 3백 척을 만들도록 하였다. 관리들이 배 만드는 일을 독촉하였으므로 조선 기능공들과 인부들은 밤낮으로 물 속에 서서 일하고 잠시도 쉴 수 없었으므로 그들의 허리 밑에는 모두 구더기가 생겼다. 이때 지치고 병이 들어 열 명 중에 서너 명은 죽었다.

4월 15일, 양제의 수레가 탁군(涿郡)의 임삭궁(臨朔宮)에 이르렀는데, 따르는 수레의 문무 관원들은 모두 9품 이상으로서 그들에게는 집을 주어 편히 지낼 수 있도록 하라고 하였다.

이에 앞서 양제는 명령을 내려 천하의 병졸들을 징발하여 원근(遠近)을 불문하고 모두 탁군으로 집결시키도록 하였다. 그리고 장강(長江)과 회강(淮江) 이남의 수군 1만 명과 노수(弩手) 3만 명, 영남(嶺南)의 창수(槍手) 3만 명을 징발하였다. 이리하여 사방에서 징발당한 병졸들이 쉬지 않고 흐르는 강물처럼 탁군으로 흘러 들어왔다.

5월, 하남(河南), 회남(淮南), 강남(江南) 등지에 명령을 내려 전차 5만 대를 만들어 고양(高陽: 지금의 河北省에 속함)으로 보내어 의복, 갑옷과 무기, 장막 등을 싣는 데 사용하도록 하였다. 사병들에게는 자신의 수레를 직접 끌고 가도록 하였으며, 하남과 하북(河北)의 인부들을 징발하여 군대의 수요에 쓰도록 하였다.

가을 7월, 장강과 회강 이남의 인부들과 배들을 징발하여 여양(黎陽: 지금의 河南省 浚縣 서남)과 낙구(洛口: 지금의 河南省 鞏縣 동남)의 각 창고에 있는 양곡을 탁군으로 운반하도록 하였는데, 양곡을 운반하는 배들의 선수(船首)와 선미(船尾)가 천여 리에 걸쳐 서로 연달았으며, 병기와 갑옷과 공성(攻城) 무기들을 운반하기 위해 도로 위를 왕래하는 사람들의 수가 항상 수십만 명에 달하여 도로 위는 붐볐고, 그 흐름은 밤낮으로 멈추지 않았다. 병들거나 지친 사람들은 서로 베고 누워서 죽어갔고, 도처에서 시체 썩는 냄새가 진동하였다. 고구려를 치는 일로 천하가 시끄럽게 소란을 벌이고 불안해하였다.

산동(山東)과 하남 지방에 큰 비가 내려, 30여 군(郡)이 침몰되었다.

겨울 10월 3일, 황하 물 가운데 있는 기둥 모양의 바위(底柱)가 무너져 황화의 물길을 막아 강물이 수십 리나 역류하였다.

12월 8일, 양제는 지난해부터 고구려를 정벌할 계획을 세웠는데, 조서를 내려 산동(山東)에 관아(府)를 설치하게 하고, 전마를 길러서 군대에 공급하도록 하였다. 그리고 인부들을 징발하여 군량을 운반하여 로하(瀘河)와 회원(懷遠) 두 진(鎭)에 비축해 놓도록 하였다. 군량을 운반하던 소는 살아서 돌아가는 일이 없었고, 이 일에 동원된 사졸(士卒)들도 반 정도는 죽어갔다. 농사시기를 놓쳐서 논밭은 황폐해졌고, 게다가 기근까지 들어서 곡식 값은 폭등하였는데, 특히 동북(東北)의 변경지방이 심하여 그곳에서는 쌀 한 말의 값이 수백 전(錢)이나 되었다. 운반해온 쌀의 품질이 매우 조악(粗惡)하자 백성들에게 그 쌀을 도로 사게 하고 그 돈으로 손실을 보상하도록 강제하였다.

양제는 또 작은 수레를 운반할 인부 60만여 만 명을 징발하여 인부 둘이서 양곡 3섬을 운반하게 하였는데, 양곡을 운반할 도로 사정이 매우 험한데다가 또 멀었으므로, 이 3섬의 양곡은 이들 인부들이 오가는 길 위에서 먹을 양식으로도 부족하였으므로, 로하와 회원 두 진에 도착했을 즈음에는 이미 운반할 양곡조차 없어져 버렸다. 그래서 인부들은 죄를 받게 될 것이 두려워서 도망치고 말았다.

이런데다가 탐욕스럽고 포학한 관리들은 이 기회를 이용하여 백성들을 더욱 착취하여 못살게 하였으므로 백성들의 삶은 극도로 곤궁해졌고 재력은 완전히 고갈되어 버렸다. 백성들은 주어진 팔자에 만족하고 분수를 지키고 있다가는 굶어죽고 얼어 죽을 수밖에 없는 처지로 내몰렸다. 그러나 남의 것이라도 빼앗고 훔친다면 그래도 살아갈 길이 있다고 생각하는 백성들은 무리를 지어 일을 벌이는 도적들로 변해 갔다.

〈도적 떼의 봉기〉

추평(鄒平)의 평민 왕박(王薄)은 무리들을 거느리고 장백산(長白山: 지금의 山東省 鄒平縣 서남에 있는 會仙山)을 거점으로 삼고 제군(齊郡), 제북군(濟北郡) 부근 지역을 약탈하면서 스스로 지세랑(知世郎: 세상일을 아는 남자란 뜻)이라 칭하면서 자신은 세상일에 대하여 모든 것을 훤히 다 아는 자라고 선전하였다. 그리고 또 〈무향요동랑사가(無向遼東浪死歌: 요동 땅으로 가지 마라, 개죽음 당한다는 내용의 노래 제목)〉를 지어서 세상 사람들에게 가르쳐 주어 퍼뜨리게 하자, 징집을 피하려는 사람들이 많이 그에게 귀부(歸附)하였다.

(*〈無向遼東浪死歌(무향요동랑사가)〉란 노래의 가사 전문은 다음과 같다. -편역자)

장백산 앞의 지세랑씨	長白山前知世郎,
몸에는 붉은 비단 앞뒤로 두르고	身穿紅羅錦背心,
손에 잡은 긴 창 하늘 높이 뻗었고	長矛侵天半,
둥근 칼날은 햇빛에 반짝인다	輪刀耀日光.
산에 들어가서는 사슴 노루 잡아먹고	上山吃獐鹿,
산을 내려와서는 소와 양 잡아 먹네	下山吃牛羊.
갑자기 관군 쳐들어 왔단 말 듣고	忽聞官軍至,
칼 들고 앞을 향해 돌진해 들어간다	提刀向前衝,
요동 땅에 끌려가서 개죽음 당할 바에	譬如遼東死,
여기서 머리 잘린들 손해 볼 게 무엇인가	斬頭何所傷!)

평원군(平原郡) 동쪽에 두자강(豆子鹵+亢)이란 곳이 있는데, 뒤로는 바다를 등지고 강이 둘러싸고 흘러서 지형이 깊고 험하여 북제(北齊)의 고씨(高氏) 왕조 이래 도적 떼들이 그 속에 숨어 살았다.

유패도(劉霸道)란 자가 있어 두자강 옆에 살았는데, 그의 집안은 여러 대에 걸쳐 관리를 지냈으므로 재산도 매우 많았다. 그는 유협(遊俠)들과 사귀기를 좋아하였는데, 유패도의 집에는 항상 식객들이 수백 명이나 있었다. 많은 도적 떼가 일어나자 원근의 수많은 사람들이 그에게로 와서 의탁하였으므로 그는 1십여 만의 무리를 거느리고 스스로를 "아구적(阿舅賊)" 이라 불렀다.

장남(漳南: 지금의 河北省 故城縣 동북) 사람으로 두건덕(竇建德)이란 자가 있었는데, 젊었을 때부터 호협(豪俠)과 의기(義氣)를 숭상하였고 그의 담력(膽力)은 보통 사람들보다 뛰어났으므로, 향리 사람들은 모두 기꺼이 그에게 붙어 의지하고자 하였다.

그때 마침 조정에서는 고구려를 정벌하기 위해 사람들을 불러 모았는데, 두건덕이 용감하다는 이유로 그를 군사 2백 명의 우두머리로 뽑았다. 같은 현(縣)의 손안조(孫安祖) 역시 날쌔고 용감하다는 이유로 정벌군 장사(征士)로 뽑혔는데, 손안조는 집이 홍수에 잠기고 처자들이 굶어죽게 되었다는 이유로 사양하자, 현령은 화를 내고 그를 매질하였다. 그러자 손안조는 현령을 찔러 죽이고는 달아나서 두건덕의 집으로 갔는데, 두건덕은 그를 감추어 주었다. 관군(官軍)이 손안조를 체포하기 위하여 그의 행적을 쫓다가 두건덕의 집에까지 이르렀다.

두건덕이 손안조에게 말했다.

"문제(文帝) 때에는 나라도 부강하고 인구도 많았다. 그래서 그는 1백만 명이나 되는 군사를 징발해서 고구려를 쳤던 것이다. 그런데도 싸움에서 졌는데, 지금은 엄청난 수재를 당하여 백성들은 빈궁하고 게다가 과거에 서쪽으로 토욕혼을 정벌하러 갔던 병사들은 하나도 돌아오지 못했다.

나라의 종기와 상처는 아직 낫지도 않았는데 황제 폐하는 백성들의 기아와 고통은 불쌍히 여기지도 않고 또다시 군사를 동원하여 고구려를 치려고 한다. 천하는 장차 틀림없이 크게 어지러워질 것이다. 대장부라면 죽지 않은 이상 마땅히 큰 공을 세워야 할 것이다. 어찌 일개 도망병으로 계속 살아간단 말인가."

그리고는 의지가지없는 소년 몇 백 명을 불러 모아서 손안조에게 넘겨주고 그들을 이끌고 고계박(高鷄泊: 지금의 河北省 故城縣 서남)으로 들어가서 도적이 되라고 하였다. 그 후 손안조는 스스로 장군(將軍)이라 칭하였다.

당시 유현(鄃縣)에서는 장금칭(張金稱)이란 자가 하곡(河曲)에서 사람들을 모아 도적이 되어 있었고, 수군(蓚郡)에서는 고사달(高士達)이 청하(淸河) 지역에서 사람들을 모아 도적이 되어 있었다.

군현의 관리들은 두건덕이 도적들과 왕래하고 있다고 의심하고 그의 가속(家屬)들을 모두 붙잡아 가서 죽여 버렸다. 두건덕은 부하 2백 명을 데리고 고사달(高士達)에게로 달아났다. 고사달은 스스로 동해공(東海公)이라 부르면서 두건덕을 사병(司兵: 헌병 대장에 해당)으로 임명하였다.

얼마 후 손안조가 장금칭에게 죽임을 당하자 손안조를 따르던 무리들은 모두 두건덕에게 와서 붙었으므로, 그가 거느리는 병력은 1만여 명에 달하였다. 두건덕은 성심과 힘을 다해 사람들을 대하고 일을 처리하고 부하 군사들과 동고동락하였으므로, 이로부터 사람들은 서로 다투어 그에게 찾아와 붙어서 그를 위해 목숨을 바치고 싶어하였다.

이로부터 도적의 무리들이 벌 떼처럼 일어났는데 그 수를 셀 수 없을 정도였다. 따르는 무리가 많은 경우에는 1만여 명에 달하였는데, 이들은 성(城)이나 읍(邑)을 공격하여 함락시켰다.

611년(大業 7년) 12월 13일, 양제는 도위(都尉), 응양랑장(鷹揚郎將) 등에게 명령하여 군 · 현들과 서로 협력하여 도적들을 체포하되, 붙잡히는 족족 죽여 버리라고 하였다. 그럼에도 불구하고 백성들의 조정에 반기를 들고 일어나는 것을 막을 수가 없었다.

3. 수 양제의 제 1차 고구려 침공과 살수대첩

(1) 고구려 정벌의 조작된 명분

612년(大業 8년) 1월. 전국 각지의 군사들이 모두 탁군에 모이자 양제는 합수령(合水令) 유질(庾質)을 불러와서 물었다.

(*유질은 원래 태사령(太史令)으로 있었으나, 그의 아들이 양제의 아들인 제왕(齊王) 간(楊暕)을 섬기면서 양제로부터 부자간에 서로 다른 마음을 가진 것으로 의심을 받아 대업 4년(서기 608)에 합수령(合水令)으로 내침을 당하였다. -편역자)

"고구려의 인구는 우리나라의 1개 군에도 미치지 못한다. 오늘 내가 이렇게 많은 군사들을 거느리고 고구려를 친다면, 우리가 고구려를 쳐서 이길 수 있다고 생각하느냐?"

유질이 대답하였다.

"이길 수 있습니다. 다만 저의 어리석은 생각에는, 폐하께서 친히 출정하시지 않는 것이 좋을 듯합니다."

양제는 안색이 바뀌며 말했다.

"오늘 내가 군대를 이곳에 집결시켜 놓고, 적을 만나기도 전에 어찌 먼저 퇴각을 한단 말인가?"

유질이 대답하였다.

"만약 쳐들어갔으나 승리하지 못한다면 폐하의 위명(威名)에 손상을 입을까 두렵습니다. 폐하께서는 이곳에 머물러 계시면서 전략만을 전달하시고 용맹한 장수들과 힘센 군졸들에게 명령을 내리시어 번개처럼 속히 진격해 들어가서 미처 적이 예기치 못한 곳을 들이치게 한다면 틀림없이 이길 수 있습니다. 군사상의 승패의 기회는 신속(神速)함에 있으므로 지체한다면 성공할 수 없습니다."

양제는 기분이 나빠져서 말했다.

"자네는 이미 진군하기를 겁내고 있는 듯하니, 이곳에 남아 있어도 좋다."

우상방서감사(右尙方署監事) 경순(耿詢)이 상소문을 올려 양제에게 친히 출전하지 말라고 간하자, 양제는 발끈 성을 내며 좌우에 있던 자에게 명령을 내려 경순의 목을 베라고 하였는데, 하조(何稠)가 극력 변호하여 경순은 겨우 죽음을 면하였다.

1월 2일, 양제는 조서를 내려 말했다.

〈○고구려의 하찮은 무리들이 미련하고 공순하지 못하게도 발해와 갈석(碣石) 사이에 모여들어 요동(遼東)과 예맥(濊貊)의 지경을 자주 침범해 왔다.

비록 한(漢), 위(魏) 때에 토벌하여 그 소굴을 한때 허물어 놓았으나, 중국에 병란(兵亂)이 있은 지 여러 해가 되었기에 그 종족들과 무리들이 다시 모여들었다. 지난 세대에 물고기와 새떼처럼 모여들었던 것이 오늘날에 와서는 퍼지고 번식하여 우리 중국 땅을 엿보고 일부를 잘라서 오랑캐의 것으로 만들고 있다.

해가 지나고 세월이 흐를수록 그들의 죄악이 차고 넘쳤는데, 천도(天道)는 악한 자에게 벌을 내리므로 그들이 패망할 징조는 이미 나타나고 있다.

윤리를 어지럽히고 도덕을 손상시키는 일은 이루 측량할 수 없고, 흉측한 행위를 숨기고 간사한 뜻을 품은 것은 오히려 날이 부족할 지경이다. 조칙으로 타이르는 엄한 명령을 한 번도 직접 받든 일이 없었고, 직접 나를 찾아와서 알현하는 예도 행하지 않았다. 도망간 역도들을 꾀어 들이기에 한이 없었고, 변경에 떼를 지어 모여듦으로써 우리의 봉수군(烽燧軍)을 자주 괴롭게 하였다. 이로 말미암아 치안이 안정되지 못하였고, 백성들은 생업을 폐하게 되었다.

지난날 어설프게 토벌하였기 때문에 하늘의 처벌을 빠져 나갔으며, 앞서 사로잡은 자들을 죽이지 않고 놓아주었고, 뒤에 항복한 자들도 처단하지 않았건만, 고구려는 일찍이 우리의 관대한 은혜에 보답하려는 생각을 하지 않고 도리어 죄악이 자라나서 거란(契丹)의 도당들과 함께 바닷가를 지키던 수비병들을 죽였으며, 말갈(靺鞨)의 군사를 이용하여 요서(遼西)를 침략하였다.

또한 청구(靑丘: 신라와 백제)의 나라들이 모두 조공을 바치며 사해의 변두리까지 모든 나라들이 정삭(正朔: 正은 1월, 朔은 1일이란 뜻으로, 달력을 말한다.-편역자)을 받들고 있으나, 고구려는 끝내는 저들의 조공하는 물품들을 탈취하고, 사신들이 오가는 길을 가로막아 죄 없는 자를 학대하고, 성실한 자에게 화를 입혔다.

천자의 사신이 탄 수레는 바다 동쪽까지 갈 수 있어야 하고, 칙사의 행차는 속국의 경계를 넘나들면서 머물거나 지나가게 마련이다. 그런데도 고구려는 길을 차단하고 우리의 사신들을 거절하였으니, 이는 상국(上國)을 섬길 마음이 없기 때문이다. 그러니 이 어찌 신하된 자의 도리라 할 수 있겠느냐? 이런 것까지 참고 봐준다면 무엇인들 못 봐주겠느냐.

그리고 고구려는 법령이 가혹하고 세금이 과중하며, 권세를 가진 대신들과 호족들이 나라의 정권을 잡고 저희들끼리 당파를 지어 결탁하는 것이 풍속으로 되어 있다. 뇌물로 주고받는 재화가 저자를 이루고 있고 아래 백성들은 억울하게 죄를 받더라도 호소할 곳이 없다.

게다가 해마다 재변과 흉년이 연이어 집집마다 굶주리며, 전쟁은 그치지 않고, 요역(遙役)은 정해진 기한이 없으며, 사람들은 물자를 나르느라 지쳐서 개천이나 구렁텅이에 떨어져서 죽어간다.

백성들이 근심하고 고통스러워하고 있으니 그 누구에게 의지할 것인가? 고구려의 온 나라 안은 슬픔과 공포에 잠겨 있고 온갖 폐단에 견디지 못하고 있다. 머리를 돌려 고구려 경내를 살펴보면, 백성들은 제각기 생명이나 보존하기를 생각하며, 늙은이와 어린아이들까지도 나라의 정사가 너무 혹독한 것을 한탄하고 있다.

(*앞에서 이미 수나라의 실정을 보았듯이, 수 양제의 이런 말들이야말로 바로 고구려가 아니라 수나라 자신의 실정이었던 것이다.)

나는 궁벽하고 멀리 떨어진 곳까지 그 실정을 살펴보아 백성들을 위로하고 죄 있는 자의 죄를 물음으로써 두 번 걸음을 하지 않을 것이다. 여기서 나는 나의 군사들을 거느리고 정벌을 함에 있어서 9가지 규범을 밝힌다.

위급한 자를 구원하여 하늘의 뜻을 따르고, 배반한 역적을 무찔러서 선조(先祖)의 뜻을 올바로 계승할 것이다.

이제 마땅히 군율에 따라 행군을 개시하여 대오를 나누어 목적지로 향해 갈 것이다.

발해(渤海)를 뒤덮어 천둥처럼 진동시키고, 부여(扶餘)를 경유하여 번개처럼 소탕할 것이다.

병기를 정돈하여 장병들이 서로 맹세한 다음에 떠날 것이며, 재삼 신칙하고 당부하여 승리를 확실히 해놓은 다음에 싸울 것이다.〉

(*조서의 이 부분은 〈수서(隋書)〉에만 있고, 자치통감에는 생략되어 있다.)

「○좌군(左軍) 12부대는 누방(鏤方), 장잠(長岑), 명해(溟海), 개마(蓋馬), 건안(建安), 남소(南蘇), 요동(遼東), 현토(玄菟), 부여(扶餘), 조선(朝鮮), 옥저(沃沮), 낙랑(樂浪) 등 방면으로 진군하라.

우군(右軍) 12부대는 점선(粘蟬), 함자(含資), 혼미(渾彌), 임둔(臨屯), 후성(候城), 제해(提奚), 답돈(蹋頓), 숙신(肅愼), 갈석(碣石), 동이(東䧢), 대방(帶方), 양평(襄平) 등 방면으로 진군하되, 인마(人馬)가 길 위에서 끊어지지 않게 하여 평양에서 총집결토록 하라!"

군사의 총수는 1백13만 3천8백 명이었는데, 부르기로는 2백만 명이라 하였고, 군량과 군수물자의 수송을 맡은 자들의 수는 이보다 2배나 되었다.

그리고 양제는 남쪽 상간수(桑干水) 위에서 토지신에게 제사를 지내고, 임삭궁(臨朔宮)의 남쪽에서 하늘에 제사를 지내고, 계성(薊城)의 북쪽에서 하늘의 말(天馬)을 상징하는 별인 방상(房星)에 제사를 지냈다.

그런 다음에 양제는 직접 지휘관들을 임명하였는데, 매 군(軍)에는 대장(大將)과 아장(亞將: 副將) 각각 1명씩 두었다.

기병(騎兵)은 40대(隊)로 이루어졌는데, 각 대는 1백 명이고, 10대가 1단(團)이었다.

보병(步兵)은 전부 80대였는데, 이를 4단(團)으로 나누고, 매 단에는 편장(偏將) 1명씩 두었다. 각 단별로 갑옷, 투구의 끈(纓拂), 깃발의 색깔을 달리하였다.

그리고 수항사(受降使) 1명을 두어 황제의 조서를 받들고 항복해온 적군을 위무하는 책임을 맡겼는데, 그는 대장의 지휘나 통제도 받지 않도록 하였다.

기타 무거운 짐을 나르는 부대, 소속이 일정하지 않은 예비병 부대 등도 4단(團)으로 나누어서 보병들이 길 좌우에서 그들을 호송하게 하였으며, 군대의 전진, 정지 또는 진영 설치가 모두 질서정연하고 군대 예절에 맞게 이루어지게 하였다.

3일에 제1군이 출발하고 이후 매일 1군씩 출발하였는데, 앞뒤로 서로간의 거리는 40리가 되게 하였다. 한 진영(營)이 출발하면 이어서 다음 한 진영이 출발하여 40일이 지나서야 전군의 출발이 완료되었다.

각 군의 맨 뒤와 다른 군의 맨 앞이 서로 이어져서 북과 나팔 소리가 서로 들렸으며, 깃발은 960리에 걸쳐 뻗쳐 있었다.

황제의 어영(御營) 내에는 12위(衛), 3대(臺), 5성(省), 9시(寺)를 두었는데, 이들을 모두 내 · 외, 전 · 후, 좌 · 우 6군(軍)으로 나누어 배속시켜 맨 나중에 차례대로 출발시키니, 이 대열이 또한 80리에 뻗쳤다. 중국의 유사(有史) 이래 이와 같이 성대한 군대의 출정은 있은 적이 없었다.」

이때 북평양후(北平襄侯) 단문진(段文振)이 병부상서(兵部尙書: 현대의 국방부장관에 해당)로 있었는데, 그가 양제에게 글을 올렸다. 그 내용은, "양제(煬帝)가 돌궐 부족에 대하여 지나치게 후한 은총을 베풀어 주어 그들을 새내(塞內)에 안치하고 그들에게 무기와 양식까지 대어

주고 있는데, 본래 오랑캐의 성질은 친함을 모르고 탐욕만 많아서 후일에 틀림없이 나라의 우환이 될 것이다. 그러므로 적당한 때에 유지(諭旨)를 내려 그들을 새외(塞外)로 내보내고, 그런 다음에 공개적으로 봉화대를 설치하고, 변경을 따라 진방(鎭防)을 설치하여 엄중히 지키는 것이 나라를 위한 장기적인 대책이 될 것이다"는 것이었다.

병부시랑(兵部侍郎) 곡사정(斛斯政)은 그 성품이 총명하고 유능하여 양제의 총애와 신임을 받았는데, 군사 문제는 그로 하여금 전적으로 장악하도록 하였다.

단문진은 곡사정의 성품이 음험하고 거짓이 많음을 알고 그에게 군사상 기밀에 속하는 주요 일들을 맡겨서는 안 된다고 누차 양제에게 건의하였으나, 양제는 듣지 않았다. 고구려를 치기 위해 출정할 때, 단문진을 좌후위(左侯衛) 대장군으로 삼아 남소(南蘇) 방면으로 나가게 하였다.

단문진이 도중에 병이 위중하여 양제에게 글을 올려 말했다.

"제가 볼 때 요동의 하찮은 무리들(*고구려)이 조정의 엄한 법령에 복종하지 않음으로써 우리로 하여금 멀리서 군사를 일으키게 하고 폐하께서 친히 군사를 지휘하는 수고를 하도록 하였습니다.

그러나 오랑캐들은 속임수가 많으므로 깊이 방어를 해야 합니다. 그리고 저들이 입으로 투항하겠다고 하면서 투항조건들을 말하더라도 그것을 선뜻 받아들여서는 안 됩니다.

곧 장마가 들 것이므로 시기를 놓치고 지체해서는 안 됩니다.

폐하께서는 각 군대에 엄히 지시하시어 혜성처럼 빨리 쳐들어가되 수군과 육군이 같이 진군하여 저들이 예상하지 못하고 있을 때에 쳐들어간다면, 외따로 떨어져 있는 평양성은 충분히 함락시킬 수 있습니다. 이리하여 저 고구려의 근본인 평양성만 얻어버리면, 나머지 성들은 공격하지 않아도 자동적으로 항복해올 것입니다.

만약 시기를 놓쳐서 가을장마 비라도 만나게 된다면 몹시 곤란하고 힘든 지경에 빠지게 됩니다. 군량도 떨어지고, 강한 적이 앞을 막고 말갈의 군대가 뒤를 공격해 오는데 머뭇거리며 지체하게 되는 그런 상황에 놓이는 것은 결코 좋은 계책이 될 수 없습니다."

3월 12일, 단문진이 세상을 뜨자, 양제는 그의 죽음을 몹시 애석해 하였다.

(2) 요동으로 친정(親征) 나가는 수 양제

612년(大業 8년) 3월 14일, 「○양제가 군대를 거느리고 요하(遼河)에 이르니, 여러 방면으로 출발해온 군대가 총 집결하여 요하 가에 진을 쳤다. 고구려 군사들이 요하를 의지하여 지키고 있었기 때문에 수나라 군사들은 요하를 건널 수 없었다.」

좌둔위(左屯衛) 대장군 맥철장(麥鐵杖)이 사람들에게 말했다.

"대장부의 목숨은 이미 스스로 정해져 있는데, 어찌 열병(熱病)을 고치려고 콧등에 뜸을 뜨고 참외 꼭지로 막힌 코를 뚫으려다가 낫지 않는다고 해서 아녀자의 품안에서 죽을 수 있겠는가."

그리고는 선봉을 자청하면서 자기 세 아들들에게 말했다.

"나는 나라의 은혜를 입었으니, 오늘이 바로 나라를 위해 죽을 날이다. 내가 죽어야 할 곳에서 죽는다면, 너희들은 부귀를 누릴 수 있게 될 것이다."

「○양제는 공부상서(工部尙書) 우문개(宇文愷)에게 지시하여 요하 서안에서 3개의 부교(浮橋)를 만들도록 하였다. 부교가 완성된 후 그것을 끌어서 요하의 동쪽 언덕으로 갖다 대도록 하였으나, 부교가 한 발 남짓 짧아서 강 언덕까지 대이지 못하였다. 이때 고구려 군사가 대거 들이닥쳐 치자 수나라 군사들 중에서 날쌔고 용감한 자들이 물 속으로 뛰어들어 접전을 벌였으나, 고구려 군사들이 높은 곳에서 내려쳤으므로 수나라 군사들은 강 언덕에 올라가지 못하고 죽은 자가 매우 많았다.

이때 맥철장(麥鐵杖)이 강 언덕 위로 뛰어올라갔으나, 그는 호분랑장(虎賁郎將) 전사웅(錢士雄), 맹차(孟叉: 다른 책에서는 맹금차(孟金釵)라고 하였다.) 등과 함께 싸우다가 모두 죽었다. 그리하여 수나라 군대는 군사들을 거두고 부교를 끌어당겨 요하 서안(西岸)으로 돌아갔다.」

양제는 조서를 내려 맥철장을 숙공(宿公)으로 추증하고, 그의 첫째 아들 맹재(麥孟才)로 하여금 그 작위를 승계하게 하였으며, 맥철장의 그 아래 아들들인 중재(麥仲才)와 계재(麥季才)에게는 정의대부(正義大夫)라는 관작을 주었다.

「○양제는 다시 소부감(少府監) 하조(何稠)에게 명하여 부교를 더 길게 연결시키도록 하였는데, 2일 만에 그것이 완성되자, 모든 부대가 잇달아 건너가서 고구려 군사와 요하 동안(東岸)에서 큰 싸움이 벌어져 고구려군을 대패시켰는데, 전사자의 수가 1만 명에 가까웠다.

수나라의 여러 군대들은 승리한 기세를 타고 진격하여 요동성을 포위하였는데, 요동성은 곧 한(漢)나라 때의 양평성(襄平城)이다.」

양제는 수레를 타고 요하를 건넜는데, 그는 갈살나(曷薩那) 극한(可汗)과 고창국(高昌國)의 왕 곡백아(曲伯雅)를 대동하여 전장(戰場)을 참관시킴으로써 그들이 두려워하는 마음을 갖게 하였다.

「○양제는 요동성에 이르러 조서를 내려 전국의 죄수를 사면하였다. 그리고 형부상서(刑部尙書) 위문승(衛文昇)과 상서우승(尙書右丞) 유사룡(劉士龍)에게 명하여 요동 지방 백성들을 위무해 주도록 하고, 그들에게 10년간 부역(賦役)을 면제해 주도록 하였다. 그리고 그곳에 군(郡), 현(縣)을 설치하여 다스리도록 하였다.」

612년(大業 8년) 여름 5월, 「○수나라 장수들이 동쪽으로 내려갈 때 양제가 그들을 훈계하여 말했다.」

"이번 거사는 고통당하는 (고구려)백성들을 위로하고 죄 있는 자를 처벌하려는 것이지 공명(功名)을 세우려는 것이 아니다. 만약 여러 장수들이 혹시 짐의 뜻을 잘 알지 못하고 군사를 가벼이 움직여서 자기가 거느린 군사들만으로 적을 엄습하여 홀로 싸워 자기 일신의 공명을 세우고 상을 받고자 한다면, 이는 대군(大軍) 출정의 법을 어기는 것이다.

그대들은 진군함에 있어서 마땅히 부대를 세 방면으로 나누어 갈 것이며, 공격을 할 때에는 반드시 세 방면으로 진군하는 각 부대들에게 서로 알려서 적은 수의 군사로써 독립적으로 진군함으로써 실패하는 일이 없도록 하라.

「○그리고 모든 군대의 진격과 후퇴는 모두 반드시 나에게 보고하여 나의 지시를 기다릴 것이며, 멋대로 결단하는 일이 없도록 하라!"

이때 요동성의 고구려군은 자주 나와서 싸웠으나 불리하자 성을 둘러싸고 굳게 지켰으므로, 양제는 모든 부대에게 성을 공격하라고 명하였다. 그리고 여러 장수들에게 신칙하기를, 만약 고구려가 항복해 오면 그들을 위무하여 받아들이고 군사들이 함부로 노략질하지 못하게 하라고 하였다.

요동성이 곧 함락되려 할 때면 성 안 사람들이 문득 항복을 청해 왔다. 그러자 여러 장수들은 양제의 지시를 받았기 때문에 감히 그런 기회를 이용하지 못하고 먼저 양제에게 급보를 띄웠다. 양제의 회답이 도착하였을 때에는 성 안의 고구려군은 방비를 갖추고 다시 나와서 항전하였다.

이렇게 하기를 두세 번 하였으나 양제는 끝내 알아채지 못했고, 성은 오랫동안 항복하지 않았다.」

612년(大業 8년) 6월 11일, 「○양제가 요동성 남쪽으로 가서 성곽과 해자의 형세를 관찰하고 여러 장수들을 불러놓고 꾸짖어 말했다.

"그대들은 벼슬이 높다고 생각하고 또 가문과 세도를 믿고 나를 어리석은 사람으로 대하려 하는가? 전날 내가 도성에 있을 때 그대들은 내가 친히 이곳에 오는 것을 원하지 않았는데, 그것은 그대들의 이런 병패를 내가 보게 될까봐 두려웠기 때문이구나.

지금 내가 여기에 온 것은 그대들이 소행(所行)을 보아 그대들의 목을 베기 위해서이다. 그런데도 그대들은 죽는 것이 두려워서 힘껏 싸우려 하지 않으니, 이는 내가 그대들을 죽일 수 없을 것으로 생각하기 때문이 아니냐!"

여러 장수들은 모두 두려워서 벌벌 떨며 사색이 되었다. 양제는 성 서쪽으로 몇 리 떨어진 곳에 머물러 있으면서 육합성(六合城)을 제압하였으나, 고구려의 여러 성들은 굳게 지키고 항복하지 않았다.」

「○우익위(右翊衛) 대장군 래호아(來護兒)는 강(江), 회(淮)의 수군을 거느리고 수백 리에 걸쳐 길게 뻗친 함대로 먼저 바다를 건너 패수(浿水: 대동강)로부터 고구려로 들어갔다. 평양에서 60리 떨어진 곳에 이르렀을 때 고구려 군사와 마주쳤는데, 수나라 수군이 진격하여 고구려군을 크게 깨뜨렸다.

래호아는 승세를 타고 곧장 성으로 달려들려고 하였는데, 이때 부총관(副總管) 주법상(周法尙)이 그를 말리면서, 각 방면으로 오고 있는 군사들이 도착하기를 기다렸다가 함께 진격하자고 하였다. 래호아는 듣지 않고 정예병사 4만 명을 뽑아서 곧바로 성 아래까지 쳐들어갔다.

이때 고구려 군사들은 성곽 안에 있는 빈 절간에 복병을 두고 일부 군사들만 내보내어 래호아와 더불어 싸우다가 거짓으로 패하는 척하며 달아나게 하니, 래호아는 군사들을 이끌고 성 안까지 쫓아 들어갔다. 그는 군사들을 풀어놓아 사람들을 사로잡고 재물을 노략질하게 하였으므로 대오가 정돈되지 못하고 흩어졌다.

이때 복병들이 나와서 치자 래호아의 군사들은 크게 패하고 그는 겨우 몸을 피해 달아났으나 사졸(士卒)들로서 살아서 돌아간 자는 수천 명에 불과하였다. 고구려 군사가 수나라의 배들이 정박해 있는 곳까지 추격해 갔는데, 그곳에는 주법상(周法尙)이 진을 정돈하여 기다리고 있었으므로, 고구려 군사들은 곧 물러났다.

래호아는 군사들을 이끌고 바닷가로 돌아가서 주둔하였는데, 감히 그곳에 머물러 있으면서 다른 방면으로 진격해 오는 부대들과 호응할 생각을 하지 못하였다.」

「○좌익위(左翊衛) 대장군 우문술(宇文述)은 군사를 거느리고 부여 방면으로 나가고, 우익위 대장군 우중문(于仲文)은 낙랑 방면으로 나가고, 좌효위(左驍衛) 대장군 형원항(荊元恒)은 요동 방면으로 나가고, 우익위 장군 설세웅(薛世雄)은 옥저 방면으로 나가고, 좌둔위 장군 신세웅(辛世雄)은 현토 방면으로 나가고, 우어위(右禦衛) 장군 장근(張瑾)은 양평(襄平) 방면으로 나가고, 우무후(右武候) 장군 조효재(趙孝才)는 갈석(碣石) 방면으로 나가고, 탁군 태수 검교좌무위(檢校左武衛) 장군 최홍승(崔弘升)은 수성(遂城) 방면으로 나가고, 겸교우어위(檢校右禦衛) 호분랑장(虎賁郎將) 위문승(衛文昇)은 군사를 거느리고 증지(增地) 방면으로 나가서, 모든 군사들이 압록강(鴨綠江) 서안에 집합하였다.

우문술 등은 군사를 거느리고 노하진(瀘河鎭)과 회원진(懷遠鎭)을 출발할 때 사람과 말들에게 모두 1백일 분의 양식과 마초를 주고 또 갑옷과 창, 군복과 무기, 화막(火幕) 등을 나누어 주어서 지고 가게 하였는데, 한 사람당 3석(石) 이상의 무거운 짐을 지게 되어 사람들은 무거워서 지고 갈 수가 없었다.

우문술은 군졸들에게 명령을 내렸다.

"양식을 버리고 가는 자는 목을 벨 것이다."

그래서 군사들은 모두 장막 밑에 구덩이를 파고 양식과 마초 등 물건들을 묻어버렸으므로, 군대가 겨우 중간 정도 갔을 때 양식은 이미 다 떨어져가고 있었다.」

(3) 을지문덕의 계략과 살수 대첩

「○이때 고구려에서는 대신(大臣) 을지문덕(乙支文德)을 수나라 군영(軍營)으로 보내어 거짓으로 항복하겠다고 하였으나, 사실은 수나라 군대의 허실(虛實)을 관찰하기 위해서였다.

이에 앞서 우중문(于仲文)은 양제로부터 "만약 고구려왕 고원(高元)과 을지문덕을 만나게 되거든 반드시 사로잡도록 하라"는 밀지(密旨)를 받고 있었다. 그래서 우중문은 을지문덕을 체포하려고 하였는데, 이때 상서우승(尙書右丞) 유사룡(劉士龍)이 위무사(慰撫使)로서 을지문덕을 체포하는 것에 한사코 반대하였으므로, 우중문도 마침내 그의 말을 따라 을지문덕을 돌려보내 주고 말았다.

그러나 을지문덕이 떠나가자 그는 곧바로 후회하고 사람을 보내어 을지문덕에게 "더 하고 싶은 말이 있으니 다시 돌아오시오." 하고 거짓말을 하였다. 그러나 을지문덕은 돌아보지도 않고 압록강을 건너가 버렸다.

우중문과 우문술 등은 을지문덕을 놓쳐버리고 내심으로 불안하였다. 그래서 우문술은 양식이 떨어졌다는 이유로 돌아가려고 하였으나, 우중문은, 정예병들을 파견하여 을지문덕을 쫓아가서 붙잡는나면 성공할 수 있다고 제의하였다. 그러나 우문술이 한사코 그의 제의를 받아들이지 않자, 우중문이 버럭 화를 내며 말했다.

"장군은 10만 대군을 거느리고도 적은 수의 적군을 깨뜨리지 못한다면 장차 무슨 낯으로 황제 폐하를 뵐 것이오?

그리고 나는 이미 이번 출전에서는 공로를 세울 수 없을 줄 미리부터 알고 있었소. 왜 그런 줄 아시오? 옛날의 명장들이 공을 세울 수 있었던 것은 군사에 관한 일은 한 사람이 결단하였기 때문이오. 그런데 지금 우리는 각자 마음이 다르니 어떻게 적을 쳐서 이길 수 있겠소?"

당시 양제는 우중문이 지모(智謀)도 있고 전략도 쓸 줄 아는 장수라고 생각하여 모든 부대들로 하여금 그에게 보고하고 그의 지휘 통제를 받도록 하였기 때문에 그가 이런 말을 한 것이다.

그리하여 우문술 등은 부득이 그의 말을 따라 여러 장수들과 함께 압록강을 건너 을지문덕을 추격하였다.

을지문덕은 우문술이 거느린 군사들의 얼굴에 굶주린 기색이 역력한 것을 보았기 때문에 그들을 더욱 지치도록 하기 위하여 매번 싸우다가는 문득 달아나니, 우문술은 하루에 일곱 번 싸워 일곱 번 다 이겼다.

그는 매번 이긴 것에 자신을 가지게 된 데다 또 여러 장수들의 압력도 있고 해서, 마침내 군사를 거느리고 동쪽으로 진군하여 살수(薩水: 청천강)를 건너 평양성에서 30리 떨어진 곳까지 추격해 가서 산을 의지하여 진을 쳤다.

을지문덕은 다시 사람을 보내어 거짓 항복하는 체하고 우문술에게 청하기를, "만약 군사를 돌려세운다면 왕을 모시고 황제가 계신 행재소(行在所)로 찾아가서 인사를 올리겠다"고 하였다.

우문술은 자기 군사들이 이미 지칠 대로 지쳐서 더 이상 다시 싸울 수 없음을 보고, 또 평양성은 험하고 튼튼해서 쉽사리 함락시킬 수 없을 것으로 생각하고는, 드디어 고구려의 거짓 청을 그대로 받아들이고 돌아가려고 결심하였다.

우문술이 부대의 행렬을 네모 모양의 진형(方陣)으로 유지하고 행군하는데, 고구려 군사들이 사방에서 공격해 왔다. 우문술의 군사들은 한편으로 싸우고 한편으로 행군하면서 물러났다.」

(*이때 을지문덕이 우중문에게 물러가기를 청하면서 보낸 시(詩)가 다음의 시였다.-편역자)

신통한 꾀는 천문에 통달하였고　　神策究天文
신묘한 계책은 지리에 통달하였다　　妙算窮地理
싸움에 이겨서 공로 이미 높으니　　戰勝功旣高
분수를 알거든 그만 돌아가시지요　　知足願云止

612년(大業 8년) 가을 7월 24일, 「○수나라 군사들이 살수(薩水)에 이르러 군사들이 절반 정도 강을 건넜을 때, 고구려 군사들이 뒤로부터 수나라 군사의 후방을 공격하였다. 이때 우둔위(右屯衛) 장군 신세웅(辛世雄)이 전사하자 여러 부대들은 모두 일거에 궤멸되어 걷잡을 수 없게 되었다. 장수와 졸병들은 정신없이 뛰어 도망갔는데, 하루 낮 하루 밤 동안에 450리를 달아나서 압록강에 이르렀다.

수나라 장군 왕인공(王仁恭)이 후위(後衛)가 되어 고구려군을 쳐서 막아냈다. 래호아(來護兒)는 우문술 등이 대패했다는 소식을 듣고 그 또한 군사를 이끌고 퇴각하였는데, 다만 위문승(衛文升)의 군사들만 온전하게 돌아갔다.

당초 9개 방면으로 출발한 군(軍)의 군사들이 요하(遼河)를 건넜을 때에는 그 수가 무릇 30만 5천이나 되었으나, 이들이 요동성으로 되돌아왔을 때에는 겨우 2천7백 명뿐이었으며, 수억만에 달하던 군량과 군수품, 그리고 무기들도 몽땅 다 없어졌다. 이에 양제는 크게 화를 내어 우문술 등을 쇠사슬로 묶어 7월 25일, 군사를 거두어 돌아갔다.

처음에 백제왕 장(璋)은 수(隋)에 사신을 보내어 고구려 치기를 청하여, 양제는 백제로 하여금 고구려의 동정을 살펴보게 하였다. 이때 백제왕 장(章)은 다른 한편으로는 은밀히 고구려와 내통하고 있었다.

수(隋) 군사가 장차 출정하려 할 때 백제왕 장은 다시 대신 국지모(國智牟)를 보내어 수나라 군사가 출정할 기일을 알려달라고 청하였다. 양제는 몹시 기뻐하며 그에게 후한 상을 주고 상서기부랑(尙書起部郞) 석률(席律)을 백제로 보내어 수(隋) 군사가 출정할 날짜와 여러 방면으로 나뉘어 출발하는 군사들이 한 곳에 집결할 기일을 알려주었다.

수나라 군사들이 요하를 건너자 백제 또한 변경에서 군사를 정비하고 기다렸다. 말로는 수나라 군사를 돕는다는 것이었으나, 실제로는 양쪽의 형세를 살펴보아 유리한 쪽을 취하려는 기회주의적인 태도를 취하였다.

이번의 고구려 정벌 행차에서 수나라는 단지 요하 서쪽을 공격하여 고구려의 무려라(武厲邏: 고구려에서는 요수 서쪽에 순찰소(邏)를 두어 요하를 건너는 사람들을 검사하게 하였음-원주)를 빼앗고 이곳에다 요동군(遼東郡)과 통정진(通定鎭)을 설치하였을 따름이다.」

〈○을지문덕은 자질이 침착하고, 용맹하고, 음기응변과 지략이 있었으며, 겸하여 글도 잘 하였다.

김부식(金富軾)이 말하기를,

"수 양제의 요동 전쟁은 출정한 군대의 성대함이 전고(前古)에 없었던 일이었다. 고구려는 한낱 한편에 치우쳐 있는 소국(小國)임에도 불구하고 능히 이를 방어하여 스스로 보존하였을 뿐 아니라 적군을 거의 섬멸하다시피 하였으니, 이는 을지문덕 한 사람의 힘이었다. 전(傳: 춘추좌씨전)에 이르기를 '군자(君子)가 없으면 어떻게 그 나라를 유지하겠는가?' 라고 하였는데, 이는 참으로 믿을 만한 말이다." 라고 하였다.〉

–(〈三國史節要〉 제7권), 〈삼국사기〉, 열전, 을지문덕전〉

612년(大業 8년) 8월, 양제는 다시 고구려를 치려고 생각하여 엄명을 내려 여양(黎陽: 하남성 浚縣 서남), 낙양(洛陽), 낙구(洛口: 낙양에 있음), 태원(太原: 지금의 山西省 太原縣) 등지에 있는 창고의 군량들을 망해둔(望海屯: 요하 서쪽 경계 지역에 위치)으로 옮겨 놓도록 하고, 민부상서(民部尙書) 번자개(樊子盖)를 탁군(涿郡: 지금의 북경시)으로 보내어 그곳에 남아서 지키도록 하였다. 그리고 9월 13일, 양제는 수레를 타고 동도(東都: 東京. 洛陽)에 이르렀다.

612년(大業 8년) 11월. 우문술은 전부터 양제의 총애와 신임을 받았으며 그의 아들 우문사급(宇文士及)은 양제의 딸 남양공주(南陽公主)에게 장가를 들기도 했으므로(그리하여 우문술과 양제는 서로 사돈 간이 됨), 양제는 차마 우문술을 죽이지 못하였다. 그래서 이달 8일 우문술과 우중분 등의 관직을 삭탈하여 평민으로 삼는 처분을 내리고, 유사룡(劉士龍) 혼자만 그가 을지문덕을 방면해 주었다는 이유로 목을 베어 천하에 사죄하도록 하였다.

살수(薩水: 청천강)의 싸움에서 수나라 군사가 패할 때 고구려군은 백석산(白石山)에서 설세웅(薛世雄)군을 추격하여 포위하였는데, 설세웅은 용감히 맞받아치며 공격하여 고구려군을 물리쳤으므로, 그 혼자만 단지 면관(免官) 처분을 받는 데 그쳤다. 자기의 군사들을 온전히 보전한 위문승(衛文升)은 금자광록대부(金紫光祿大夫)로 임명되었다.

다른 모든 장수들은 죄를 우중문에게 미루었으므로 양제도 여러 장수들은 무두 석방해주고 다만 우중문만 감옥에 가두어 놓았다. 우중문은 울분이 쌓인 나머지 병이 났는데, 병이 위중하자 감옥에서 내어 놓아 집에서 생을 마치게 하였다.

(수 양제가 태자가 되는 데 큰 기여를 한) 장형(張衡)은 이미 이전에 관직에서 쫓겨나 평민이 되어 시골에 내려와 살고 있었는데, 양제는 장형의 친속(親屬)들에게 그의 행동을 잘 감시하라고 지시해 놓았었다. 양제가 요동에서 돌아오자 장형의 첩(妾)이, 장형이 양제에 대해 원한을 품고 있음과 조정을 비난하고 헐뜯었던 일들을 고발하여, 양제는 장형에게 집에서 자진(自盡)하라고 하였다. 장형은 죽기 직전에 큰 소리로 "내가 남에게 어떤 일을 했었는데 더 오래 살기를 바라겠느냐."라고 외쳤다.

4. 양제의 제2차 고구려 침공과 양현감의 모반

(1) 제2차 고구려 침공

613년(大業 9년. 영양왕(嬰陽王) 24년) 봄 1월 2일, 「○수 양제는 조서를 내려서 전국의 군사들을 탁군으로 불러 모으고 평민들을 모아서 효과(驍果: 일반적으로는 용감하다는 뜻이지만, 여기서는 군사로 동원된 자들에게 부여된 임무에 따른 명칭으로 특공대에 해당하는 듯함-편역자)로 삼아 요동의 옛 성을 수리하고 군량을 비축하게 하였다.」

613년(大業 9년) 2월, 양제가 조서를 내려 말했다.

"우문술은 군량이 계속 공급되지 못하였기 때문에 패배하였다. 그러므로 그의 패전은 군수품을 제때에 공급하지 못한 군관들의 잘못이지 우문술의 죄가 아니다. 마땅히 그의 관직과 벼슬을 회복시켜 주어야 할 것이다."

그리고는 곧바로 그를 개부의동삼사(開府儀同三司)로 임명하였다.

「○양제가 시신(侍臣)들에게 말했다.

"이 하찮은 고구려 오랑캐가 감히 상국(上國)인 우리나라를 업신여기고 있다. 오늘날 우리나라의 세력은 바닷물을 뽑아 올리고 산을 옮기는 일(撥海移山)도 오히려 해낼 수 있는데, 하물며 이따위 작은 오랑캐 놈들이겠는가!"

그리고는 다시 고구려를 칠 일을 의논하였다.

이때 좌광록대부(左光祿大夫) 곽영(郭榮)이 간하여 말했다.

"오랑캐 나라의 무례함은 신들이 맡아서 처리할 일입니다. 천근 무게의 큰 쇠뇌(弩)를 작은 쥐새끼 한 마리 잡는 데 쓸 수는 없는 일입니다. 그런데 폐하께서는 어찌하여 저 작은 도적을 치기 위하여 몸소 나서려 하십니까?"

그러나 양제는 그의 말을 듣지 않았다.」

613년(大業 9년) 3월 3일, 양제는 조서를 내려 남자 장정 10만 명을 징발하여 대흥성(大興城)을 쌓도록 하였다.

3월 4일. 요동으로 출발하면서 민부상서(民部尙書) 번자개(樊子蓋) 등에게 남아서 월왕(越王) 양동(楊侗: 양제의 손자. 태자 양소(楊昭)의 아들)을 도와서 동도(東都: 낙양)를 지키라고 하였다.

이때 도처에서 도적 떼가 봉기(蜂起)하였는데, 제군(齊郡)에서는 왕박(王薄)과 맹양(孟讓)이, 북해(北海)에서는 곽방예(郭方預)가, 청하(淸河)에서는 장금칭(張金稱)이, 평원(平原)에서는 학효덕(郝孝德)이, 하간(河間)에서는 격겸(格謙)이, 발해(渤海)에서는 손선아(孫宣雅)가 각각 무리들을 모아 성을 공격하고 노략질을 하였는데, 그 수가 많은 경우에는 십여만 명이나 되었고 적은 경우에도 수만 명은 되었다. 효산(崤山) 이동의 지방들은 이 도적들 때문에 피해를 입었다.

천하가 태평한 지 오래 되어 사람들은 싸우는 데 익숙하지 않아서 군(郡)이나 현(縣)의 관리들은 도적 떼가 쳐들어 왔다는 소리만 듣고도 겁을 먹고 달아나 무너져 패하였다.

다만 제군(齊郡)의 군승(郡丞) 장수타(張須陀)만 평소 군사들과 백성들의 인심을 얻고 있어서 용감하고 과감하게 잘 싸웠다. 그는 군의 병사들을 지휘하여 왕박을 태산(泰山) 아래에서 공격하였는데, 왕박은 그간 여러 번 이긴 것만 믿고 방비를 하지 않았으므로, 수타가 갑자기 습격하자 크게 패하였다. 왕박은 남은 병사들을 거두어 북으로 가서 황하를 건넜는데, 수타가 추격해 가서 또 쳐부수었다. 왕박은 북으로 손선아, 학효덕 등 십여만 명의 도적들과 연합하여 장구(章丘)를 공격하였는데, 수타는 보병과 기병 2만 명을 거느리고 가서 그들을 치자, 도적의 무리들은 크게 패하였다.

도적들은 배장재(裴長才) 등 2만 명의 무리들을 거느리고 갑자기 성 아래로 쳐들어와서 마구 약탈하였으므로, 수타는 병력을 모을 틈도 없어서 기병 5명만 거느리고 나가서 맞붙어 싸웠는데, 적들은 다투어 달려들어 그를 1백여 겹 포위하니, 그의 몸이 여러 번 창칼을 맞고서도 더욱 용기를 내어 싸웠다. 마침 그때 성 안으로부터 병사들이 이르렀으므로 적들이 조금 퇴각하였는데, 수타가 병사들을 독려하여 그들을 치자, 배장재 등은 패하여 달아났다.

613년(大業 9년) 여름 4월 27일, 「○양제의 수레가 요수(遼水)를 건넜다.

29일, 양제는 우문술과 상대장군(上大將軍) 양의신(楊義臣)을 파견하여 군사를 거느리고 평양으로 달려가게 하였다.

좌광록대부(左光祿大夫) 왕인공(王仁恭)은 군사를 거느리고 부여 방면으로 나갔다. 왕인공이 진군하여 신성(新城)에 이르니, 고구려의 군사 수만 명이 수나라 군사들을 맞이하여 싸웠는데, 왕인공의 강력한 기병 1천여 명의 공격에 고구려 군은 패하여 물리나 성을 둘러싸고 굳게 지켰다.

양제는 여러 장수들에게 요동성을 공격하라고 명하고, 여러 장수들은 황제의 명령을 기다리지 말고 형편을 보아서 스스로 판단하여 적절히 조처하도록 허락하였다.

높은 곳에서 성을 내려다보며 치기 위한 비루(飛樓), 성을 부수기 위한 수레(*이를 '충(橦)' 이라 한다), 높은 성 위로 올라가기 위한 사닥다리(雲梯), 땅굴 등을 이용하여 밤낮 쉬지 않고 사면에서 공격하였으나, 고구려 군사들이 그때그때 상황에 맞게 잘 막아냈으므로 20여 일이 지나도록 성을 빼앗기지 않았으며, 양편에서 전사자가 매우 많았다.

수나라 측에서 공성용(攻城用) 사닥다리에 길이가 15길이나 되는 장대를 세우고 특공대 병사(驍果) 오흥(吳興)과 심광(沈光)이 그 꼭대기에 올라서서 성에 다가가 고구려 군사와 맞붙어 싸워서 10여 명을 죽이니, 고구려 군사들이 앞 다투어 그를 쳐서 장대에서 떨어뜨렸다. 심광은 미처 땅에 닿기 전에 마침 장대에 매어져 늘어져 있던 동아줄을 잡고 다시 싸우러 올라갔다.

이것을 멀리서 바라보고 있던 양제가 그를 장하게 여겨 곧바로 조산대부(朝散大夫)라는 벼슬을 내려주고, 항상 자기 곁에 있으면서 시중을 들도록 하였다.

요동성이 오래도록 함락되지 않자 양제는 1백여 만 개의 베 주머니(布囊)를 만들어 보내며 거기에 흙을 가득 채워 넣어 넓이가 30보나 되고 높이는 성과 가지런한 큰 둑길을 쌓아 놓고 군사들로 하여금 그 위로 올라가서 성을 공격할 수 있도록 해놓는 한편, 또 높이가 성보다 더 높은 바퀴 여덟 개 달린 누거(八輪樓車: 여러 층의 누각처럼 만든 바퀴 8개 달린 수레)를 만들어서 둑길을 끼고 성 안을 내려다보며 활을 쏠 수 있게 해놓은 후 장차 날짜를 정하여 공격하려고 하였다.

그러자 성 안에서는 위기를 느끼고 사기가 위축되었다.

(2) 양현감의 모반

그런데 마침 그때 양현감(楊玄感)이 반란을 일으켰다는 보고가 도착했으므로, 양제는 크게 두려움을 느끼고 납언(納言) 소위(蘇威)를 장막 안으로 불러들여 말했다.

"이 자식은 매우 총명한 놈인데 큰 우환거리가 되지 않을까?"

소위가 말했다.

"시비(是非)를 가릴 줄 알고 성패(成敗) 여부를 판단할 줄 아는 사람이라야 총명하다고 할 수 있습니다. 양현감은 위인이 거칠고 소략하므로 크게 우려할 바가 못 됩니다. 다만 이것을 시작으로 점차 전국이 동란(動亂) 상태로 접어들게 될까봐 두렵습니다."

양제는 또 높은 관리의 자제들이 모두 양현감에게 붙었다는 말을 듣고 더욱 근심하였다.

병부시랑(兵部侍郎) 곡사정(斛斯政)은 평소 양현감과 친하게 지냈는데, 양현감이 모반을 꾀할 때 그도 그 모의에 가담하였으므로, 곡사정은 당시 출정에 참여한 양현감의 동생들인 양현종(楊玄縱) 형제가 부대를 빠져나가 내지(內地)로 도망갈 수 있도록 그들을 몰래 돌려보내주었다. 양제가 양현종과 그를 따르는 자들의 모반 가담 혐의를 철저히 조사하려고 하자, 곡사정은 내심으로 불안을 느껴, 26일에, 고구려로 달아나서 투항하였다.」

28일 밤 10시경, 「○양제는 밤에 여러 장수들을 비밀리에 소집하여 군사를 거느리고 돌아가기로 결정하였다. 모든 군수물자와 무기, 기계, 공성용 기구들을 산처럼 쌓아놓고, 영루(營壘: 진영의 감시대)와 장막들도 그 자리에 그대로 놓아둔 채 몽땅 버리고 갔다. 수나라 군사들은 마음속으로 놀라고 겁을 먹어 각 군부대의 대오는 허물어졌으며, 각 방면의 병마들은 뿔뿔이 흩어졌다.

고구려 측에서는 이런 정황을 즉시 눈치 채기는 하였으나 감히 성문 밖으로 나오지는 못하고 다만 성내에서 북을 치면서 큰 소리로 고함을 질렀다.

그 다음날 정오경이 되어서야 고구려 군사들은 점차 성밖으로 나와서 사방을 정찰하면서도 오히려 수나라 군사들이 거짓으로 물러가는 것은 아닌가 하고 의심하였다.

이틀이 지난 후에야 고구려군 수천 명이 수나라 군대의 뒤를 추격해 왔으나, 여전히 수나라 군사들의 수가 많음에 겁을 먹고 감히 가까이 접근하지 못하고 계속 80~90리 거리를 두고 쫓아갔다.

요하(遼河)에 도착하기 직전에야 고구려 군사들은 황제의 수레가 이미 요하를 건너갔음을 알고는 수나라 군대의 후방 대열을 공격하였다. 당시 수군의 후방 대열의 군사들도 수만 명이나 되었는데, 고구려 군사들은 그들을 들이쳐서 맨 뒤에 뒤떨어져 있는 수천 명의 늙고 병든 군사들을 죽이거나 사로잡았다.」

당초에 양제가 재차 고구려를 치려고 할 때 태사령(太史令) 유질(庾質)에게 다시 물었다(*庾質은 양제가 제1차 출정 때에는 합수령(合水令)이었으나, 제 2차 출정 때에는 태사령(太史令)이 되어 있었다-편역자).

"이번의 출정은 어떠하겠느냐?"

그가 대답하였다.

"신은 실로 어리석고 아둔하여 이전의 생각 그대로입니다. 만약 폐하께서 친히 출정하신다면 들어가는 노력과 비용이 너무 큽니다." 양제가 화를 내며 말했다.

"내가 직접 출정을 나갔는데도 이기지 못하였다. 그런데 어찌 다만 장수들만 파견해서 성공할 수 있단 말인가?"

양제가 고구려에서 돌아온 후 그에게 말했다.

"네가 이전에 짐에게 직접 출정을 가지 말라고 했던 것은 이런 모반 사건을 우려했기 때문이구나. 양현감은 모반에 성공할 수 있겠느냐?"

유질이 대답하였다.

"양현감의 지위와 세력이 비록 높고 강하기는 하나, 그는 평소 사람들로부터 신망을 받지 못하고 있었습니다. 그는 백성들이 고생을 하고 있음을 핑계로 요행히 성공하기를 바라고 있습니다. 지금 천하는 통일되어 있으므로 쉽사리 동요시킬 수 없을 것입니다."

(3) 모반의 동기와 전개과정

예부상서(禮部尙書) 양현감(楊玄感)은 날쌔고 용감하여 싸움을 잘 하였고, 말 타고 활쏘기를 좋아하였으며, 독서를 좋아하고, 친구와 손님들과 교제하기를 좋아하였으므로 전국의 수많은 유명 인사들이 그와 교유하였다.

포산공(蒲山公) 이밀(李密)과도 친하게 지냈는데, 이밀은 어려서부터 재략(才略)이 있었으며, 그 뜻과 포부가 크고 원대하여 재물을 가벼이 여기고 명사들과 사귀기를 좋아하였는데, 그의 관직은 좌친시(左親侍: 수나라 황제의 호위를 담당한 좌·우익위(左·右翊衛) 소속의 친시(親侍), 훈시(勳侍), 무시(武侍) 중의 하나)였다.

양제가 그를 보고 우문술(宇文述)에게 말하였다.

"전에 좌익위 소속의 얼굴 검은 놈 하나를 보니 그 생긴 모습과 보는 눈초리가 이상했다. 그놈에게 나를 호위하는 일을 맡기지 말라."

우문술은 이밀에게 넌지시 말하여 병을 핑계로 스스로 사직하도록 하였다. 그래서 이밀은 일체의 왕래를 끊고 독서에만 전념하였다.

그가 어느 때 황소를 타고 가면서 한서(漢書)를 읽다가 우연히 양소(楊素)를 만났다. 양소는 그를 비범한 인물이라 여겨서 그를 집으로 불러와서 더불어 이야기를 해보고 크게 기뻐하며 자기 아들 현감(楊玄感) 등에게 말했다.

"이밀의 지식수준이 이러하니 너희들은 도저히 따라갈 수 없다."

이리하여 현감은 이밀과 깊이 사귀게 되었다.

어느 때 양현감이 이밀에게 모욕적인 농담을 하자, 이밀이 말했다.

"사람은 마땅히 진실을 말해야지 어찌 면전이라고 아첨의 말을 할 수 있겠는가. 만약 양쪽 군대가 진을 치고 맞붙어 싸울 때 큰 소리로 꾸짖어 적들을 무서워 떨게 하는 일이라면, 나는 자네만 못하다.

그러나 천하의 뛰어난 인재들을 지휘하여 각자의 재능을 펴도록 하는 일이라면, 자네는 나만 못하다. 그런데 어찌하여 계급이 조금 더

높다고 해서 천하의 사대부를 가벼이 보고 무시할 수 있단 말인가!"

현감은 웃으면서 이밀의 말에 승복하였다.

양소는 자신이 양제(煬帝)를 황제로 옹립하는 데 공로가 있음을 믿고 교만하고 거만하게 행동하였는데, 황제가 참석한 조정의 연회석상에서도 때로는 신하로서의 예절을 지키지 않아 양제를 불쾌하게 만들었으나 양제가 말은 하지 않았는데, 양소도 그것을 깨닫고 있었다.

양소가 죽고 난 후 양제가 근신들에게 말했다.

"만약 양소가 죽지 않았다면, 결국에 가서는 멸족지화(滅族之禍)를 당하고 말았을 것이다."

양현감도 이런 것들을 잘 알고 있었다. 그리고 스스로도, 자신은 여러 대에 걸친 귀족인데다가 조정의 문무 대신들 중에는 과거 자기 부친의 부하들이 많으며, 또 조정의 정치는 나날이 문란해져가고 있는데다 황제가 자기를 시기하고 있다고 생각하여, 마음속으로는 매우 불안해하였다. 그래서 자기 동생들과 은밀히 반란을 모의하였다.

양제가 고구려를 칠 준비를 하고 있을 때, 양현감은 스스로 황제에게 청하였다.

"저희 집안은 대대로 나라의 은혜를 입었으므로, 이번 고구려 정벌에는 장령(將領)으로 참여하고 싶사옵니다."

양제는 기뻐서 말했다.

"장수 집안에서는 반드시 장수가 나고, 재상 집안에서는 반드시 재상이 난다고 하더니, 그 말이 정말로 빈말이 아니군(將門必有將, 相門必有相, 固不虛也)."

양제가 고구려를 치러 가면서 양현감에게 여양(黎陽: 지금의 河南省

浚縣)에서 군량 수송을 감독하는 일을 맡겼는데, 그는 호분랑장 왕중백(王仲伯)과 급군(汲郡)의 찬치(贊治) 조회의(趙懷義) 등과 모의하여 고의로 군량 운반을 지연시키고 때맞추어 출발시키지 않음으로써 요하를 건너가는 여러 부대의 군량이 떨어지게 하려고 계획하였다.

양제가 사자를 보내어 군량 수송을 독촉하자, 현감은, 수로(水路)에는 도적들이 많아서 시기를 맞추어 출발시킬 수가 없다고 핑계를 대었다.

현감의 동생 호분랑장 양현종(楊玄縱)과 응양랑장(鷹揚郎將) 양만석(楊萬石)은 둘 다 양제를 따라 요동에 가 있었는데, 양현감은 몰래 사람을 보내어 그들을 불러오게 하자, 둘은 도망쳐서 돌아왔다. 그러나 양만석은 고양(高陽)에 이르러 감사 허화(許華)에게 붙잡혀서 탁군으로 끌려가 참수를 당하였다.

이때 우효위(右驍衛) 대장군 래호아(來護兒)는 수군을 이끌고 동래(東萊: 지금의 산동성 掖縣 烟臺)에서 바다를 거쳐 곧바로 평양으로 쳐들어가려고 하였는데, 양현감은 집안의 종을 동방에서 오는 사자로 위장시켜서, 래호아가 반란을 일으켰다고 거짓말을 하게 하였다.

613년(大業 9년) 6월 3일, 양현감은 여양(黎陽)으로 들어가서 성문을 닫고 남자들을 대거 수색하여 범포(帆布)로 군사용 모자와 군복을 만들게 하고 관직을 설치하여 관리들을 임명, 배속시켰는데, 모두 개황(開皇: 文帝 때의 연호) 때의 옛 제도대로 하였다. 그리고 이웃 군(郡)들에 공문을 띄워, 반란을 일으킨 래호아를 토벌하려고 하니, 각각 군사들을 거느리고 여양창(黎陽倉)으로 모이라고 하였다.

현감은 각 군현의 관리로서 재능이 있는 자들을 전부 군량 운반의 명분으로 한곳에 불러 모았다. 그리고 조회의(趙懷義)를 위주(衛州) 자사로, 동광현위(東光縣衛) 원무본(元務本)을 여주(黎州) 자사로, 하내군(河內郡) 주부(主簿) 당의(唐禕)를 회주(懷州) 자사로 각각 임명하였다.

당시 치서시어사(治書侍御史) 유원(游元)은 여양에서 군량 운송을 감독하고 있었는데, 현감이 그에게 말했다.

"지금 황제는 방자하고 포악하여 스스로 먼 곳에다 자신의 몸을 빠뜨리고 있으니, 지금은 하늘이 그를 멸망시키려는 때이다. 나는 지금 친히 의병을 거느리고 무도한 자를 베려고 하는데, 경의 뜻은 어떠한가?"

유원이 정색을 하고 말했다.

"공(公)의 부친은 나라의 총애와 신임과 은혜를 근세에 비할 바 없이 크게 받았으며, 공의 형제들도 모두 높은 벼슬과 관직에 있으니, 마땅히 나라에 성의를 다하고 절개를 다 바쳐 위로 홍은(鴻恩)에 보답해야 할 것이거늘, 어찌하여 공의 부친의 산소 흙도 마르기 전에 친히 모반을 꾀한단 말이오. 나에게는 죽음이 있을 뿐이오, 명령에 다를 수 없소!"

양현감은 화를 내면서 그를 가두어 놓고 여러 차례 창칼로 위협하였으나 그의 뜻을 굽히게 할 수 없자 마침내 죽여 버렸다.

양현감은 군량을 운반하는 사람들 중에서 신체 건장한 젊은이들을 5천여 명 선발하고, 단양(丹陽)과 선성(宣城)에서 선부(船夫) 3천여 명을 선발하여 소와 돼지와 개를 잡아 희생의 제물로 차려놓고 그들에게 맹세하여 말했다.

"황제는 무도하고 백성들을 불쌍히 여기지 않아 천하는 소란해졌으며, 요동 땅에서 죽어간 자들도 수만 명에 이른다. 나는 지금 그대들과 함께 군사를 일으켜 백성들을 물과 불의 고통에서 구해내고자 한다. 그대들의 뜻은 어떠한가?"

그러자 모두들 펄쩍펄쩍 뛰면서 만세를 불렀다. 그런 다음 양현감은 그들을 군사 대오로 편성하여 통솔하였다.

양제는 호분랑장 진릉(陳稜)을 여양(黎陽)으로 파견하여 원무본(元務本)을 치게 하고, 또 좌익위 대장군 우문술과 우후위(右候衛) 장군 굴돌통(屈突通)을 파견하여 역참용 마차를 타고 군사를 거느리고 가서 양현감을 토벌하도록 하였다.

래호아(來護兒)는 군사를 거느리고 동래에 도착해서야 양현감이 동도(東都: 낙양)를 포위하고 있다는 소식을 듣고 여러 장수들을 불러 모아 군사를 돌려서 동도를 구원하는 문제를 상의하였다. 여러 장수들은 황제의 칙명이 없는 상황에서 함부로 군사를 돌리면 안 된다고 하면서 래호아의 명령에 따르려고 하지 않았다.

래호아가 버럭 소리를 지르며 말했다.

"낙양이 포위된 것은 말하자면 가슴과 배 속의 병이고, 고구려가 황명에 거역하는 것은 피부의 옴과 같은 것이다. 나라의 일을 알게 된 이상 가지 않을 수 없다. 지휘권을 함부로 행사한 죄는 내가 질 것이고 다른 사람은 관련이 없다. 군사를 돌리자는 지시를 막으려는 자는 군법으로 처리할 것이다!"

그리고는 곧바로 군사를 돌렸다. 그는 아들 래홍(來弘)과 래정(來整)에게 명령하여 말을 타고 달려가서 양제에게 보고하라고 명하였는데,

양제는 당시 이미 탁군으로 돌아와서 래호아에게 동도를 구원하라는 명령을 내려놓은 상황이었다.

양제는 래홍과 래정이 온 것을 보고 매우 기뻐하면서 래호아에게 옥쇄를 찍은 문건을 하사해 주었는데, 그 문건에는 "그대가 군사를 돌린 시각은 바로 내가 그대에게 군사를 돌리라는 명령을 내린 날이구나. 군신 간에 의견이 서로 일치하기가 마치 서로 묵계(默契)를 맺은 듯하구나!" 라고 쓰여 있었다.

처음 동도에 도착하였을 때 양현감은 스스로 천하가 자기에게 호응하고 있는 줄로 생각하였다. 그는 위복사(韋福嗣)를 얻은 후 그를 심복으로 생각하고 더 이상 이밀(李密)을 완전히 신임하지는 않게 되었다.

그러나 위복사는 양현감을 위해 계책을 내면서도 항상 이중의 기회를 노리고 있었다.

(*그는 결국 이해 11월에 자수하고 만다. 그리고 이밀도 도망치다가 사람들에게 붙들렸으나, 압송되어 가다가 감시인들에게 뇌물을 써서 방비가 느슨해진 틈을 타서 도망치는 데 성공한다.)

그때 이자웅(李子雄)이 양현감에게 빨리 호칭을 황제로 바꾸어 부르라고 권하자, 양현감이 이에 대한 이밀의 의견을 물었다.

이밀이 말했다.

"옛날 진승(陳勝)이 스스로 왕이라 불리고 싶어 하였는데 장이(張耳)가 그를 말리다가 배척을 당하였고, 조조(曹操)가 황제의 자리에 오르려는 계획을 세우고 있을 때 순욱(荀彧)이 그렇게 하라고 권하다가 도리어 죽임을 당하였다. 지금 내가 직언을 한다면 장이나 순욱과 같은 처지에 놓이게 될 것이다.

그러나 그렇다고 해서 그대에게 아유봉승(阿諛奉承)하는 것 역시 나의 본래 뜻이 아니다. 왜 그런 줄 아는가?

우리가 기병한 이래 비록 여러 차례의 전투에서 이기기는 하였으나 군(郡)이나 현(縣)의 일급 관리들은 아직 아무도 우리에게 호응하지 않고 있다. 동도의 방위력은 아직 매우 강하고, 전국 각지에서 달려오는 구원군들도 갈수록 많아지고 있다. 그대는 마땅히 온몸을 던져 작전에 진력하여 하루 빨리 관중(關中) 지방을 평정해야 할 것이다.

상황이 이러한데도 그대는 황제로 불리고 싶어 안달하고 있다. 무엇 때문에 남들이 그대의 도량 좁음을 간파하도록 하려는가?"

양현감은 그 말을 듣고 웃으며 황제로 자칭하는 일을 그만두었다.

양제는 전에 원홍사(元弘嗣)가 곡사정(斛斯政)의 친척이므로 그를 홍화군(弘化郡) 유수(留守)로 임명했었는데, 이때 와서 그는 위위소경(衛尉少卿) 이연(李淵: 당 고조. 당 태종의 부친)을 홍화군으로 급파하여 원홍사를 가두어 놓게 하였으며, 원홍사를 대신하여 그를 홍화군의 유수로 임명하였다.

이리하여 관서(關西)의 13개 군의 군대는 모두 이연의 지휘와 통제를 받게 되었다. 이연은 부하들을 대함에 있어 매우 관대하고 너그러웠으므로 많은 사람들이 그의 밑으로 와서 붙었다.

양제는 이연의 얼굴 생김새가 매우 기이하고 그의 이름 또한 도참설(圖讖說: 당시 떠돌았던 참언의 내용은 "楊氏將滅, 李氏將興. 李氏當爲天子"였다.-편역자)에서 말한 것과 부합하므로, 그를 매우 시기하였다.

얼마 후 양제는 이연을 행재소(行在所)로 불렀으나, 그는 병이 나서 가지 못했다. 당시 이연의 외생질녀 왕씨(王氏)가 양제의 비빈(妃嬪)으로 있었는데, 양제가 왕씨에게 물었다.

"네 외숙은 무슨 이유로 이렇게 오는 것이 늦은가?"

왕씨가, 이연이 병이 났다고 대답하자, 양제가 물었다.

"죽을 병인가?"

이연은 이 일을 전해 듣고 나서 몹시 두려워하면서, 일부러 밤낮 술에 취해 술주정을 하고, 뇌물을 받는 행동으로 자기 자신을 위장하였다.

(*수나라가 망한 다음 결국 천하를 차지하게 되는 당 고조 이연(李淵)이 최초의 권력 기반을 마련하게 되는 과정과 첫 번째의 위기를 넘기는 과정이기에 간략히 소개하였다.)

(4) 수 양제의 제 3차 고구려 침공

614년(大業 10년) 2월 3일. 「○양제는 문무백관들에게 조서를 내려 고구려를 다시 침벌할 문제를 논의하도록 하였다. 그러나 며칠 동안 감히 말을 하는 자가 없었다.

20일. 양제는 다시 조서를 내려 전국의 군대를 징발하여 모든 방면으로 일시에 진격하라고 하였다.」

(*그 조서의 내용은 이러하였다.)

〈황제(黃帝)는 52번의 전쟁을 치렀고 성탕(成湯: 商 나라의 시조)은 27차의 정벌을 한 후에야 그 덕이 제후들에게 베풀어졌고 그 영(令)이 천하에 행해지게 되었다. 노방(盧芳)은 작은 도적에 지나지 않았으나 한(漢) 고조(高祖)는 오히려 이를 직접 쳤고, 외효(隗囂)는 보잘 것 없는

잔적(殘賊)이었으나 한(漢) 광무제(光武帝)는 오히려 농서(隴西)로 직접 이를 치러 나갔으니, 이 어찌 포악함을 제거하고 전쟁을 멈추게 함으로써 수고한 연후에 편안함을 누리려는 것이 아니겠는가?

짐이 왕업을 계승하여 천하에 군림하였으니 해와 달이 비추는 곳과 바람과 비가 멈추는 곳은 그 어디인들 우리의 신하가 아니겠는가?

그런데 저 하찮은 고구려는 유독 왕화(王化)에서 벗어나 궁벽한 바다 바깥에 거주하면서 솔개처럼 활개치고 이리처럼 물어뜯으며 오만하고 불손하게 우리 변방을 약탈하고 우리의 성(城)과 진(鎭)을 침범하였다. 그래서 지난해에 거가(車駕)를 끌고 멀리 요동(遼東)과 갈석(碣石)까지 가서 저희 죄를 물었으며, 현토(玄菟)에서는 긴 뱀(長蛇)들을 쳐 죽였으며, 평양에서는 큰 돼지(封豕)들을 쳐 죽였다.

부여(扶餘) 방면으로 나간 군사들은 바람과 번개처럼 달려가서 달아나는 적을 추격하여 옥저(沃沮)의 지경을 넘었으며, 창해(滄海)의 병선들은 적의 심장부를 찔러서 그 성곽(평양성)을 불사르고 그 궁실들을 허물어 버렸다. 이에 고원(高原: 영양왕)이 머리를 조아리고 군문(軍門)에 항복문서를 보내왔으며, 곧 입조하기를 청하면서 사구(司寇: 형의 집행을 주관하는 관리)에게 자기 죄의 처분을 맡긴다고 하였다.

그래서 짐은 그가 전날의 잘못을 고치고 스스로 새로워짐을 허락하고 조서를 내려 군사를 철수하였던 것인데, 그는 끝내 잘못을 고치지 않고 짐독(鴆毒)을 보기를 마치 잔칫상 보듯 하고 있으니, 이것을 참아준다면 무엇인들 용납하지 못하겠는가?

이에 명하노니, 전군을 1백 개 방면으로 나누어 일제히 진군하라.

짐이 직접 지휘봉을 잡고 모든 군사를 지휘하여 환도성(丸都城: 고구려의 수도)에서 말을 먹이고, 요하(遼河)에서 열병식을 거행할 것이다.

그리하여 하늘의 뜻에 따라 해외에서 포악한 자를 베어 거꾸로 매달린 듯 고통당하고 있는 백성들을 구제할 것이다. 정벌을 통하여 잘못을 바로잡고 악한 자를 베어 죽임으로써 덕을 밝힐 것이다.

그러나 다만 원흉만을 제거하고 그 나머지 사람들에 대해서는 죄를 묻지 않겠다.

너희가 존망(存亡)이 갈라지는 이치를 알고 안위(安危)가 갈라지는 계기를 깨닫는다면, 손바닥 뒤집듯이 태도를 바꾸어 머리를 북쪽으로 향하여(즉, 항복하여) 스스로 많은 복을 구하라!

만약 악(惡)을 같이 하면서 서로 힘을 합하여 짐의 군대에 항거한다면, 마치 요원의 불길이 모든 것을 남김없이 태워버리듯이, 형륙(刑戮)의 시행에 용서함이 전혀 없을 것이다.

담당 관리는 이를 널리 선포하여 모두가 들어서 알게 하라.〉

(*이 조서의 전문은 〈수서(隋書)〉와 〈삼국사절요(三國史節要)〉에만 수록되어 있다.)

614년(大業 10년) 3월 14일. 양제가 탁군(涿郡)으로 갔는데, 가는 도중에 군사들이 계속 도망을 갔다.

25일. 양제가 임유궁(臨渝宮)에 이르러 야외에서 황제(黃帝)에게 제사지냈는데, 배반한 자와 도망병들을 참살하여 그들의 피를 전고(戰鼓)에 칠하였다. 그러나 도망가는 병사들은 여전히 그치지 않았다.

614년(大業 10년) 7월 17일, 「○양제의 수레가 회원진(懷遠鎭)에 이르러 머물렀다. 당시 천하는 이미 어지러워졌으므로 징발된 군사들 대부분이 기일 내에 오지 않았으며, 고구려 쪽도 역시 피폐하고 지쳐 있었다.

래호아(來護兒)가 군사를 거느리고 비사성(卑奢城: 〈자치통감〉에는 '畢奢城'으로 쓰고, 그 注에서는 '卑沙城'으로 쓰고 있다-편역자)에 이르자 고구려에서 군사를 내어 맞이해 싸웠는데, 래호아가 이를 쳐서 이기고, 장차 평양으로 달려가려고 하였다.

고구려왕 원(元: 嬰陽王 高元)이 두려워하면서 28일, 사자를 보내서 항복하겠다고 애걸하면서 곡사정(斛斯政)을 함거에 가두어 보내왔다.

양제는 크게 기뻐하며 사자에게 황제의 신임표를 가지고 가서 래호아를 불러오게 하였다.」

그때 래호아는 부하들을 소집해 놓고 말했다.

"수나라 대군이 세 차례나 출정하였으나 고구려를 평정하지 못했다. 만약 이번에 돌아간다면 다시는 올 수 없을 것이다. 수고를 했으나 공로가 없는 것을 나는 치욕으로 생각한다.

지금 고구려군은 지칠 대로 지쳐 있으므로 이처럼 많은 우리의 군대로써 친다면 수일 내로 승리할 수 있다. 나는 곧바로 달려가서 평양을 포위하고 고구려왕을 사로잡아 개선가를 부르면서 돌아오고자 한다. 이렇게 하는 것이 좋지 않겠느냐?"

그리고는 양제에게 출정을 허락해 달라는 문서를 올리며 회군을 지시하는 명령을 받들려고 하지 않았다.

장사(長史: 군사고문) 최군숙(崔君肅)이 황제의 뜻을 받들어 군사를 돌리자고 극력 권했으나, 래호아는 듣지 않고 말했다.

"적의 세력은 이미 깨어졌다. 황제께서는 나를 완전히 신임하시어 나를 임명하였으므로, 나는 스스로 판단하여 이 일을 결정할 수 있다. 내가 멀리 싸움터에 나와 있을 때에는 무슨 일이든 당연히 내가 전적으로 결정하는 것이다. 차라리 고구려왕을 사로잡아 돌아가서 벌을 받을지언정 이런 성공의 기회를 포기할 수는 없다!"

그러자 최군숙이 여러 사람들에게 말했다.

"만약 원수의 지시를 따른다면 황제의 명령을 위반하게 된다. 반드시 누군가가 황제에게 보고할 것이고, 그렇게 되면 우리 모두는 틀림없이 죄를 받게 될 것이다."

그러자 여러 장수들은 두려워하면서 돌아가기를 청하였다. 래호아도 어쩔 수 없이 황제의 조서를 받들고 군사를 돌렸다.

614년(大業 10년) 8월 4일, 「○양제는 회원진(懷遠鎭)에서 군사를 거두어 돌아왔다.」

한단(邯鄲)의 도적의 우두머리 양공경(楊公卿)이 자기 무리 8천 명을 거느리고 황제의 어가(御駕) 뒤를 따르던 제 8대(隊)를 쳐서 비황상구(飛黃上廏: 황궁 내의 한 부서의 명칭) 소속 말 42필을 빼앗아 갔다.

겨울 10월 3일, 양제는 동도(東都: 낙양)에 이르렀다.

「○25일에는 서경(西京: 長安)으로 돌아왔다. 그는 고구려의 사신이 항복하러 온 일과 곡사정(斛斯政)을 잡아온 일을 태묘(太廟)에 고하였다. 그리고 사신을 보내어 고구려왕 고원(高元)에게 찾아와서 인사를 하라고 불렀으나, 고구려왕은 끝내 오지 않았다. 그래서 다시 장수들에게 명령을 내려서 출전 준비를 단단히 하여 또다시 쳐들어가자고 하였으나, 결국 실현되지 않았다.」

(*살수 대첩 및 수 양제에 관한 〈삼국사기〉의 기록은 여기에서 끝나고, 그 후의 수나라의 정세와 수 양제의 행동, 최후의 운명 등에 관한 이야기는 〈자치통감〉에 있는 것을 요약 정리한 것이다.)

당초에, 개황(開皇: 文帝) 말년에, 나라가 부유하고 강성하였을 때 조야(朝野)의 모든 사람들이 고구려를 쳐야 한다고 주장할 때, 유독 유현(劉炫)만이 쳐서는 안 된다고 하였다. 그래서 그는 〈무이론(撫夷論: 오랑캐를 위무하는 문제에 관한 논의)〉이란 글을 써서 고구려를 침공하자는 주장들을 비판하였는데, 이때 와서 그의 주장이 옳았음이 증명되었다.

5. 간신들의 득세와 수(隋)의 멸망

(*이하에서는 고구려를 침공하려다가 실패하였을 뿐만 아니라 도처에서 창궐하는 도적의 무리들과 천하의 대권을 손에 넣으려는 반란 세력들의 도전에 직면한 수 양제가 국내의 혼란 상황을 적극적으로 수습하기는커녕 도리어 간신들의 농간에 놀아남으로써 결국 천하를 잃고 자신과 처자식들 모두가 죽임을 당하고마는 비참한 최후의 과정을 간략히 살펴본다. 이 과정에서 태어난 것이 당공(唐公) 이연(李淵)에 의한 당(唐) 제국이다.)

(1) 곡사정의 비참한 최후

614년(大業 10년) 11월 2일, 금광문(金光門) 밖에서 곡사정(斛斯政)을 처형하였는데 지난해 양적선(楊積善)을 죽인 방법으로 죽였다.

그의 살을 삶아서 백관들에게 먹게 하였더니, 간신배들은 배가 부르도록 먹었다. 그리고 남은 뼈들을 거두어 태운 후 바람에 날려 버렸다.

(*지난해 12월에 양현감을 따라서 모반에 가담하였던 양적선을 처형한 방법을 보면, 먼저 사형수를 격자 모양으로 만든 나무에 묶어놓고 수레바퀴를 그의 목에 건 후 9품 이상의 문무백관들로 하여금 모두 무기를 들고 그를 찍거나 활로 쏘게 한다. 어지럽게 쏘아댄 화살이 그의 몸에 박혀서 마치 고슴도치처럼 되고 지체(肢體)가 으깨졌다. 그러고 나서 사지를 끈으로 묶어 네 대의 마차에 매달아 끌게 함으로써 갈가리 찢어지게 한 다음, 찢어진 사지를 끓는 물에 삶고, 그 뼈는 골라서 전부 불에 태워 날려 보냈다.)

(2) 유질(庾質)의 죽음

614년(大業 10년) 11월, 양제가 동도(東都)로 순시를 가려고 하자, 태사령 유질(庾質)이 가지 말라고 말리며 말했다.

"해마다 요동을 정벌하느라 백성들의 삶은 말할 수 없이 지치고 피폐해져 있습니다. 폐하께서는 마땅히 관내(關內) 백성들을 위로해 주시고 백성들이 농사에 전력을 다하도록 해야 할 것입니다. 그렇게 하신다면 서너 해 사이에 나라는 다시 점차 부유해질 것이며, 그런 연후에 다시 각지로 순시를 가시는 것이 합당할 것 같습니다."

양제는 이 말을 듣고 불쾌해 하였다. 그래서 유질은 병을 핑계대고 양제의 순행을 수행하지 않았다. 양제는 크게 화를 내고 유질을 감옥에 가두어 놓게 하였다. 유질은 결국 감옥 안에서 죽었다.

(*이때 각 지역에서 일어난 대표적인 도적들을 보면 다음과 같다.

○동해의 도적 괴수 팽효재(彭孝才)는 기수(沂水) 지역을 돌아다니면서 약탈을 하였다.

○맹양(孟讓)은 장백산을 거점으로 각 군을 약탈하였으며, 우이(盱眙) 지역에 이르렀을 때에는 거느리고 있는 무리가 10여만 명이나 되었다.

○제군(齊郡)의 도적 괴수 좌효우(左孝友)는 따르는 무리 10만 명을 거느리고 준구산(蹲狗山)에 진을 치고 있었다.

○탁군의 도적 괴수 노명월(盧明月)은 무리 10여만 명을 거느리고 축아현(祝阿縣)에 주둔하고 있었다.)

615년(大業 11년) 1월, 양제는 비서성(秘書省)의 관원들을 120명으로 늘리고 그들을 모두 학사(學士)들로 충원하였다. 양제는 독서와 저술 활동을 즐겼는데, 그가 양주총관(揚州總管)으로 재임 중에 설치한 왕부학사(王府學士)들도 1백 명에 달하였다.

그는 항상 이들에게 책을 편찬(修撰)하라고 지시하였으며, 황제의 자리에 오른 때를 전후하여 20년 가까이 책을 펴내는 일을 잠시도 중단한 일이 없었다.

경술(經術), 문장(文章), 병법(兵), 농업(農), 지리(地理), 의술(醫), 불

교(釋), 도교(道) 관련 서적을 비롯하여 심지어 도박(賭博)이나 사냥(鷹犬) 등의 분야에 이르기까지 전부 새로운 책들을 펴냈는데, 그 모두가 정밀하고, 깊이가 있고 범위도 넓었다. 이렇게 하여 펴낸 책들은 모두 31부(部) 1만7천여 권(卷)이나 되었다.

당초 서경(西京: 장안)의 가칙전(嘉則殿)에는 37만 권의 서적이 있었는데, 양제는 비서감 유고언(柳顧言) 등에게 명하여 이 책들을 선별하여 편차(編次)를 매기고, 그 중에서 중복되고 잡스러운 책들은 삭제해 버림으로써 어제정본(正御本) 3만7천여 권을 정리해서 그것을 동도(東都: 낙양)의 수문전(修文殿)에 수장하도록 하였다.

그리고 또 부본(副本)을 50부씩 베껴서 그것을 품질별로 3개 등급으로 나누어 서경(西京)과 동도(東都: 낙양)의 궁(宮)과 성(省), 관부(官府)에 각각 1부씩 나누어 보관하게 하였는데, 어제정본(正御本)들은 모두 장정을 정교하고 화려하게 하고 책 등은 옥(玉)돌로, 표지는 비단으로 만들게 하였다.

그리고 관문전(觀文殿) 앞에다 14칸의 서실(書室)을 만들고 서실의 창문, 좌석, 휘장 등을 모두 극히 진귀하고 화려하게 꾸미게 하였다. 매 3개 서실마다 쌍선문(雙扇門: 두 짝의 미닫이문)을 세우고 비단으로 만든 휘장을 드리워 놓았고, 그 위에는 비선(飛仙: 날아가는 신선) 둘을 만들어 놓았으며, 창 밖 바닥에는 기계를 설치해 놓았다.

양제가 서실에 올 때는 궁인(宮人)이 향로를 손에 들고 앞에 서서 걸어가며 바닥에 설치해 놓은 기계를 밟으면, 비선(飛仙)이 내려와서 커튼을 걷어 올리고, 그러면 창문과 방문이 모두 자동으로 열리게 되어 있었다.

양제가 서실을 떠나면 창문과 방문과 커튼이 다시 내려오면서 전처럼 잠겨지게 되어 있었다.

615년(大業 11년) 2월, 양제는 도망가는 호구(戶口)가 늘어나서 도적이 많아지고 있다고 생각하여 명령을 내려 백성들에게 모두 성내로 들어와서 거주하게 하고 성 부근의 땅을 농지로 나누어 주게 하였다. 군(郡)·현(縣), 역정(驛亭), 촌락(村塢) 등지에 모두 성을 쌓게 하였다.

615년(大業 11년) 3월 5일, 양제는 이혼(李渾), 이민(李敏), 이선형(李善衡)과 그 종족 32명을 처형하고 삼족 내의 친속들까지 모두 멀리 변경지구로 추방해 버렸다. 몇 달 후에는 이민의 처자까지 독살하였다.

당초에 신명공(申明公) 이목(李穆)이 세상을 뜨자 그의 손자 이균(李筠)이 신명공의 작위를 이어받았다.

그의 숙부 이혼(李渾)은 조카 이균이 자신에게 인색하게 행동하는데 분한 마음을 품고 자기 형의 아들 이선형(李善衡)을 시켜서 조카 이균을 죽여 버리고는 도리어 자기의 사촌 이구담(李瞿曇)이 한 짓이라고 증언하여 그를 사형당하게 하였다.

이혼은 자기의 처남인 우문술(宇文述)에게 부탁하였다.

"만약 내가 신명공의 작위를 이어받을 수 있게만 해준다면, 내가 얻게 될 봉지(封地)의 수입 중에서 반을 바치겠다."

우문술은 그를 위해서 태자를 직접 만나 사정을 설명하고, 또 문제에게 주청을 올려 이혼이 이목(李穆)의 작위를 계승하게 해주었다.

그러나 2년이 지난 후부터 이혼은 우문술에게 약속한 것을 보내주지 않았다. 이 일로 우문술은 이혼을 크게 원망하였다.

양제가 즉위한 후 이혼은 여러 차례 승진을 거듭하여 효위(驍衛) 대장군까지 되고 작위와 봉지도 성공(郕公)으로 바꾸었다.

양제는 이혼의 가족과 집안이 크게 번성한 것을 매우 시기하였다. 마침 그때 방사(方士) 안가타(安伽陁)가 양제에게, "장차 이씨(李氏)가 틀림없이 천자(天子)가 될 것입니다(李氏當爲天子)"고 하면서, 천하의 이씨 성을 가진 사람들을 다 죽이라고 권했다.

이혼의 조카인 장작감(將作監) 이민(李敏)의 어릴 때 이름이 홍아(洪兒)였는데, 양제는 그 이름자가 바로 참언(讖言)의 말을 증험한 것이라고 의심하고는 이민의 면전에 대놓고 그 일을 이야기하면서 그가 자살해 주기를 기대하였다.

이민은 크게 겁이 나서 몇 차례 남들의 눈을 피해가며 은밀히 이혼, 이선형과 이 문제를 두고 이야기를 나누었다.

우문술은 양제의 면전에서 이혼을 나쁘게 말하고 또 호분랑장(虎賁郞將) 배인기(裴仁基)에게 이혼의 모반(謀反) 사건을 고발하게 하였다. 양제는 이혼 등 그 집안사람들을 붙잡아서 감옥에 집어넣고 상서좌승(尙書左丞) 원문도(元文都)와 어사대부(御使大夫) 배온(裴蘊)을 함께 파견하여 이혼의 죄를 추궁하게 하였다.

그들이 여러 날 심문하였으나 이혼이 모반하였다는 아무런 죄상도 찾아내지 못하자 사실대로 양제에게 보고하였다.

양제는 다시 우순술을 보내어 이혼의 죄상을 끝까지 추궁하도록 하였는데, 우문술은 이민(李敏)의 처 우문씨(宇文氏)를 꾀어서, 이혼은 수나라 군대가 요하를 건너간 후 집안 자세들 중에서 장수로 있는 사람들과 함께 황제의 막사(御營)를 습격하여 황제를 죽인 후에 이민(李敏)

을 천자로 옹립하기로 모의하였다고 무고(誣告)하도록 가르쳐 주었다.

우문술은 그 무고장을 가지고 들어가서 양제를 만나 보고하자, 양제가 눈물을 흘리면서 말했다.

"종묘사직이 하마터면 뒤집어질 뻔하였는데, 전적으로 그대 덕분에 보존될 수 있게 되었소!" 하였다.

615년(大業 11년) 3월 17일, 양제는 태원(太原)으로 갔다가, 4월에는 분양궁(汾陽宮)으로 피서를 갔다. 그곳 궁성의 땅이 좁아서 백관들과 사졸들은 모두 산골짜기로 흩어져서 풀을 베어 막사를 짓고 그 안에서 머물렀다.

양제는 이연(李淵)을 산서(山西)와 하동(河東)의 무위대사(撫慰大使)로 임명하였는데, 이는 황제의 명령을 받들어 군·현의 문무 관원들의 승진과 파면 등 인사권을 행사하고 또 하동의 군사들을 징발하여 도적의 무리들을 토벌하는 책임을 진 직책이었다. 이연은 군사들을 거느리고 용문(龍門)으로 가서 도적의 괴수 무단아(毋端兒)를 쳐서 무찔렀다.

615년(大業 11년) 8월 5일, 양제가 북쪽 변경으로 순유(巡遊)를 나갔다.

당초에, 돌궐의 추장 시필극한(始畢可汗)이 수십만 명의 기병들로 양제를 습격한 후 포위하여 그는 꼼짝할 수 없는 처지에 빠졌다.

(*이후 9월 15일 시필극한이 포위를 풀고 물러날 때까지 수많은 고생을 하게 되는데, 그러나 무사히 풀려날 수 있게 된 데는 돌궐 부족으로 시집간 의성공주(義成公主)의 도움이 컸다.)

8월 24일, 양제가 천하의 모든 인사들에게 자신을 구원하라는 조서를 내렸는데, 각 군의 군수와 현령들이 다투어 이에 응모하였다. (후에 당 태종이 되는) 이연(李淵)의 아들 이세민(李世民)도 당시 16세의 젊은 나이로 구원군에 응모하여 운정흥(雲定興)의 부하로 참가하였다.

615년(大業 11년) 9월 15일, 시필극한이 포위를 풀고 물러갔다. 양제가 사람을 보내어 정찰하게 하였더니, 산골짜기에는 한 사람도 보이지 않았고 돌궐의 군대도 없었다. 그때서야 2천 명의 기병을 내보내어 돌궐의 군대를 추격하게 하였는데, 수나라 군사들은 마읍(馬邑)까지 쫓아가서 겨우 노약자 2천 명을 붙잡아 돌아왔다.

9월 18일, 양제가 태원(太原)으로 돌아오자 소위(蘇威)가 양제에게 말했다.

"지금 도적들은 끊어지지 않고 군사와 말들이 다 지쳐 있으니, 폐하께서는 속히 서경(西京: 장안)으로 돌아가시어 나라의 근본부터 튼튼하게 하는 것이 나라를 위한 바른 계책일 것입니다."

양제가 그렇겠다고 생각하는데, 우문술이 말했다.

"폐하를 따르고 있는 관원들의 처자들은 모두 동도(東都: 낙양)에 있습니다. 어떻게든 빨리 낙양(洛陽)으로 간 다음 동관(潼關)을 거쳐서 들어가는 것이 좋겠습니다."

양제는 그 의견을 따랐다.

10월 3일, 양제가 동도(東都)에 도착하였다.

616년(大業 12년) 4월 1일, 대업전(大業殿) 서원(西院)에 불이 났다.

양제는 도적들이 쳐들어온 줄 알고 서원(西苑)으로 달아나서 풀 속에 몸을 숨겼다가 불이 꺼진 후에야 나왔다. 양제는 4년 전부터 매일 밤 잠을 잘 자지 못하고 자주 놀라 깨어서는 도적이 나타났다고 말했다. 여러 부인들이 흔들면서 어루만져 준 다음에야 다시 겨우 잠들 수 있었다.

(3) 간신들의 거짓보고

616년(大業 12년) 5월. 양제가 시신들에게 도적들의 상황을 물었더니, 좌익위 대장군 우문술(宇文述)이 말했다.

"점점 줄어들고 있습니다."

양제가 말했다.

"과거에 비하면 어떠한가?"

우문술이 대답하였다.

"과거에 비해 10분지 1도 안 됩니다."

그 말을 들은 납언(納言) 소위(蘇威)가 기둥 뒤로 몸을 피하자, 양제는 그를 앞으로 불러내어 물었다.

그가 대답하였다.

"저는 그 방면의 일을 맡은 관리가 아니어서 도적들의 수가 얼마나 되는지는 잘 모릅니다. 그러나 갈수록 도적들은 도성 가까이 오고 있습니다."

양제가 물었다.

"그렇게 말하는 근거가 무엇인가?"

소위가 말했다.

"전에는 도적들은 단지 장백산을 거점으로 활동하고 있을 뿐이었으나, 지금은 이미 사수(汜水) 근처에까지 와 있습니다. 근래 황제 폐하께 올라오는 도적에 관한 정황 보고서는 모두 사실과 다르기 때문에 적절한 조치를 내리지 못하여 도적들을 때맞추어 초멸할 수 없습니다. 그리고 이전에 안문(雁門)에 계실 때 요동 정벌의 중지를 승인하셨는데도 아직도 여전히 군사들을 징발하고 있으니, 도적이 어떻게 없어질 수 있겠습니까?"

양제가 그 말을 듣고 불쾌해 하였으므로 그만 두었다.

며칠 후 5월 5일에 백관들 중에 많은 사람들이 황제에게 진기한 물건들을 진상하였으나 소위(蘇威)만은 〈상서(尙書)〉를 바쳤더니, 어떤 자가 그를 헐뜯어 말했다.

"상서에는 〈오자지가(五子之歌)〉 편이 있는데, 소위의 뜻이 매우 불경하다."

(*〈五子之歌〉는 하(夏) 왕조의 시조 우(禹)의 손자 태강(太康)이 정사를 돌보지 않고 백성들의 고통은 안중에도 두지 않고 매일 놀러나 다니고 사냥이나 하러 다니다가 유궁국(有窮國)의 임금 예(羿)에 의해 황하 북쪽에서 붙잡혀 돌아오지 못하고 있을 때 그의 다섯 동생들이 어머니를 모시고 있으면서 왕인 형이 돌아오기를 애타게 기다리면서 읊었다는 노래로서, 〈고문상서(古文尙書)〉의 한 편명(篇名)이다. 임금이 정사를 소홀히 하다가는 결국 그 자리에서 쫓겨나게 됨을 경계한 노래이다.
그러나 〈尙書〉에는 〈오자지가〉 외에도 수많은 편의 글들이 있으므로, 이 말은 터무니없는 모함임이 분명하다. -편역자)

이 일로 인해 양제는 그에 대하여 더욱 화를 내었다.

얼마 후 양제가 소위에게 고구려를 치는 문제를 질문하자, 소위는 양제에게, 천하에 수많은 도적들이 일어나고 있는 상황을 이해시키기 위하여 대답했다.

"현재 요동을 정벌하는 일에는 군사를 동원하지 말기 바랍니다. 다만, 도적의 무리들을 사면해 준다면 수십만 명의 사람들을 얻을 수 있습니다. 그들을 보내어 요동을 정벌하게 한다면, 저들은 죄를 용서받은 것을 기뻐하면서 서로 다투어 공을 세우려 할 것입니다. 그렇게 되면 고구려를 평정할 수 있습니다."

이 말을 듣고 양제가 불쾌해 했으므로, 그는 곧바로 물러나왔다.

그러자 어사대부(御使大夫) 배온(裴蘊)이 주청하여 말했다.

"소위의 행동은 매우 불경합니다. 천하 어디에 그렇게 많은 도적들이 있다는 말입니까?"

양제가 말했다.

"저놈은 지극히 간사한 놈이다. 도적을 가지고 나를 위협하고 있다. 저놈의 주둥이를 한 대 갈겨주고 싶지만 잠시 참았다."

배온은 양제의 마음을 알아차리고는 하남(河南)의 평민 장행본(張行本)으로 하여금 상소를 올리게 하였다.

"소위(蘇威)가 전에 고양(高陽)에서 관리를 뽑는 직책을 맡고 있을 때, 그는 사람들에게 관직을 멋대로 나누어 주었으며, 돌궐의 침입을 겁내어 회군(回軍)하기를 청했습니다."

양제는 사람을 시켜서 소위의 죄를 조사하게 하고, 죄상을 엮어 만든 다음, 그의 죄상을 하나하나 열거하면서 그를 파면시켜 평민으로 만들었다.

한 달여 후, 또 어떤 사람이, 소위는 돌궐과 은밀히 결탁하여 모반을 꾀하고 있다고 보고하였다. 그러나 이 일은 배온 자신이 꾸며낸 것으로, 배온은 소위를 사형에 처하도록 판결하였다.

소위는 자기 자신을 변명할 길이 없자 매우 감상적으로 변하여 그저 잘못했다고 사죄할 뿐이었다. 양제는 소위를 가련하게 여겨서 장차 석방시켜 주려고 하면서 말했다.

"차마 그를 죽이지 못하겠구나."

그리고는 소위의 자손 3대를 전부 제명하여 평민으로 삼았다.

616년(大業 12년) 7월 7일, 강도(江都: 지금의 강소성 揚州市)에서 새로 건조한 용주(龍舟)가 완공되어 동도(東都: 낙양)로 보내져 왔다. 우문술이 양제에게 강도로 순유(巡遊) 나갈 것을 권하자 우후위(右候衛) 대장군 조재(趙才)가 간하여 말했다.

"지금 백성들은 여위고 지쳐 있고, 나라의 곳간은 텅텅 비어 있으며, 도처에서 도적의 떼가 벌 떼처럼 일어나고 있고, 나라의 법은 시행되지 않고 있으니, 폐하께서는 우선 수도(京師: 장안)로 돌아가시어 천하 백성들을 안정시키고 위무해주기 바랍니다."

그러자 양제는 버럭 화를 내면서 그를 사법관에게 넘겨 그 죄를 다스리라고 하였다. 열흘이 지나자 화가 풀려서 그를 풀어 주었다.

조정의 대신들은 모두 황제가 강도로 순유 나가는 것을 좋아하지 않았으나, 양제의 뜻이 너무나 굳었기 때문에 아무도 감히 간하지 못하였다.

그때 건절위(建節尉) 임종(任宗)이 상서를 올려 간하자, 양제는 그날 곧바로 그를 조당(朝堂)에서 매를 쳐서 죽였다.

7월 10일, 양제는 강도로 순유를 나가면서 월왕(越王) 양동(楊侗: 양제의 손자)과 광록대부(光祿大夫) 단달(段達), 태부경(太府卿) 원문도(元文都), 검교민부상서(檢校民部尙書) 위진(韋津), 우무위(右武衛) 장군 황보무일(皇甫無逸), 우사랑(右司郎) 노초(盧楚) 등에게 명하여 함께 남아서 동도(東都)를 지키는 일을 책임지도록 하였다.

양제는 시를 지어서 남아 있는 궁인들과 이별을 하면서, "나는 강도의 아름다움을 꿈꾸었는데, 요동을 정벌한 일은 우연이었다(我夢江都好, 征遼亦偶然)"고 하였다.

봉신랑(奉信郎) 최민상(崔民象)이 도적의 무리들이 전국에 들끓고 있다는 이유로 상소를 올려 황제의 순유를 중지시키려 하자, 양제는 크게 화를 내어 먼저 그의 턱을 찢은 후 그의 목을 베었다.

(4) 우문술의 죽음과 그의 세 아들

616년(大業 12년) 10월 6일, 허공공(許恭公) 우문술(宇文述)이 죽었다.

원래 우문술의 아들 우문화급(宇文化及)과 우문지급(宇文智及)은 무뢰배들이었지만, 우문화급은 일찍이 양제가 태자일 때 동궁(東宮)에서 양제(煬帝: 당시는 태자 楊廣)를 섬겼는데, 양제는 그를 크게 신임하고 가까이 하였다. 양제가 황제의 자리에 오른 후 우문화급을 태복소경(太僕少卿)에 임명하였다.

양제가 유림(楡林)으로 순유(巡遊)를 나갔을 때, 우문화급과 우문지급은 금령(禁令)을 어기고 돌궐 부족 사람들과 거래를 하였다. 양제는 크게 화를 내어 그들을 죽이려고 생각하여 옷을 벗기고 두발까지 풀어 헤쳤으나 차마 죽이지는 못하고 그석방하여 그들의 아비인 우문술에게 주어 노비로 삼게 하였다.

우문지급의 아우인 우문사급(宇文士及)은 남양공주(南陽公主)를 아내로 맞이한 수 양제의 사위(駙馬)였기 때문에, 언제나 우문지급을 우습게 여기고 다만 우문화급과만 친하게 지냈다.

우문술이 세상을 뜨자 양제는 다시 두 형제를 노비의 신분에서 벗겨주고 우문화급은 우둔위(右屯衛) 장군으로, 우문지급은 장작소감(將作少監)으로 임명하였다.

616년(大業 12년) 12월 10일, 양제는 조서를 내려 우효위(右驍衛) 장군 당공(唐公) 이연(李淵)을 태원(太原) 유수로 임명하고, 호분랑장(虎賁郎將) 왕위(王威), 호아랑장(虎牙郎將) 고군아(高君雅)를 이연의 부장(副將)으로 임명하여 군사를 거느리고 가서 도적의 괴수 견적아(甄翟兒)를 토벌하도록 하였다.

이연의 군사들은 작서곡(雀鼠谷)에서 견적아와 만났는데, 그의 군사는 수천 명에 불과하여 적들에 의해 여러 겹으로 포위되었다. 이세민(李世民: 후의 당 태종. 이때 그의 나이는 17세에 불과하였다.)이 이연을 구원하기 위하여 정예병들을 거느리고 와서 그를 수만 명의 적들 속에서 구해 내었다. 그때 마침 이연의 보병 군사들이 도착하여 양군이 맞붙어 싸운 결과 견적아의 군사들을 대파하였다.

수 양제는 자기 골육과 친척들을 멀리하고 각박하게 대하였으므로 그의 아들 채왕(蔡王) 양지적(楊智積)은 항상 불안해 하다가 병이 들었지만 의사를 불러와서 병을 치료하려고 하지 않았다.

그는 임종 때 친한 사람에게 말하기를, "오늘에야 나는 나의 머리를 온전히 보전한 채 지하에서 죽을 수 있게 되었음을 알게 되었다"고 하였다.

(5) 간신 우세기(虞世基)와 배온(裴蘊)

616년(大業 12년), 내사시랑(內史侍郎) 우세기(虞世基)는 양제가 도적들의 정황에 대한 보고를 듣기 싫어한다는 사실을 알고 여러 장수들과 각지의 군·현에서 올라오는 패전 소식과 구원군을 요청하는 보고서를 전부 뜯어고쳐서 사실대로 보고하지 않고 다만 이렇게 말하였다.

"쥐새끼나 개새끼 같은 도적의 무리들을 군·현의 관리들이 모조리 찾아내서 붙잡았고 한편으로 달아나는 놈들은 끝까지 쫓고 있으므로 곧바로 완전히 소멸될 것입니다. 폐하께서는 신경 쓰시지 않으셔도 됩니다."

양제는 그 말을 곧이듣고 때로 사실대로 보고하는 사자들이 있으면 그가 거짓말을 한다는 이유로 지팡이로 때리며 책망하기까지 하였다. 그리하여 도적들이 나라 안에 가득 퍼졌으며, 그들이 군이나 현을 쳐서 점령해도 양제는 전혀 알 수 없었다.

양의신(楊義臣)이 하북(河北) 지역에서 도적의 무리 수십만 명을 쳐서 이기고 항복을 받은 후 그 정황을 글로 써서 양제에게 보고하자,

양제는 읽어보고 나서 한탄하면서 말했다.

"나는 이때까지 도적들이 이처럼 많다는 말을 들어본 적이 없는데, 양의신이 항복시켰다는 도적들은 왜 이처럼 많은가?"

우세기가 대답하였다.

"좀도적들이 비록 많다고 해도 염려하실 바가 못 됩니다. 양의신이 좀도적들을 쳐부쉈다고는 하나 그가 거느린 군사들의 수도 적지 않습니다. 장수들이 오랫동안 조정 밖에 있으면서 이처럼 과장된 보고를 하는 것은 아주 좋지 못한 일입니다."

양제가 말했다.

"자네 말이 옳다."

그래서 사람을 양의신에게 보내어 돌아오게 하고, 그가 거느리고 있던 군사들을 해산시키도록 하였다. 도적들은 이리하여 다시 강성해지기 시작하였다.

치서시어사(治書侍御史) 위운기(韋雲起)가 이들을 탄핵하여 말했다.

"우세기와 어사대부 배온은 국가 기밀을 담당하는 자리에서 나라의 안팎 대사(大事)를 관장하고 있으면서, 현재 사방에서 위급함을 고하는 보고의 문서들이 올라오는데도 그것들을 폐하께 아뢰지 않고 있습니다. 도적들의 숫자는 실제로는 이미 매우 많아졌으나, 저들은 보고서를 뜯어고쳐서 도적의 수가 적다고 보고하고 있습니다.

폐하께서는 적의 수가 적다고 들었으므로 군사도 적게 보냅니다. 그래서 쌍방의 군사력이 현격히 차이가 남으로써 도적을 치러 갔으나 왕왕 이기지 못하고 그리하여 관군은 불리해지니 적당들은 날마다 그 수가 늘어가고 있는 것입니다.

이들 두 사람을 유관 부서에 넘기시어 그들의 죄를 추궁하게 하시기 바랍니다."

그러자 대리경(大理卿) 정선과(鄭善果)가 주청하였다.

"위운기는 나라의 중신(重臣)을 헐뜯고 모함하고 있습니다. 그가 말한 것은 모두 거짓입니다. 그는 조정을 비방하고 헐뜯으며 망령되게 위엄과 권세를 행사하고 있습니다."

그래서 양제는 위운기의 직위를 대리사직(大理司直)으로 강등시켰다.

양제가 강도(江都)에 도착하여 강(江), 회(淮) 지역 각 군의 관리들을 알현하였는데, 양제는 전적으로 그들이 바치는 예물의 다소(多少)만을 물었다. 예물이 많으면 계급을 뛰어넘어 군승(郡丞: 군수)이나 현의 수령(守令)으로 승진시키고, 예물이 적으면 함부로 그들의 관직을 빼앗아 버렸다.

강도(江都) 군승 왕세충(王世忠)은 구리 거울로 만든 병풍을 바쳐서 통수(通守)로 영전해 갔고, 역양(歷陽) 군승 조원해(趙元楷)는 진기한 물건들과 맛있는 음식을 바쳐서 강도 군승으로 영전해 갔다. 이리하여 군이나 현의 관리들은 다투어 가며 백성들의 재물을 멋대로 빼앗아 황제에게 바친 재물을 채워 넣는 데 썼다.

백성들은 밖으로는 도적들에게 빼앗기고 안으로는 군이나 현의 관리들이 부과하는 세금 때문에 살아갈 길이 막막해졌다. 거기다가 기근까지 겹쳐지자 먹을 것이 없어 나무껍질을 벗기거나 나뭇잎으로 주린 배를 채웠고, 어떤 사람들은 볏짚을 절구로 빻아서 그 가루를 먹었으며, 어떤 사람들은 흙을 구워서 먹었다. 먹을 수 있는 것이면 무엇이든 다 먹어치웠으며, 심지어는 사람들끼리 서로 잡아먹기도 하였다.

관청의 창고에는 곡식이 여전히 충분히 쌓여 있었으나 관리들은 처벌이 두려워서 그것으로 굶주린 백성들을 구제할 생각을 감히 하지 못하였다. 왕세충은 비밀리에 양제를 위하여 강(江), 회(淮) 지역 민간의 미녀들을 골라 뽑아 바침으로써 더욱 양제의 총애와 신임을 샀다.

처음 양제가 고구려를 칠 준비를 하면서 수군의 무기와 군량 등 군수물자를 탁군(涿郡)으로 운반하여 비축하게 하였다. 그리하여 탁군의 인구와 물자는 풍부해졌고 그곳에 주둔하고 있는 수나라 군사들의 숫자는 수만 명이나 되었다. 이밖에 임삭궁(臨朔宮)에는 진기한 보물들이 수없이 많이 있었다. 그리하여 각지의 도적들은 앞 다투어 이곳으로 달려와서 약탈을 하였다.

돌궐인들이 여러 차례 수나라 북쪽 변경을 침략하자, 양제는 조서를 내려서 진양(晋陽) 유수 이연(李淵)에게 태원 방면의 군사들과 마읍(馬邑:지금의 山西省 朔縣) 태수 왕인공(王仁恭)을 거느리고 가서 돌궐을 치라고 명령하였다.

이때 돌궐의 세력은 강성한 데 반해 태원(太原: 산서성 태원현) 방면과 마읍 두 지역의 관군(官軍)은 5천 명도 채 되지 않아서 왕인공은 병력이 적음을 두려워하였는데, 이연은 말을 탄 채 활을 잘 쏠 수 있는 병사 2천 명을 가려 뽑아서 이들에게 먹는 음식과 기거(起居)를 돌궐인들과 똑같이 하도록 훈련시켰다. 그리고는 관군 기병들과 돌궐인들이 서로 만나 싸울 때에 기회를 엿보아 돌궐인들을 기습하게 하였다. 이렇게 해서 전후로 여러 차례 승리를 거두었으므로, 돌궐인들은 이연을 몹시 두려워하였다.

내사시랑(內史侍郎) 우세기(虞世基)는 생긴 외모가 매우 침착하고 신중해 보였으며, 그 말하는 것이 모두 양제의 마음에 들었다. 그래서 양제는 특별히 그를 친근하게 여기고 총애하였는데, 조정 내에서 그와 비교될 자는 아무도 없었다. 그의 친구나 패거리들은 그의 세력에 의지하여 매관매옥(賣官賣獄), 뇌물수수 등을 공공연히 하였으며, 그의 집 대문 앞은 항상 찾아오는 사람들로 저자거리 같았다. 그래서 조정의 상하 모든 사람들은 우세기에 대해 통분을 품고 원망하였다.

내사사인(內史舍人) 봉덕이(封德彝)는 우세기에게 살랑거리며 붙었다. 우세기는 관청의 주요 업무들을 잘 알지 못했으므로 그는 우세기에게 황제의 명령은 어떻게 반포하고 실시하는지, 어떻게 하면 양제의 마음에 들 수 있는지를 은밀히 가르쳐 주어 대책을 세우도록 했다.

여러 신하들이 올리는 상소문들 가운데 황제의 뜻에 어긋나는 것은 모두 기각해 버리고 보고하지 않도록 하였으며, 재판 안건을 심리하거나 형법을 집행하는 경우에는 대부분 엄하고 가혹한 조문을 적용하여 매정하게 처벌하도록 하였으며, 논공행상을 할 때에는 극력 억누르고 헐뜯어서 상을 최대한 적게 주게 하였다.

이렇게 해서 우세기는 날이 갈수록 양제의 사랑과 신임을 더 많이 받게 되었고, 수나라의 정치는 날이 갈수록 느슨해지고 부패해 갔는데, 이 모두가 봉덕이가 우세기를 움직여서 한 짓이었다.

(6) 수 양제의 최후

(*이때 와서는 전국 각지에서 일어난 도적의 무리들과 반란세력이 태

원(太原)을 기반으로 하여 그 세력이 커진 후 장안(長安)을 선점한 이연(李淵)과, 최초에 양현감(楊玄感)과 함께 반란을 일으켰다가 양현감과 떨어져서 독자적인 세력을 형성하여 한때 동도(東都: 낙양)를 점령하였던 이밀(李密)의 30만 군사와, 수나라의 장수 왕세충(王世忠)과, 의협의 사나이로 시작하여 후에 당에 투항하고, 다시 떨어져 나와 재기를 도모하다가 결국 당 태종에게 죽임을 당하는 두건덕(竇建德) 등 몇 개 세력으로 수나라 천하의 세력판도가 수렴되어 가고 있었다.)

618년(隋 恭帝 義寧 2년. 唐 高祖 武德 元年) 1월, 당왕(唐王) 이연(李淵)이 장안을 함락시킨 후 각 군현에 서신을 보내어 설득하자 동쪽으로는 상락(商洛)에서부터 시작하여 남쪽으로는 파촉(巴蜀)에 이르는 각지 군현의 장관들과 도적의 수령들, 그리고 저(氐)·강(羌)의 추장들은 서로 앞을 다투어 당왕에게 자제들을 보내어 귀순하기를 청하였다. 담당부서의 관리들은 매일 수백 통에 달하는 회답 서신을 써서 보내느라 바빴다.

618년(唐 武德 元年) 3월, 수 양제는 강도(江都)에 도착한 후부터 더욱 주색에 빠져들었다. 궁중 안에는 1백여 개의 방이 있었는데, 각 방을 전부 극히 화려하게 꾸미고 방안에는 미인들로 가득 채워 넣었다, 그리고 매일 돌아가면서 한 방의 미녀가 궁중의 주인노릇을 하게 하였다.

강도 군승(郡丞) 조원해(趙元楷)는 술과 음식을 공급하는 책임을 졌고, 양제와 소후(蕭后), 그리고 양제가 사랑하는 미녀들은 돌아가면서 연회를 베풀었다. 술잔이 입에서 떨어지지 않았으며 황제를 따르는 1천여 명의 미녀들도 언제나 술에 취해 있었다.

그러나 양제는 천하가 크게 어지러워진 것을 알고 마음속으로 매우 불안해하였다. 일과가 끝난 후에는 머리에 두건을 쓰고 짧은 옷을 입고 지팡이를 짚고 이리저리 거닐면서 행궁(行宮)의 누대(樓臺)와 관사를 두루 돌아보았는데, 밤이 되어 어두워지기 전에는 멈추지 않았으며, 계속 사방의 경관을 구경하면서 아무리 보아도 부족한 듯 아쉬워하였다.

양제는 날이 밝으면 점을 치고 관상을 보고, 매일 밤마다 술을 앞에 놓고 머리를 들어 별들을 쳐다보며 소후에게 말했다.

"밖에서는 수많은 자들이 나를 노리고 있소. 그러나 나는 (수(隋)에 멸망당한) 진(陳)의 장성공(長城公: 陳叔寶)처럼 되지는 않을 것이며, 부인도 (장성공의 부인) 심씨(沈氏)처럼 되지는 않을 거요. 자 모든 것을 잠시 잊어버리고 같이 술이나 마시며 즐깁시다!"

그리고는 술잔에 술을 가득 따라 마시고는 곤드레만드레 취했다.

어느 날 양제는 거울을 꺼내어 자기 얼굴을 비춰보고는 고개를 돌려 소후에게 말했다.

"참으로 잘 생긴 머리야. 이걸 어떤 놈이 베게 될까?"

소후가 깜짝 놀라 왜 그런 말을 하느냐고 묻자, 양제는 웃으면서 말했다.

"귀함과 천함(貴賤), 괴로움과 즐거움(苦樂)은 서로 돌아가면서 하는 거요. 언짢아할 게 뭐 있소?"

양제는 중원이 이미 어지러운 것을 보고 북쪽으로 돌아갈 마음이 사라졌다. 수도를 단양(丹陽)으로 옮겨서 강동(江東)을 지키고 싶어서 여러 신하들에게 이 문제를 의논하게 하였다.

그러자 내사시랑 우세기(虞世基) 등은 모두들 좋다고 하였으나, 우후위(右候衛) 대장군 이재(李才)는 극력 안 된다고 하면서 장안(長安)으로 돌아가기를 청하였다. 이 일로 우세기와 화를 내며 다투다가 밖으로 나가버렸다.

문하록사(門下錄事) 이동객(李桐客)이 말했다.

"강동은 지세가 낮고 기후가 음습하여 환경이 매우 나쁩니다. 그리고 지역이 험하고 협소하여 안으로 조정을 봉양하고 밖으로 삼군의 군사들을 먹이는 일을 백성들이 감당해낼 수 없습니다. 결국에 가서는 민심이 흩어지고 반란이 일어날 것입니다."

이동객이 조정을 비방하고 헐뜯는다고 어사가 탄핵하고 나오자, 공경(公卿)들은 모두 양제에게 아부하는 말을 하였다.

"강동의 백성들은 폐하께서 행림(幸臨)하시기를 고대한 지 오래입니다. 폐하께서 강을 건너가셔서 백성들을 위로하고 다스리신다면, 이는 우(禹)임금께서 천하의 물길을 다스린 일에 비견될 만하옵니다."

이리하여 단양에 황궁을 짓도록 명하고 장차 그곳으로 수도를 옮길 계획을 하였다.

당시 강도(江都)에서는 양식이 다 떨어졌다. 양제를 따라서 남쪽으로 내려온 황제의 호위병들은 대부분 관중(關中) 지방 출신들로서 오랫동안 고향을 떠나 객지에 나와 있어서 고향 생각이 간절하였다. 그런데다 황제는 장안으로 돌아갈 생각조차 하지 않고 있음을 알고 나서 모두들 도망쳐서 고향으로 돌아갈 생각을 하였다.

마침내 낭장(郎將) 두현(竇賢)이 부하들을 데리고 서쪽으로 도망치자, 양제는 기병을 파견하여 그를 뒤쫓아 가서 붙잡아 죽여 버렸다. 그래도 도망치는 자들이 끊이지 않고 생기자 양제는 골머리를 앓았다.

호분랑장 사마덕감(司馬德戡)은 평소 양제의 총애를 받았는데, 양제가 그에게 호위병들을 거느리고 동성(東城)으로 가서 주둔하라고 하자, 사마덕감은 평소 친하게 지내던 호분랑장 원례(元禮), 직합(直閤) 배건통(裴虔通)과 모의하였다.

"지금 황제의 호위병들은 모두들 도망가기를 원한다. 내가 이 일을 황제에게 보고하고 싶으나 그랬다가는 저들에게 내 목부터 먼저 베일 것이고, 말씀드리지 않는다면 나중에 일이 터진 후에 멸문지화(滅門之禍)를 피할 수 없게 되었다. 어찌 하면 좋겠느냐?

또 듣자니 관내(關內) 지방은 이미 모두 적도들의 수중에 떨어졌다는데, 이효상(李孝常)이 화음(華陰)에서 반란을 일으키자 폐하께서는 그의 두 동생들을 가두어 놓고 죽여 버리려고 한다. 우리의 가족들은 모두 다 서쪽 지방에 있는데, 어찌 이런 일들을 염려하지 않을 수 있겠느냐?"

원례와 배건통은 모두 두려워서 말했다.

"그렇다면 무슨 좋은 방법이 있는가?"

사마덕감이 말했다.

"호위병들이 도망을 간다면 우리도 그들과 함께 도망치는 수밖에 없다."

두 사람은 말했다.

"그게 좋겠다."

그리하여 서로 연락하여 내사사인(內史舍人) 원민(元敏), 호아랑장

(虎牙郎將) 조행추(趙行樞), 응양랑장(鷹揚郎將) 맹병(孟秉), 부새랑우(符璽郎牛) 방유(方裕), 직장(直長) 허홍인(許弘仁)·설세량(薛世良), 성문랑(城門郎) 당봉의(唐奉義), 의정(醫正) 장개(張愷), 훈시(勳侍) 양사람(楊士覽) 등이 모여서 같이 모의하고 밤낮으로 서로 연락을 취한 결과, 넓은 장소에 많은 사람들을 모아놓고 공개적으로 도망치는 일을 의논하기로 하였는데, 이제 더 이상 두려워서 피하는 게 없어졌다.

한 궁인이 소후(蕭后)에게 보고하였다.

"바깥 사람들이 반란을 일으키려 합니다."

소후가 말했다.

"네가 직접 황제께 보고하여라."

그 궁인이 양제에게 보고하자, 양제는 대노하면서 일개 궁인 따위가 그런 일에 대해 말한다고 해서 그의 목을 베어버렸다.

그 후 또 한 궁인이 소후에게 보고하자, 소후가 말했다.

"천하의 일이 하루아침에 이런 지경에 이르렀으나 어찌 해 볼 도리가 없다. 말해 본들 무슨 소용이 있겠느냐, 공연히 황제에게 근심만 더해 주게 되는 거지."

이후부터는 더 이상 말하는 사람이 없어졌다.

조행추(趙行樞)는 평소 장작소감(將作少監) 우문지급(宇文智及)과 매우 친하게 지냈으며, 양사람(楊士覽)은 우문지급의 조카였다. 두 사람이 이 일을 우문지급에게 알리자, 우문지급은 대단히 기뻐하였다.

사마덕감 등은 3월 15일 밤에 무리를 지어 서쪽으로 도망치기로 약속을 해놓고 있었는데, 우문지급이 말했다.

"주상 폐하께서는 비록 무도하다고 해도 그 위령(威令)이 아직은 사라지지 않았다. 경 등이 만약 도망을 간다면 곧바로 두현(竇賢)과 같은 운명에 처해질 것이다. 지금은 하늘이 실로 수나라를 멸망시키려는 때이다. 도처에서 영웅들이 일어나고 있고, 마음을 같이 하여 반란을 일으킨 자가 이미 수만 명에 이른다. 이 기회를 이용하여 대사를 일으킨다면, 이야말로 제왕(帝王)이 될 수 있는 일이다."

사마덕감 등은 그의 의견에 동의하였다.

조행추와 설세량은 우문지급의 형인 우둔위(右屯衛) 장군 우문화급을 수령으로 삼자고 하였다. 약속이 정해진 후에야 우문화급에게 알렸다. 우문화급은 성격이 겁이 많고 능력이 없어서 그 말을 들은 후 안색이 변하고 땀까지 흘렸으나, 결국 여러 사람들이 하자는 대로 따랐다.

사마덕감은 허홍인(許弘仁)과 장개(張愷)에게 비신부(備身府)로 들어가서 아는 사람들을 만나 이렇게 말하도록 시켰다.

"폐하께서는 호위병들이 도망치고 싶어 한다는 말을 듣고 많은 독주(毒酒)를 준비한 후 연회를 베풀어 호위병들을 독살시키려 한다. 다만 남방 출신 사람들만 남겨두어 함께 강도(江都)에 머물러 계시려고 한다."

그 말을 들은 호위병사들은 모두 두려워하며 서로 말을 전하여 반란 계획이 가속화되었다.

이달 10일, 사마덕감이 전체 호위 병사들을 소집하여 반란 계획을 선포하자, 모두들 말했다.

"장군의 분부대로 따르겠습니다."

이날 바람이 크게 불고 온통 천지가 깜깜해졌는데, 저녁 무렵에 사마덕감이 황제의 말들을 매어놓는 마구간에 숨어 들어가서 무기들을 날카롭게 갈았다.

이날 밤 원례와 배건통은 합하(閤下: 궁전 밑)에서 만나 대전(大殿) 안을 책임지기로 하고, 당봉의는 성문 잠그는 일을 책임지기로 하였다. 그러나 당봉의는 다시 배건통과 상의하여 성문들을 하나도 잠그지 않기로 하였다.

밤 12시경에 사마덕감은 동성(東城)에다 수만 명을 집합시켜 놓고 불을 질러서 성밖 사람들과 호응하였다.

양제는 불길이 치솟는 것을 보고, 또 성밖에서 시끄러운 소리가 나는 것을 듣고 무슨 일이 일어났는지 물었다. 배건통이 대답하였다.

"건초 더미에 불이 났습니다. 성밖 사람들이 모여서 불을 끄고 있습니다."

당시 궁궐 안과 밖은 서로 단절되어 있었기 때문에 양제는 그러려니 하였다.

우문지급과 맹병은 궁성 밖에서 1천여 명을 집합시켜 놓은 후 야간 순찰군 후위호분(候衛虎賁) 풍보락(馮普樂)을 붙잡아 놓고 병력을 나누어 가도(街道)를 파수(把守)하게 하였다.

연왕(燕王) 양담(楊倓)은 사태가 잘못되어 가고 있음을 깨닫고 밤에 방림문(芳林門) 옆의 수문을 통하여 입궁하여 현무문(玄武門)에 이르러서 "내가 갑자기 중풍에 걸려서 곧 죽게 되었다. 황제 폐하를 만나 뵙고 고별인사를 해야겠다"고 거짓말로 통고하였으나, 배건통은 황제에게 통보도 하지 않고 그를 가두어버렸다.

11일, 날이 아직 밝기 전에 사마덕감은 배건통에게 군사를 넘겨주어 각 문을 지키는 군사들을 교대하도록 하였다.

배건통이 궁궐 문을 통하여 수백 명의 기병들을 이끌고 성상전(成象殿)에 이르자 숙직하던 병사들이 도적이 쳐들어왔다고 고함을 치므로, 배건통은 다시 돌아가서 동문(東門)만 열어놓고 나머지 문들은 모두 잠가버린 다음, 돌아와서 대전 안의 숙위(宿衛)들을 전부 문 밖으로 내쫓았다. 숙위들은 손에 들었던 무기들을 내던지고 뿔뿔이 밖으로 걸어 나갔다.

우둔위 장군 독고성(獨孤盛)이 배건통에게 말했다.

"무슨 놈들의 대오인지 그 하는 행동들이 몹시 괴이하군!"

배건통이 말했다.

"형세가 이미 이렇게 되었으니, 장군은 관여할 생각 마시오. 장군은 몸조심이나 하고 경거망동하지 마시오!"

독고성이 큰 소리로 욕을 하였다.

"이 새끼, 무슨 소릴 하는 거야!"

그리고는 갑옷도 입지 않고 좌우에 있던 10여 명과 함께 항거하다가 결국 반란군들에게 죽임을 당하고 말았다.

천우(千牛: 16명의 부하를 거느린 지금의 분대장 격) 독고개원(獨孤開遠)이 대궐 안의 병력 수백 명을 이끌고 현람문(玄覽門)에 이르러 대궐 문을 두드리며 요청하였다.

"무기가 완비되어 있으니 적들을 충분히 쳐 없앨 수 있습니다. 만약 폐하께서 직접 나오셔서 적들을 맞아 싸우신다면 사람들의 마음이 저절로 안정될 것입니다. 그렇게 하시지 않으면 화가 바로 눈앞에 닥치고 있습니다."

그러나 안에서 대답하는 사람이 아무도 없었고 군사들은 점차 흩어져 가버렸다. 반란군들은 독고개원을 붙잡았으나 한편으로 그의 충의(忠義)에 감동하여 그를 풀어주었다.

일찍이 양제는 수백 명의 용맹하고 건장한 관노(官奴)들을 뽑아서 현무문에 배치시켜 놓고 그들을 "급사(給使)"라고 부르면서 비상사태에 대비하려고 하였다. 그들에 대한 대우도 극히 좋았으며 심지어 궁녀들을 그들에게 나눠주기까지 하였다.

상궁 위씨(魏氏)는 양제의 신임을 받고 있었는데, 우문화급 등은 그녀와 결탁하여 안에서 호응하도록 만들어 놓았다. 이날 위씨는 황제의 지시라고 거짓말을 하여 모든 급사들을 궁중 밖으로 나가도록 하였으므로, 정말로 위급한 일이 생긴 이 때에 와서는 단 한 명의 급사도 현장에 있지 않았다.

사마덕감 등이 군사를 거느리고 현무문을 통해 궁성 안으로 들어가자, 양제는 반란이 일어났다는 소리를 듣고 옷을 갈아입고 서합(西閤: 서쪽에 있는 궁전)으로 도망갔다. 배건통과 원례(元禮)가 군사들을 이끌고 들어가서 좌합(左閤: 왼쪽에 있는 궁전)의 문을 두드리자 위씨가 문을 열어주었다. 반란군들은 영항(永巷: 궁궐 내에 있는 골목)으로 들어가면서 "폐하는 어디 있느냐?"고 묻자, 한 미인이 나와서 손가락으로 양제가 있는 곳을 가리켜 주었다.

교위(校尉) 영호행달(令狐行達)이 칼을 뽑아들고 곧장 쳐들어가자 양제는 창문 뒤로 몸을 숨기고서 그에게 말했다.

"네가 나를 죽이려느냐?"

영호행달이 대답했다.

"신이 어찌 감히 그럴 수 있겠습니까. 다만 폐하를 모시고 장안으로 돌아가고자 할 뿐입니다."

말을 마치고 양제를 부축하여 궁전을 나왔다.

배건통은 원래 양제가 진왕(晋王)으로 있을 때부터 신임하고 친하게 지내던 사이였으므로, 양제가 그를 보자 그에게 말했다.

"자네는 나의 옛 친구가 아닌가. 나와 무슨 원수진 일이 있다고 모반을 하였는가?"

배건통이 대답하였다.

"신이 어찌 감히 모반을 할 수 있습니까. 다만 병사들이 집으로 돌아가고 싶어하므로, 저는 다만 폐하를 모시고 수도로 돌아가려고 할 뿐입니다."

양제가 말했다.

"짐도 마침 돌아가려고 생각하고 있다. 장강 상류의 양곡 운반선이 아직 도착하지 않아서 미루어 왔는데, 지금 자네와 같이 돌아가도록 하자."

배건통은 이리하여 군사들을 데리고 양제를 지켰다.

날이 밝은 후 맹병이 무장 기병을 보내어 우문화급을 영접하여 왔는데, 우문화급은 온 몸을 부들부들 떨면서 말도 제대로 하지 못했다.

어떤 사람이 찾아와서 인사를 하자 그는 단지 머리를 말 안장 위로 숙이고는 "감사합니다" 라고 말한다는 것을 그만 "잘못했습니다" 라고 하였다.

우문화급이 궁성 문 앞에 이르자 사마덕감이 그를 영접하여 조당(朝堂)으로 들어가면서 그를 "승상(丞相)" 이라고 불렀다.

배건통이 양제에게 말하였다.

"백관들이 전부 조당에 모여 있으니, 폐하께서 친히 나가셔서 그들을 위로해 주셔야겠습니다."

그리고는 자기를 따르는 자의 말을 내어주어 양제에게 말을 타도록 청하자, 양제는 그의 말안장이 헤어진 것을 보고는 새 것으로 바꾸도록 한 후에야 말 위에 올랐다.

그가 말고삐를 잡고 칼을 들고 궁성 문을 나가자 반란군들은 땅이 꺼질 정도로 환성을 질렀다. 그러자 우문화급이 큰 소리로 말했다.

"그 자식을 밖으로 꺼낼 필요가 어디 있어? 빨리 돌아가서 손봐 버려!"

양제가 물었다.

"우세기(虞世基)는 어디 있느냐?"

반란군의 무리 마문거(馬文擧)가 말했다.

"이미 효수(梟首)해 버렸습니다."

그리하여 양제를 침전으로 데리고 돌아갔는데, 배건통과 사마덕감 등이 칼을 빼어들고 그 옆에 섰다. 양제가 탄식하며 말했다.

"나에게 무슨 죄가 있다고 이렇게까지 해야만 하겠느냐?"

마문거가 말했다.

"폐하는 종묘를 내팽개치고 돌보지 않았고, 끊임없이 이곳저곳으로 놀러만 다녔으며, 대외적으로는 전쟁을 벌이는 데 전념하였으며, 대내적으로는 호화사치와 여색에 빠졌습니다.

나라 안의 건장한 젊은이들을 전부 적의 창칼 아래서 죽어가게 하였으며, 부녀자와 노약자들은 계곡과 구렁텅이에 던져져서 죽어가게 만들었으며, 백성들은 생업을 잃어버리게 하였고, 도처에서 도적의 무리들이 벌 떼처럼 일어나게 하였습니다.

간신배들을 중용하여 나라의 정치를 전적으로 그들에게 맡겼으며, 잘못을 감추고 충간(忠諫)의 말을 거부하였습니다. 그런대도 어찌 죄가 없다고 할 수 있습니까!"

양제가 말했다.

"나는 사실 백성들에게는 잘못한 것이 많다. 그러나 너희들은 내 덕에 부귀와 영화를 다 누렸으면서 어찌 나를 이렇게 할 수 있단 말인가! 오늘의 이 일의 주모자는 누구냐?"

사마덕감이 말했다.

"천하 모든 사람들이 하나같이 원망하고 있는데 어찌 주모자가 따로 있겠습니까!"

우문화급이 또 봉덕이(封德彝)에게 양제의 죄를 낱낱이 공표하라고 하자, 양제가 말했다.

"자네는 배운 자가 아니냐. 자네가 어찌 이런 일에 끼어들게 되었는가?"

그러자 봉덕이는 얼굴이 빨개져서 물러났다.

양제의 사랑하는 아들 조왕(趙王) 고(杲)는 이때 나이 겨우 12살로 양제 옆에 있었는데, 끊임없이 울어댔으므로 배건통이 그의 목을 베자 그 피가 황제의 옷에까지 튀었다.

적도들이 양제를 죽이려고 하자, 양제가 말했다.

"천자에게는 원래 천자로서 죽는 방법이 따로 있다. 어찌 천자의 몸에 칼을 댄단 말인가. 짐주(鴆酒: 독주)를 가져오너라!"

마문거 등이 허락하지 않고 영호행달에게 양제를 꿇어앉히라고 하였다. 양제가 스스로 명주 수건을 풀어서 행달에게 주자, 행달이 양제의 목을 매어 죽였다.

당초에 양제는 반드시 난(難)을 당할 날이 올 줄 예상하고는 늘 독약 단지를 몸 가까이 준비해 두었다. 그리고 자기가 사랑하는 희첩(姬妾)들에게 말했다.

"만약 적도들이 들이닥치면 너희들이 먼저 이것을 마셔야 한다. 그런 후에 내가 마실 것이다."

그러나 정작 난을 당하여 돌아보며 그 독약을 찾았으나 주위에 있던 자들이 모두 달아나 버렸기 때문에 끝내 찾을 수 없었다.

소후(蕭后)와 궁인들은 옻칠을 한 침상의 판자를 뜯어서 작은 관을 만들어 양제와 조왕 고(杲)의 빈소를 서원(西院)의 유주당(流珠堂)에 차렸다.

양제는 매년 순행(巡幸)을 나갈 때마다 자기 동생인 촉왕(蜀王) 양수(楊秀)로 하여금 자기를 따라 같이 가게 하고, 목적지에 도착해서는 호위병들의 막사에 가둬 놓았었다. 우문화급이 양제를 시해(弑害)한 후 양수를 황제로 세우려고 하였으나 여러 사람들이 반대하여 결국 그와 그의 일곱 아들을 다 죽였다.

그리고 또 제왕(齊王) 양간(楊暕) 및 그의 두 아들과 연왕(燕王) 양담(楊倓), 수씨(隋氏)의 종실 사람들과 외척(外戚)들은 어른이든 어린애든 가리지 않고 모두 다 죽였다.

그러나 유독 진왕(秦王) 양호(楊浩)만은 평소 우문지급과 왕래가 있었으므로 우문지급은 방법을 생각해내어 그를 살려주었다.

제왕 양간(楊暕)은 평소 양제의 사랑을 잃었으므로 언제나 서로 시기하였다. 양제는 난이 일어났다는 말을 듣자 소후를 돌아보며 말했다. "이것은 아해(阿孩: 楊暕의 어릴 때의 字)의 짓이 아닐까?"

우문화급은 사람을 시켜서 양간의 집으로 가서 양간을 주살하도록 하였다. 양간은 양제가 사람을 보내어 자기를 붙잡아 가려는 것인 줄로 생각하고 말했다.

"조사(詔使: 황제의 조서를 가지고 온 관리)는 잠시 나를 놓아주시오. 나는 나라에 죄를 짓지 않았소."

적도들이 그를 끌고 큰길가로 나가서 그의 목을 베었는데, 양간은 끝까지 자기를 죽인 자가 누구인지 알지 못했으며, 부자(父子)가 죽는 순간까지 서로에 대한 오해를 풀지 못하였다.

그리고 또 내사시랑 우세기(虞世基), 어사대부 배온(裴蘊), 우익위대장군 래호아(來護兒), 비서감 원충(袁充), 우익위장군 우문협(宇文協), 천우(千牛) 우문효(宇文皛), 양공(梁公) 소거(蕭鉅) 등과 그 아들들을 죽여 버렸다.

곧 모반이 있을 것임을 알게 된 강양현(江陽縣)의 현장 장혜소(張惠

紹)가 배온(裴蘊)에게 급보를 띄워서 대책을 서로 상의하였는데, 황제의 명령이라고 거짓말을 하여 강도성 밖의 군대에게 지시하여 성문을 부수고 들어가서 우문화급 등을 체포하고 양제를 구원하게 하자고 대책을 정하였다.

그런 다음 사람을 우세기에게 보내어 모반이 시도되고 있음을 보고하였다. 그러나 우세기는 그것은 사실이 아닐 것이라고 의심하여 그 보고를 묵살해버리고 허락하지 않았다. 얼마 후에 정말로 모반이 일어나자 배온은 탄식하여 말했다.

"우세기와 상의하여 결국 일을 망쳐버렸구나!"

황문시랑(黃門侍郎) 배구(裴矩)는 장차 틀림없이 반란이 일어날 것임을 알고는 천한 일을 하는 사람들에게까지 잘 대우해 주고 또 호위병들도 아내를 가질 수 있게 하자고 건의하였다. 모반이 일어나자 적도들은 모두 말했다.

"배황문(裴黃門: 裴矩)에겐 죄가 없다."

우문화급이 도착하자 배구는 그의 말 앞으로 나가서 인사를 하였으므로, 그는 화를 면하였다.

화급은 소위(蘇威)가 조정의 일에 참여하지 않았다고 해서 그 역시 처벌을 면해 주었다. 소위는 그 전까지 명성과 지위가 매우 높았는데, 그가 우문화급을 찾아가서 인사를 하려고 하자, 우문화급은 여러 사람들을 모아놓고 그를 만나보면서 특별히 그를 예우해 주었다.

우문화급은 스스로의 직명을 대승상(大丞相)이라고 부르면서 백관들을 총리(總理)하였다.

그리고 황후(蕭后)의 명령이라고 하면서 진왕(秦王) 양호(楊浩)를 황제로 내세워 별궁에서 거처하도록 하고 선포할 조서나 칙서에 서명이나 하게 했다. 그리고 병사들을 배치하여 감독하고 지키게 하였다.

우문화급과 그의 동생 우문지급은 좌복야(左僕射), 우문사급은 내사령(內史令)이 되었다.

618년(隋 義寧 2년, 唐 武德 元年) 4월, 우문화급은 10여만 명의 부하들을 거느리고 여섯 개의 궁궐을 차지하고 앉아서 자신에 대한 음식 등 모든 공양(供養)은 수 양제와 똑같이 하였다.

그는 매일 제왕처럼 장막 안에 남쪽을 향해 앉아 있었는데, 어떤 사람이 무슨 일을 보고하면 그는 입을 꾹 다물고 아무 말도 하지 않았다. 그리고 조정에서 물러날 때 올라온 장계나 보고 문서를 가지고 나와서 당봉의(唐奉義), 우방유(牛方裕), 설세량, 장개 등과 같이 상의하여 처리하였다.

618년 9월 27일, 당(唐)에서는 죽은 수조(隋朝)의 태상황(太上皇)에게 양제(煬帝)라는 시호를 내렸다.

(*우리가 지금까지 불러온 隋 煬帝란 이름은 이렇게 해서 생겨난 시호인 것이다.)

우문화급 등이 싸움에 패하여 달아나 위현(魏縣)에 도착하였을 때, 장개(張愷) 등이 그를 제거할 음모를 꾸몄으나, 일이 사전에 그만 발각되어 우문화급에게 죽임을 당하였다.

자기 심복이던 사람들이 점점 줄어들어 거의 다 없어지고 병력은 나날이 약해져 가자 우문화급과 지급 두 형제는 다시 어떻게 해볼 계책이 서지 않아 함께 모여서 술이나 실컷 마시고 기생들에게 음악을 연주하게 하였다.

우문화급이 술에 취하여 동생 지급에게 말했다.

"나는 처음 아무것도 몰랐는데, 네가 모든 일을 꾸미고는 나를 억지로 우두머리로 앉혔다. 이때까지 어느 한 가지 성공한 것도 없는데다 병사들은 날마다 흩어지고 있으며, 자기 임금을 시해한 자라는 죄명까지 쓰고 천하 어디에도 용납되지 못하는 신세가 되었다. 지금 멸족지화(滅族之禍)를 당하게 된 것은 모두 다 너 때문이다!"

그리고는 두 아들을 끌어안고 울었다.

지급은 화를 내며 말했다.

"당초 일이 잘 되어갈 때는 나를 탓하지 않더니, 실패할 것 같으니까 모든 죄를 나한테 덮어씌우려 하는데, 왜 나를 죽이고 두건덕(竇建德)에게 항복하지 그래?"

그리고는 자주 서로 다투며 싸웠는데, 오가는 말에는 위아래도 없었다.

그러다가 술이 깨서는 다시 또 술을 마셨는데, 언제나 그러하였다. 그들의 부하들은 대부분 도망을 가서 화급은 스스로 반드시 패할 줄 알고 탄식하여 말했다.

"인생이란 본래 죽지 않을 수 없는 것. 그렇다면 어찌 단 하루라도 황제가 되어보지 않을 수 있겠는가!"

그리고는 진왕(秦王) 양호(楊浩)를 독살한 다음 위현(魏縣)에서 스스로 황제의 자리에 올라 국호를 허(許)라 하고, 연호를 천수(天壽)로 바꾸고, 백관들을 임명하였다.

619년(唐 武德 2年) 2월. 두건덕(竇建德)은 우문화급과 연속 맞붙어 싸워서 그를 크게 패배시키자, 우문화급은 다시 요성(聊城)으로 물러나 굳게 지키고 있었다.

두건덕이 군사를 거느리고 사면으로 맹공을 퍼붓자, 왕박(王薄)이 성문을 열어 그들을 맞아들였다. 두건덕의 군대가 입성하여 우문화급을 생포하고, 먼저 양제의 황후인 소후(蕭后)를 찾아가 만나보고 이야기하면서 자신들을 신하라 칭하였다.

그리고는 소복(素服)을 하고 양제의 빈소를 찾아가 곡을 하였다. 그리고는 대대로 전해오는 국새(國璽)와 황제가 행차할 때 사용하는 온갖 의장(儀仗)들을 거두어 오고, 수나라의 백관들을 위로하고 현재의 직위에 그대로 둔 다음 반역의 무리들인 우문지급, 양사람(楊士覽), 원무달(元武達), 허홍인, 맹경(孟景) 등을 체포하여 수나라의 관리들을 집합시켜 놓은 다음 그들의 면전에서 참수하여 군문 밖에다 매달았다.

그리고는 함거(檻車)에다 우문화급과 그의 두 아들 우문승기(宇文承基), 우문승지(宇文承趾)를 태워서 양국(襄國)까지 끌고 가서 그곳에서 참수하였다.

전에 당(唐) 고조(高祖: 李淵)가 수(隋)의 전내소감(殿內少監)으로 있을 때 우문사급(宇文士及)은 수(隋)의 상련봉어(尙輦奉御)란 직위에 있었으므로 고조는 그와 매우 친하게 지냈다.

우문사급이 맏형 화급을 따라 여양(黎陽)에 이르렀을 때, 고조는 친필로 조서를 써서 우문사급을 불렀다. 우문사급은 은밀히 집안에서 심부름 하는 아이를 사잇길로 장안으로 보내고 또 찾아온 사자 편에 금가락지(金環)를 보냈다. (*금가락지를 '金環(금환)' 이라 하는데, '環' (환: 가락지)은 곧 '還' (환), 즉 '당신한테 돌아가겠다' 는 뜻을 표현한 것이다.)

우문화급이 위현(魏縣)에 이르렀을 때 군사들의 세력이 나날이 약해져 갔는데, 우문사급은 우문화급에게 당(唐)에 귀의하자고 권하였다. 그러나 우문화급은 따르지 않았으므로, 내사령(內史令) 봉덕이(封德彝)는 우문사급에게 제북(濟北)으로 가서 군량 징발을 감독하면서 정세의 변화를 관찰하자고 설득하였다.

우문화급이 스스로 황제의 자리에 오른 후 우문사급을 촉왕(蜀王)으로 세웠는데, 우문화급이 죽자 우문사급은 봉덕이와 함께 제북에서 당(唐)으로 항복해 왔다.

당시 우문사급의 누이동생이 (당 고조의) 후궁 소의(昭儀)로 있었으므로, 이런 이유로 고조는 우문사급에게 상의동(上儀同)이란 직함을 주었으나(*후에 당 태종이 즉위한 후 우문사급은 당 나라의 조정에서 재상급의 관리까지 된다.-편역자), 봉덕이는 수 황실의 구신(舊臣)으로서 아첨하고 거짓말이나 보고하였으며 또한 불충하였다는 이유로 크게 꾸짖고 파면시켜 집으로 돌아가게 하였다.

그러나 봉덕이는 출세하기 위해서 고조에게 비책(秘策)을 올렸는데, 그것이 고조를 기쁘게 만들어서, 얼마 후 그는 내사사인(內史舍人)으로 임명되고, 그리고 다시 얼마 후에는 시랑(侍郞)으로 옮겼다.

621년(唐 武德 4年) 4월, (수 황실의 황후인 소후(蕭后)와 공주 등을 보호하고 있던 두건덕의 군대가 이달 마침내 당의 이세민(李世民: 후에 당 太宗)이 거느린 군대에 의해 결정적으로 패배하여 두건덕은 사로잡혔고 그의 군대는 해산되었다.)

처음, 두건덕이 우문화급을 사로잡아 죽일 무렵 우문사급의 부인인 남양공주(南陽公主)에게는 선사(禪師)라는 아들이 있었다. 두건덕의 호분랑장 어사징(於士澄)이 남양공주를 찾아와서 물었다.

"우문화급이 대역의 죄를 졌으므로 그 형제의 아들들도 모두 연좌되어 죽임을 당하고 있습니다. 공주께서 만약 아들 선사(禪師)를 도저히 내놓으실 수 없다고 하신다면, 공주님을 위해서 살려 드리도록 하지요."

공주가 울면서 말했다.

"호분랑장도 수(隋) 황실의 높은 신하였으므로 말을 안 해도 잘 알텐데, 무엇 때문에 이 일을 나에게 직접 물어본단 말이오?"

두건덕은 마침내 그 아들을 죽였고, 공주는 얼마 후 여승이 되었다.

두건덕이 패하고 난 후 공주가 장안(長安)으로 돌아가는 길에 낙양에서 우연히 우문사급과 만났다.

우문사급이 공주에게 다시 만나자고 청하였으나 공주는 거절하였다. 그가 문 밖에 서서 다시 원래의 부부사이로 돌아가기를 청하자, 공주가 말했다.

"나와 당신은 서로 원수 집안 간이며, 내가 지금 당신을 직접 칼로 찔러 죽이지 않는 것은, 역모가 일어나던 날 당신이 미리 알지 못했다는 것을 내가 알게 되었기 때문입니다."

그리고는 속히 떠나가라고 큰 소리로 야단쳤다.

우문사급이 한사코 다시 만나기를 청하자, 공주는 화를 내면서 말했다.

"꼭 죽고 싶다면야 다시 만나볼 수 있지요."

우문사급은 공주의 뜻을 꺾을 수 없음을 알고 읍(揖)을 하고 잘 있으라는 인사말을 남기고 떠나갔다.

(*이날 두 사람이 헤어지던 순간 내리던 비가 딱 그치고 햇살이 천지를 밝게 비추어 봄철의 신록이 해맑게 빛났었다. 그래서 중국 사람들은 지금도 비가 그치고 밝은 햇살이 맑은 천지의 푸르름을 한껏 돋보이게 하는 그런 순간의 모습을 "우문사급과 남양공주가 헤어지던 순간의 모습"이라고 한다.-편역자)

〈부록 3〉: 〈수서(隋書)〉 동이열전, 고구려전

〈고구려(高麗)〉

고구려(高句麗: 중국의 사서에서는 다 高句麗를 高麗라 쓰고 있다.-편역자)의 선조는 부여(夫餘)로부터 나왔다.

부여왕이 일찍이 하백(河伯)의 딸을 얻어 실내에 가두어 놓았더니 햇빛이 따라다니며 그녀를 비추었는데, 그 햇빛에 감응(感應)하여 마침내 잉태하여 큰 알 하나를 낳았다. 그 알을 깨고 한 사내아이가 나왔는데, 그 이름을 주몽(朱蒙)이라 하였다.

부여의 신하들은 주몽이 사람에게서 낳은 것이 아니라고 하여 모두들 그를 죽이자고 청하였으나 왕은 듣지 않았다.

장년이 되어 왕을 따라 사냥을 나갔다가 그가 잡은 짐승이 제일 많자 또 여러 신하들은 그를 죽이자고 청하였다. 그 어미가 이를 주몽에게 알리니, 주몽은 부여를 버리고 동남쪽으로 달아났다.

가다가 큰 강을 만났는데 물이 깊어서 건널 수가 없었다. 주몽이 말하였다,

"나는 하백(河伯)의 외손자(外孫子)이자 해(日)의 아들이다. 지금 강을 건널 수 없어서 곤경에 처해 있는데 뒤쫓아 오는 병사들은 곧바로 도착할 것이다. 어떻게 하면 이 강을 건널 수 있겠는가?"

이때 물고기와 자라들이 겹쳐 쌓여서 다리를 만들어 주어, 주몽은 마침내 강을 건넜다. 뒤쫓아 오던 기마병들은 강을 건너지 못하고 돌아갔다.

주몽이 나라를 세우고 스스로 나라 이름을 고구려(高句麗)라 하고 성씨를 '고(高)' 씨로 하였다. 주몽이 죽자 그의 아들 여달(閭達)이 왕위를 이었다. 그의 손자 막래(莫來) 때에 이르러 군사를 일으켜 마침내 부여를 병합하였다.

후손인 위궁(位宮)에 이르러 위(魏) 정시(正始: 240~249) 년간에 서안평(西安平)을 침략하므로, 관구검(毌丘儉)이 막아서 그의 군사를 격파하였다. 위궁의 현손(玄孫)의 아들은 소열제(昭列帝)라 하는데, 모용씨(慕容氏)가 그를 격파하고 마침내 환도(丸都)까지 쳐들어가서 그곳 궁실(宮室)들을 불사르고 크게 노략질하여 돌아왔다. 소열제는 뒤에 백제에 의해 살해되었다. 그의 증손(曾孫) 연(璉)이 후위(後魏)에 사신을 보냈다.

연(璉)의 6세손 탕(湯: 평원왕. 본래 이름은 양성(陽成)인데, 중국의 사서에서 湯이라 하였다.)이 주(周)에 사신을 보내어 조공(朝貢)하니 주(周) 무제(武帝)가 탕을 상개부 요동군공 요동왕(上開府 遼東郡公 遼東王)에 제수하였다. 수(隋)의 고조(高祖: 文帝. 이름은 楊堅)가 (북주(北周)로부터) 황위를 물려받자 평원왕 탕(湯)이 다시 사신을 보내어 황제를 예방하므로 대장군(大將軍)으로 관작을 올려 제수하고, 다시 고려왕(高麗王)으로 고쳐 봉하였다. 해마다 사신을 보내어 조공이 끊이지 않았다.

이 나라의 크기는 동서로 2천 리, 남북으로 1천여 리이다. 평양성(平壤城)에 도읍하고 있는데 이를 장안성(長安城)이라고도 한다. 성의 크기는 동서로 6리인데, 산을 따라서 굴곡(屈曲)을 이루고 있으며, 남쪽은 패수(浿水: 대동강)에 임해 있다. 이 밖에 또 국내성(國內城)과 한성(漢成)이 있는데, 이들 셋은 모두 수도(서울)로서 그 나라에서는 이들 셋을 "삼경(三京)"이라 부른다. 신라와 더불어 매번 서로 쳐들어가고 빼앗음으로써 전쟁이 그칠 날이 없었다.

관직(官職)으로는 태대형(太大兄)이 있고, 그 다음으로 대형(大兄), 그 다음으로 소형(小兄), 그 다음으로 대로(對盧), 그 다음으로 의후사(意侯奢), 그 다음으로 오졸(烏拙), 그 다음으로 태대사자(太大使者), 그 다음으로 대사자(大使者), 그 다음으로 소사자(小使者), 그 다음으로 욕사(褥奢), 그 다음으로 예속(翳屬), 그 다음으로 선인(仙人) 등 모두 12 등급이 있다. 다시 내평(內評), 외평(外評), 오부욕살(五部褥薩) 등이 있다.

사람들은 모두 가죽으로 된 관(皮冠)을 쓰며, 사신은 여기에 새의 깃을 더 꽂는다. 지위가 높은 자는 관으로 자주색 비단(紫羅)을 사용하고 금·은으로 장식한다. 의복은 소매가 큰 적삼에 가랑이가 넓은 바지와 흰 가죽 띠, 그리고 황색 가죽신을 신는다. 부인들은 치마와 저

고리의 가장자리에 선을 둘러 장식한다.

병기는 중국의 것과 대략 같다.

매번 봄·가을로 사냥을 하는데 왕이 직접 그 자리에 나온다.

한 사람당 세금은 베 5필(匹)에 곡식 5섬(石)이다. 일 없이 노는 사람이면 3년에 한 차례 세금을 내는데, 열 사람이 합쳐서 가는 포(細布) 1필씩이다. 호세(戶稅)는 큰 집은 1섬이고, 그 다음 등급이 7말(斗)이며, 제일 아래가 5말이다.

나라에 반역한 자는 기둥에 묶어서 화형을 시킨 뒤 머리를 베고 그의 집은 나라에서 몰수한다. 도둑질한 자는 10배로 배상하게 한다. 형벌이 준엄하기 때문에 죄를 짓는 자가 드물다.

악기에는 오현금(五絃琴)·아쟁(箏)·필률(篳篥)·젓대(橫吹)·퉁소(簫)·북(鼓) 등이 있으며 노(蘆: 갈대로 만든 피리? 또는 호리병?)를 불어 곡에 박자를 맞춘다.

매년 초에 대동강(浿水) 위에 모여 노는데, 왕은 허리 높이의 가마(腰輿)를 타고 깃털로 장식한 의장대 행렬을 벌려 세우고 그것을 구경한다. 놀이가 끝나면 왕이 옷을 물에 던지는데, 모여서 놀던 사람들은 좌우 두 편으로 나뉘어 물을 튀기고 돌을 던지며 떠들썩하게 소리치고 달리고 쫓아가기를 두세 차례 하다가 그친다.

고구려인들의 풍속은, 쭈그려 앉기를 좋아하고 깨끗이 하기를 좋아하며, 종종걸음으로 빨리 지나가는 것을 공경하는 태도라 여기고, 절을 할 때에는 한 쪽 다리를 뒤로 끌며, 서 있을 때에는 두 손을 등 뒤로 돌려 잡으며, 걸어갈 때에는 반드시 두 손을 흔든다.

성격은 속이고 감추는 것이 많다.

아비와 아들이 같은 냇물에서 목욕하며, 같은 방에서 잠을 잔다. 부인들은 음탕하고 분방하며, 유녀(遊女)들이 많다.

장가들고 시집가는 일은 남녀가 서로 좋아하는 사람을 찾으면 그것으로 곧 결혼을 하는데, 남자의 집에서는 돼지와 술을 보낼 뿐 재물로써 아내를 맞아들이는 예법은 없다. 혹시 재물을 받는 사람이 있으면 사람들은 모두 그것을 수치스러운 일로 여긴다.

사람이 죽으면 집 안에 빈소를 차리고 3년이 지난 뒤 길일(吉日)을 택하여 장사지낸다. 부모나 남편의 상을 치를 때에는 모두 3년 상을 치르며 형제는 3개월 상을 치른다. 초상이 난 뒤로부터 줄곧 곡하여 울다가 장사지낼 때는 북치고 춤추며 음악을 연주하여 죽은 자를 보낸다. 매장을 마치면 죽은 자가 살아있을 때 입던 옷이며 놀이개 및 수레와 말 등을 묘지 곁에 놓아두면, 장지에 모였던 사람들이 다투어 가져간다. 귀신을 공경하여 멋대로 지은 사당(祠堂)들이 많다.

개황(開皇: 581~600) 초에 사신이 자주 찾아와서 예방하였다. 진(陳)이 평정된 후 탕(湯: 평원왕)이 크게 두려워하여 군사들을 훈련하고 병기를 수리하고 식량을 비축하여 지키고 항거할 대책을 세웠다. 17년에 황제가 고구려왕 탕에게 새서(璽書: 황제의 국새가 찍힌 공식 문서)를 보내어 말하였다.

"짐(朕)이 천명(天命)을 받아 천하의 백성들을 사랑으로 기르면서 바닷가 한 귀퉁이를 왕에게 위임하여 다스리도록 한 것은 교화(敎化)를 선양하여 모든 나라 백성들로 하여금 각각 천성(天性)을 완수케 함이니라.

왕은 매번 사신을 보내어 해마다 조공(朝貢)을 하니, 비록 변방의 나라(藩附)라고 할 수는 있지만, 그 성의는 미진(未盡)한 바가 있다.

왕은 이미 짐의 신하이므로 짐의 덕(德)을 닮아야 할 터인데도 불구하고 왕은 말갈(靺鞨) 사람들을 몰아붙이고 거란(契丹)을 가두어서 왕의 신첩(臣妾)으로 만들고, 짐에게 조공을 바치러 오는 자들을 방해함으로써 착한 자들이 의(義)를 흠모하는 것을 분하게 여기니, 어찌 이같이 주위에 해독(害毒) 끼침이 심한가?

짐의 황실 관부(太府)에는 공인(工人)들이 적지 않으니, 만약 왕이 이들을 필요로 한다면 짐에게 주청(奏請)만 하면 얼마든지 보내줄 터인데, 왕은 지난해에 은밀히 재화를 옮기고, 백성들을 동원하고, 노수(弩手)들을 은밀히 숨겨두고, 병기를 수리하였으니, 이것은 좋지 못한 일을 하고자 하면서 그것이 밖으로 드러나게 될까봐 염려하여 마치 도둑질하듯이 몰래 하려고 한 것이 아닌가?

수시로 사신을 보내어 그대 왕의 변방 나라를 위무하였던 것은 본래 그대 나라의 사정을 알아보고 그대에게 나라 다스리는 방법을 가르쳐 주고자 함이었다. 그런데도 왕은 짐의 사신을 빈 관사(館舍)에 앉혀 놓고 엄중히 지키고 수비함으로써 그의 눈과 귀를 틀어막아 오래도록 아무것도 듣지도 보지도 못하게 하였다.

무슨 은밀한 악한 일을 계획하고 있기에 사람들로 하여금 알지 못하게 하려고 관리의 출입까지 금지하고 찾아가서 살피는 것을 두려워하는가? 그리고 또 여러 차례 기마병을 파견하여 짐의 변경 백성들을 살해하고 누차 간사한 모략을 꾸미고 사악한 변설(辯說)을 늘어놓고 있는데, 이는 왕의 마음이 짐에게 복종하지 않으려 함에 있다.

짐은 백성들을 대할 때는 모두를 마치 갓난아이(赤子)처럼 여기기에 왕에게 나라를 하사하고 관작을 수여하였으니, 깊은 은혜와 남다른 덕택은 멀고 가까운 모든 곳에 환히 드러나 있다.

그럼에도 왕은 오로지 불신의 마음만 품고 언제나 스스로 시기하고 의심하여 언제나 사신을 보내서는 은밀하게 소식을 엿듣게 하니, 순수한 신하의 의로움이 어찌 이와 같은가?

아마도 짐이 분명하게 가르쳐서 인도하지 못하여 그렇게 되었을 수도 있다고 생각하여 왕의 허물과 과실을 이미 한 차례 너그럽게 용서해 주기로 하였으니, 금일 이후로는 반드시 고쳐서 새로워지기를 바란다. 변방 신하로서의 절개를 지키고 조정의 바른 법전을 받들어 스스로 그대의 변방을 교화하고 다른 나라들을 거스르지 않는다면 곧 오래도록 부귀를 누릴 것인바, 이는 실로 짐의 마음에 부합되는 것이다.

그대 나라가 비록 토지도 협소하고 인구도 적은 나라이지만, 천하 만민들은 모두 짐의 신하들이므로, 지금 만약 왕을 쫓아낸다면 그 자리를 비워 둘 수는 없으니, 결국 다른 관리를 다시 뽑아 보내어 그곳 백성들을 안정시키고 위무해야 할 것이다. 왕이 만일 마음을 깨끗이 하고 행실을 고쳐 법령을 따른다면 이는 곧 짐의 좋은 신하가 되는 것이니, 어찌 따로 인재를 뽑아 보낼 필요가 있겠느냐.

예전에 제왕이 법을 만듦에 어진 마음과 믿음을 앞세우고, 선한 행동에는 반드시 상을 내리고 악한 행위에는 반드시 벌을 내렸으므로, 천하는 모두 짐의 뜻을 따르고 있다. 만약 왕에게 죄가 없는데도 짐이 갑자기 군사를 동원한다면 그 나머지 변방의 나라들이 짐을 보고 무어라 말하겠는가. 왕은 반드시 마음을 비우고 짐의 이런 뜻을 받아들여 삼가 조심하고 의혹을 품거나 다시 다른 의도를 품지 말아야 할 것이다.

예전에 진숙보(陳叔寶: 진 나라의 마지막 황제)는 대대로 강남에서 자기 백성들을 잔인하게 해치고, 나의 봉수군(烽燧軍)들을 놀라게 하였으며, 나의 변경을 노략질하였다. 짐이 전후로 계속하여 훈계하고 타이르기를 10년 동안이나 해왔으나, 그는 장강의 바깥쪽에 있음을 믿고서 한 귀퉁이의 무리들을 모아서 미친 듯이 어리석고 교만하게 행동하며 짐의 말을 따르지 않았다.

그래서 장수에게 군대를 끌고 가서 저 흉악한 역도들을 제거하라고 명령하였더니, 그가 갔다 돌아오는데 한 달도 걸리지 않았으며, 거느리고 간 군사의 수도 수천 명에 불과하였다. 여러 대 동안 도망치던 도적들을 하루아침에 깨끗이 쓸어 없애니, 멀고 가까운 곳이 잘 다스려져 편안하게 되어 사람이나 신령이나 모두 기뻐하였다.

듣건대 왕은 탄식하고 한스러워하고 홀로 슬퍼한다고 하던데, 폐출과 등용, 한직(閒職)과 현직(顯職) 등에 처하는 일은 담당 관리의 맡은 바 일이고, 왕에게 죄를 주더라도 그것은 진(陳)이 멸망해서가 아니고, 왕에게 상을 주더라도 그것은 진(陳)이 건재해서가 아닌데, 왕이 만약 재앙을 즐기고 분란을 좋아한다면 그대를 어찌 하겠는가?

왕은 생각하기에, 요하(遼河)의 넓기가 (수(隋)가 진(陳)을 멸망시키기 위해 건너갔던) 장강(長江)과 비교하면 어떠하며, 고구려의 인구가 (수(隋)가 멸망시킨) 진(陳)과 비교하면 많은가, 적은가?

짐이 만일 사랑으로 길러주고 보호해 주려고 하지 않고 왕의 죄를 책망하고자 한다면 장수 하나를 보내는 것으로 충분할 것이니, 수많은 병사를 보낼 필요가 어디 있겠느냐?

그래서 은근히 타이름으로써 왕 자신이 잘못을 뉘우치고 새로워지기를 바라노니. 왕은 마땅히 짐의 뜻을 헤아려서 스스로 많은 복을 구하라."

탕(湯)이 글을 받아보고 두려워서 장차 표문(表文)을 올려 사죄하려고 하였으나, 마침 병으로 죽었다.

그의 아들 원(元: 영양왕(嬰陽王)의 이름. 平陽이라고도 부름)이 왕위를 이어받아 즉위하였다.

고조(高祖: 隋 文帝)가 사신을 보내어 원(元)을 상개부 의동삼사(上開府 儀同三司)로 임명하고 요동군공(遼東郡公)이란 관작을 이어받게 하였으며, 예복 한 벌을 하사하였다.

원은 표문을 올려 은혜에 감사하고 아울러 상서(祥瑞)로운 징후들이 나타난 것을 축하하면서 고구려왕으로 책봉해 줄 것을 청하였다. 고조는 원(元)을 후하게 왕으로 책봉해 주었다.

다음해에 원(元)이 말갈의 무리 1만여 기병을 거느리고 요서(遼西)를 노략질하니 영주(營州) 총관 위충(韋沖)이 그들을 쳐서 내쫓았다. 고조가 듣고 크게 노하여 한왕(漢王) 양(楊諒)을 원수로 임명하여 수륙의 군사를 거느리고 가서 그를 토벌하도록 명하고, 조서를 내려 그의 작위를 삭탈하였다.

이때 군량 수송이 잇대어지지 못하여 모든 군사들은 식량이 떨어졌으며, 군대가 임유관(臨渝關)을 지났을 때 또 전염병까지 만나서 황제의 군대는 위세를 떨치지 못하였다. 요수(遼水)에 이르러 진을 치고 머물자 고구려왕 또한 두려워서 사신을 보내어 사죄하는 표문을 올리면서 스스로 칭하기를 "요동 더러운 땅의 신하 원(遼東糞土之臣元)" 운운 하였다. 황제는 이리하여 군사를 돌리고 그를 대우하기를 처음과 같이 하니, 원 역시 해마다 조공을 보냈다.

양제(煬帝)가 황위를 이으니 천하가 모두 번성하여 고창왕(高昌王)과 돌궐의 계민(啓民) 극한(可汗: 추장) 등이 모두 직접 황제를 찾아와서 공물을 바쳤으므로, 이때 고구려왕 원(元)에게 찾아와서 인사를 하라고 불렀다. 그러나 고구려왕 원은 두려워하면서도 변방 신하로서의 예절은 빠뜨리는 것이 자못 많았다.

대업(大業: 605~617) 8년에 황제는 고구려왕 원(元)의 죄를 직접 치려고 하여 황제의 어가(御駕)가 요수(遼水)를 건넜다. 황제는 요동성(遼東城)에 진영을 치고 군대를 여러 갈래로 내보내어 각기 그 성 밑에 군사를 주둔하게 하였다.

고구려에서는 군사를 거느리고 나와서 항거하다가 전세가 많이 불리하면 물러나 성을 둘러싸고 굳게 지켰다. 황제가 모든 군대에 공격령을 내리고 또 모든 장수에게 칙령을 내려 이르기를, "고구려가 만약 항복하거든 마땅히 어루만져 받아들여 주어야지 군사들이 맘대로 행동하게 해서는 안 된다"고 하였다.

성이 장차 함락되려고 하면 적들은 문득 말하기를 항복하겠다고 청해 왔으므로 모든 장수들은 황제의 지시를 받들어 감히 나아가 기회를 잡지 못하고, 먼저 황제께 달려가서 보고하도록 하였다. 황제의 답변이 도착할 즈음에는 적들은 다시 수비 태세를 갖추고, 그리하여 다시 나와서 항거하며 싸웠다.

이렇게 하기를 두세 차례 하였으나 황제는 깨닫지 못하였다. 이 때문에 식량은 다 떨어지고 군대는 지쳤으며 군수물자의 수송은 이어대지 못하여 모든 군대가 크게 패배하였으므로, 이에 군대를 돌리었다. 이번 출정에서는 다만 요수 서쪽에 있는 적의 무려라(武厲邏)만을 빼앗아 그곳에다 요동군(遼東郡)과 통정진(通定鎭)을 설치하고 돌아왔다.

대업(大業) 9년(서기 613)에 황제는 다시 친히 고구려를 정벌하려고 모든 군대에 칙령을 내려서 각각 편의한 대로 형편을 좇아서 일을 처리하도록 하였다. 모든 장수들이 길을 나누어 가서 성을 공격하니 도적의 형세는 나날이 위축되어 갔다. 그런데 마침 그때 양현감(楊玄感)이 반란을 일으켜서 그의 모반을 알리는 보고서가 도착하자 황제는 크게 두려워하여 그날로 모든 군대를 거두어 돌아왔다. 병부시랑 곡사정(斛斯政)은 고구려로 도망쳐서 투항함으로써 고구려에서 모든 사실들을 다 알고는 정예 군사로써 추격해 오니, 물러나는 군사들의 뒤에 쳐져 있던 부대가 크게 패하였다.

대업 10년에 또 천하의 병사들을 소집하였으나 마침 전국 각지에서 도적의 무리들이 벌 떼 같이 일어나고 사람들은 대부분 도망쳐서 험하고 외딴 곳에 숨어 있었기 때문에 군대는 기한에 맞추지 못하였다. 요수(遼水)에 이르렀을 때 고구려 역시 피곤하고 피폐하자 사신을 보내 항복을 애걸하면서 곡사정을 함거에 가두어 압송함으로써 잘못을 사죄하였다. 황제는 이를 허락하고 회원진(懷遠鎭)에 머무르며 항복의 서약을 받았다. 이에 포로와 죄수를 데리고 돌아왔다.

경사(京師)에 이르러, 고려의 사자를 끌고 가서 태묘(太廟)에 직접 고하도록 하기 위하여 그를 가두어 놓게 하였다. 그리고는 고구려왕 원(元)에게 들어와서 인사를 하라고 불렀으나, 원은 끝내 오지 않았다. 황제가 모든 군대에게, 엄히 정비하여 다시 거사할 준비를 갖추라고 지시하였으나, 마침 천하가 크게 어지러워져서 결국 그 지시는 이행되지 못하였다.

〈백제(百濟)〉

백제(百濟)의 선조는 고구려국(高句麗國)에서 나왔다. 그 국왕에게 한 시비(侍婢)가 있었는데 갑자기 임신을 하자 왕이 그녀를 죽이려고 하였다. 그 비녀가 이르기를 "마치 계란의 모양을 한 물체가 나에게로 와서 감응하더니 임신하게 되었습니다" 고 말하자, 왕이 그녀를 내버려두었다.

그 시비가 후에 드디어 한 사내아이를 낳자 그를 돼지우리에 버렸는데 오래도록 죽지 않아 신령스럽게 여기고 그를 기르도록 명하고 그 이름을 동명(東明)이라 하였다. 그가 장성하자 고구려왕이 그를 미워하자 동명은 겁이 나서 도망쳐 엄수(淹水)에 이르니 부여(夫餘) 사람들이 같이 그를 받들었다.

동명의 후손으로 구태(仇台)라는 자가 있었는데, 성질이 어질고 신의가 돈독하여 비로소 대방(帶方)의 옛 땅에 그 나라를 세우게 되었다. 한(漢)의 요동 태수 공손탁(公孫度)이 여식을 그에게 시집보내니 점차 번창하여 동이(東夷)의 강국이 되었다. 처음에 1백 가구의 사람들을 거느리고 바다를 건너왔기 때문에 나라 이름을 '백제(百濟)'라 부르게 되었다. 10여 대를 지나며 대대로 중국에 신하로 복속한 것은 이전 사서(史書)에 상세히 기록되어 있다.

개황(開皇: 581~600) 초에 그 왕 여창(餘昌)이 사신을 보내어 토산물을 바치므로 창(昌)을 상개부 대방군공 백제왕(上開府 帶方郡公 百濟王)으로 임명하였다.

진(陳)을 평정한 전선 한 척이 표류하여 바다의 동쪽 탐모라국(耽牟羅國)에 닿았다가 그 배가 돌아오며 백제를 경유하였더니, 백제 왕 창(昌)이 매우 후하게 재물을 장만하여 보내주고 아울러 사신을 보내 표문을 올리며 진(陳)의 평정을 축하하였다. 고조가 이를 좋게 여기고 조서를 내려 말하였다.

"백제왕은 이미 진나라의 평정 소식을 듣고서 먼 곳에서도 사신을 보내어 표문을 올리니, 오고가는 일이 지극히 어려우므로 만약 풍랑이라도 만나게 되면 곧 인명을 다치고 재물의 손해를 입을 것이다. 백제왕의 마음은 맑고도 지극함을 짐이 이미 자세히 알고 있다. 서로 떨어져 있음이 비록 멀다 하더라도 섬기는 것이 마치 얼굴을 대하여 이야기하는 것과 같은데, 자주 사신을 보내 와서 서로 체면치레를 다하려고 할 필요가 어디 있겠는가. 이후부터는 해마다 들어와 조공할 필요가 없으며 짐 역시 사신을 보내지 않을 것이니, 왕은 마땅히 이를 알고 있으라."라고 하였다.

이를 듣고 사자가 춤을 추며 갔다.

개황(開皇: 581~600) 18년(608)에 창(昌)이 장사 왕변나(王辯那)를 보내어 토산물을 바쳤다. 왕이 수(隋)에서 요동(遼東) 전쟁을 일으키려 한다는 말을 듣고 사신을 보내어 표문을 올리고 군대의 길잡이를 맡겠다고 청하였다.

황제가 조서를 내려 이르기를 "지난해 고구려가 조공을 바치지 않고 신하로서의 예절을 차리지 않기에 장수에게 명하여 그를 토벌하게 하였으나, 고구려왕 고원(高元)의 군신(君臣)들이 모두 두려워하며 죄를 청하기에 짐이 이미 그들을 용서하였으므로 치게 할 수 없다"고 하고는 그 사신을 후대하여 보냈다. 고구려가 그 일을 자세히 알고 나서 군사를 일으켜서 그들의 국경을 침략하였다.

창(昌)이 죽자 그 아들 여선(餘宣)이 즉위하였으며, 여선이 죽자 그 아들 여장(餘璋)이 즉위하였다.

대업(大業: 605~617) 3년에 백제왕 장(璋)이 연문진(燕文進)을 사자로 보내어 조공하였다. 그해에 또 왕효린(王孝鄰)을 사자로 보내어 공물을 바치고 고구려를 토벌할 것을 청하였다. 양제가 이를 허락하고 영을 고구려의 동정을 정탐하도록 명하였다. 그리니 장(璋)은 안으로는 고려와 화친하여 서로 왕래하면서 간사한 마음을 품고 중국을 엿본 것이었다.

대업 7년에 양제가 직접 고구려를 정벌하자 장(璋)이 신하 국지모(國智牟)를 사자로 보내와서 군대의 행군 기일을 묻자 양제는 크게 기뻐하며 후한 상을 내리고, 상서기부랑(尙書起部郞) 석률(席律)을 백제로 파견하여 왕과 상의하게 하였다. 다음해 전군이 요수(遼水)를 건너자 장(璋) 역시 국경에서 군사를 정비하여 말로는 수군(隋軍)을 돕는다고 하였으나 사실은 두 마음을 품고 있었다. 얼마 지나지 않아 신라와 틈이 생겨 매번 서로 싸웠다.

대업 10년에 다시 사신을 보내 조공하였다. 후에 천하가 어지러워지자 사신의 왕래가 마침내 끊어졌다.

그 남쪽 바다로 석 달을 가면 탐모라국이 있는데 크기는 남북으로 1천여 리에 동서로 수백 리인데, 그 땅에는 노루와 사슴이 많으며 백제의 속국(屬國: 附庸)이 되어 있다. 백제의 서쪽으로부터 사흘을 가면 맥국(貊國)에 닿는다고 한다.

〈신라(新羅)〉

신라국(新羅國)은 고구려의 동남쪽에 있는데, 한(漢)나라 때의 낙랑(樂浪) 땅에 자리하고 있으며 혹은 사라(斯羅)라고도 불린다. 위(魏)나라 장수 관구검(毌丘儉)이 고구려를 토벌하여 깨뜨리자 고구려 사람들은 옥저(沃沮)로 달아났었다. 그 후에 (고구려 사람들은) 다시 고국(故

國)으로 돌아가게 되었는데, 돌아가지 않고 남아 있던 사람들이 마침내 그곳에서 신라를 세우게 된 것이다. 때문에 그곳 사람들은 중국, 고구려, 백제의 무리들이 섞여 있으며, 겸하여 옥저(沃沮)·불내(不耐)·한(韓)·예(獩)의 땅을 차지하고 있다. 그 왕은 본래 백제사람이었는데, 바다로 달아나서 신라로 들어와서 마침내 신라왕이 되었다.

왕위가 전해져 오다가 김진평(金眞平)에 이르러 개황(開皇) 14년에 사신을 보내어 특산물을 바쳤다.

고조가 김진평을 상개부 낙랑군공 신라왕(上開府 樂浪郡公 新羅王)으로 임명하였다. 그들의 선조는 백제의 속국(附庸)으로 있었는데 후에 백제가 고구려를 정벌하자 고구려 사람들이 전쟁의 고역을 감당하지 못하고 서로 이끌고 그들에게 돌아오니 마침내 강성해지게 되었다. 그리하여 백제를 습격하고 가라국(迦羅國)의 속국(附庸)으로 되었다(因襲百濟附庸於迦羅國: 문장의 내용이 애매하여 역사적 사실의 맥락에서 해석해야만 하겠으므로, 다만 직역만 하여 비워둔다.-편역자)

대업(大業: 605~617) 이래 해마다 조공을 보내왔다. 신라의 땅은 대부분 산이 험하여 비록 백제와 틈이 벌어지더라도 백제 역시 그들을 토평하지 못하였다.

〈부록 4〉: 『삼국사기』, 〈열전〉, 을지문덕

을지문덕의 집안 내력(世系)은 자세하지 않다. 그의 성질은 침착하고(沈), 용맹하며(贄), 또한 지혜(智)와 지략(數)이 있었으며, 겸하여 글을 잘 하였다.

수(隋) 개황(開皇) 연간에 양제(煬帝)가 조서를 내려서 고구려를 쳤는데, 이때 좌익위(左翊衛) 대장군 우문술(宇文述)은 부여 방면으로 나오고, 우익위(右翊衛) 대장군 우중문(于仲文)은 낙랑 방면으로 나와서 9개 군(軍)이 압록강(鴨淥江)까지 쳐들어왔다.

을지문덕은 왕명을 받고 저들의 진영으로 찾아가서 거짓 항복을 하였으나, 사실은 적의 허실(虛實)을 탐지하기 위해서였다.

이에 앞서 우문술과 우중문은 수 양제의 밀지(密旨)를 받고 있었는데, 만약 고구려왕이나 을지문덕이 찾아오면 사로잡으라는 것이었다.

그래서 우중문 등이 을지문덕을 사로잡으려 했는데, 그때 상서우승(尙書右丞) 유사룡(劉士龍)이 위무사(慰撫使)로 와 있으면서 한사코 그를 사로잡지 못하게 말렸다. 그리하여 마침내 그의 주장을 따라서 을지문덕을 돌려보내고 말았다.

그러나 곧 이를 후회하고는 사람을 보내어 거짓말로 을지문덕을 속여서 말하기를, "다시 의논하고 싶은 일이 더 있으니 다시 한번 와 주시오." 하였다. 그러나 을지문덕은 돌아보지도 않고 압록강을 건너 돌아왔다.

우문술과 우중문은 을지문덕을 놓친 것에 속으로 불안을 느꼈다. 우문술은 군량이 떨어졌음을 이유로 군사를 돌려 돌아가고자 하였으나, 우중문은 정예병을 뽑아서 을지문덕을 추격하면 사로잡아서 공을 세울 수 있다고 하였다. 우문술이 그를 말리자, 우중문은 화를 내면서 말했다. "장군은 10만 대군을 거느리고 와서 작은 적 하나 깨뜨리지 못하였으니, 무슨 면목으로 황제 폐하를 뵐 것이오?"

그러자 우문술 등은 어쩔 수 없이 그의 말을 좇아 압록강을 건너 을지문덕을 추격하였다.

을지문덕은 수나라 군사들의 얼굴에 굶주린 기색이 있음을 보았기 때문에, 그들을 더욱 피로하고 지치게 만들기 위하여, 매번 싸우다가는 문득 패하여 달아나니, 우문술의 군대는 하루 동안에 일곱 번을 싸워 다 이겼다.

그들은 여러 차례 승리한 것을 믿고, 또 계속 쳐들어가자는 여러 장수들의 여론에 밀려서, 마침내 동쪽으로 진군하여 살수(薩水: 청천강)를 건너 평양성에서 30리 떨어진 곳까지 쳐들어와서 산에 기대어 진을 쳤다.

이때 을지문덕이 우중문에게 시 한 수를 보냈는데, 그 시에서 말하였다.

神策究天文(신책구천문: 신통한 꾀는 천문을 통달하였고)
妙算窮地理(묘산궁지리: 신묘한 계책은 지리를 꿰뚫었도다)
戰勝功旣高(전승공기고: 싸움에 이긴 공로 이미 높으니)
知足願云止(지족원운지: 만족할 줄 알거든 그만 돌아가시지요)

우중문이 답서를 보내어 다시 을지문덕을 설득하자, 을지문덕은 또 사자를 보내어 거짓 항복하면서 우문술에게 청하였다.

“만약 군사를 돌리신다면, 틀림없이 왕을 모시고 황제께서 머무시는 행재소(行在所)로 찾아가 인사 올리겠습니다.”

우문술은 사졸(士卒)들이 지칠 대로 지쳐 있어서 다시 싸울 수 없는 처지임을 보고, 또 평양성이 험하고 견고하여 함락시키기 어렵겠음을 보고는 을지문덕의 거짓 항복을 핑계로 돌아가기로 결정하고는 진(陣)의 형태를 네모로 유지하여(*사면으로 적을 맞을 태세를 갖추고) 떠나갔다.

이때 을지문덕이 군사를 출동하여 사면에서 들이치니 우문술의 군대는 한편으로는 싸우고 한편으로는 퇴각하였다. 살수에 이르러 수(隋)나라 군사들이 강을 절반 건너갔을 때, 을지문덕이 군사를 내밀어 적의 후군(後軍)을 쳐서 우둔위(右屯衛) 장군 신세웅(辛世雄)을 죽이니, 이에 적의 모든 군사가 궤멸되어 걷잡을 수 없게 되었고, 적의 9개 군(軍)의 장졸들은 달려서 돌아갔는데, 하루 낮 하루 밤 동안에 4백 5십 리를 걸어서 압록강에 이르렀다. 그들이 처음 요하를 건너왔을 때에는 9개 군(軍) 30만 5천 명이었는데, 요동성으로 돌아갔을 때에는 단지 2천 7백 명만 살아서 돌아왔을 뿐이었다.

저자(金富軾)는 말한다: 수 양제의 요동 전쟁은 그 출동한 군사의 성대함이 이전에 있어 본 적이 없었던 규모였다. 그런데 한 모퉁이에 있는 작은 나라 고구려가 그들을 능히 막아서, 다만 자기 나라를 보존하였을 뿐만 아니라 저들의 군대를 거의 전멸시켰으니, 이는 모두 을지문덕 한 사람의 힘이었다. 전(傳: 춘추좌전)에 이르기를, “군자가 없으면 어찌 나라를 보존할 수 있겠는가(不有君子, 其能國乎)?” 하였는데, 과연 맞는 말이로다!

—〈THE END〉—

〈부록〉 5: 〈을지문덕전〉 초간본

序
日無涯生袖所著乙支文德一册以示余余讀畢躍
然興曰其我國書籍界之嚆矢乎盍亟刊印而廣佈
之無涯生瞠然爲久不知所喩盖嚆矢之說其所不
承也吁我國書籍界烏有所謂書籍者哉就十分而
言五分朝家之誦德詩也三分程朱之讚美歌也二
分韓蘇李杜輩之唾之餘而猶不能彷彿其萬一者
也就全体而槩言之奴隷學也嗚呼書籍不書籍書
籍哉書籍哉將一國之書籍束縛之馳驟之爛漫奔
赴於奴隷學之域之中而於國家之原理民族之大

乙支文德 序 一

勢無或及之若將浼焉烏用此書籍爲也烏用此書
籍爲也然神聖民族暫爲惡魔之所誘不免一時之
有蔽而究其實此非大東民族之所爲也竟惡魔之
所爲之者則謂之我國書籍界所謂書籍者不一出
現焉固宜無涯生以泣鬼格神之筆力寫驚天動地
之偉人乙支公之鬚眉畢露聲色俱動而薩水之殺
伐尤躍然乎紙上萬品黯然色奪萬竅砰然俱喑吾
爲之低回爲之豪壯爲之大呼狂叫爲之愴然涕下
不自知其感情之若是交集也嗚乎乙支公其逝矣
乎江山寂寞跬武旣邈呼之不應九原莫作而無涯

乙支文德 序 二

生當此至痛極苦之日乃以一枝破筆血寫而涙記
之欲求其萬一有補於民族之精神吁亦悲矣嗚乎
從玆以往乙支公之瑰氣偉魄可以流露於我大東
天地而我兄弟姊妹或可淬勵而奮發也藉是小册
國魂爲之復返民族因之振興者則豈特無涯生無
涯之願亦全國同胞無涯之願也本書印刷旣成無
涯生遽來索序余雖不文文亦何爲遂走筆急書聊
以應之而此乙支文德一册爲我國書籍界之嚆矢
者則其無疑矣
隆熙二年四月二十一日十二点鍾卞榮晩書于孟

乙支文德 序 三

園之小屋

乙支文德 序 四

序

乙支文德은我大東四千餘年歷史上에第一되ᄂᆞᆫ偉人이니其獨立的氣象과健鬪的精神이實로我大東民族의代表的人物이며模範的人物이라乙支文德의風을聞ᄒᆞᆫ者ᄂᆞᆫ依附性이多ᄒᆞᆫ者라도반다시自立ᄒᆞ며厭退心이多ᄒᆞᆫ者라도반다시奮進ᄒᆞᄂᆞ니英雄을崇拜ᄒᆞᄂᆞᆫ者ㅣ乙支文德을舍ᄒᆞ고誰를崇拜ᄒᆞ며偉人을硏究ᄒᆞᄂᆞᆫ者ㅣ乙支文德을舍ᄒᆞ고誰를硏究ᄒᆞ리오

然이나我國은支那의文化가輸入된以後로人人

마다拜外熱이極熾ᄒᆞ고卑我癖이固結ᄒᆞ야乙支文德과如ᄒᆞᆫ大英雄은夢中에도不思ᄒᆞ고다만管葛費傘의輩만日로謳歌ᄒᆞᆷ에至ᄒᆞ니我民族의衰退ᄒᆞᆫ原因이엇지此에不在ᄒᆞᆫ가

余友無涯生이是를慨嘆ᄒᆞ야近頃에乙支文德이라名ᄒᆞᆫ一書를遂著ᄒᆞ니此ᄂᆞᆫ卽乙支文德의成功ᄒᆞᆫ歷史와其人格의如何를論述ᄒᆞᆫ者ㅣ라余ㅣ是書를觀ᄒᆞᆫ즉立論의體裁가能히規矩를不失ᄒᆞ고兼ᄒᆞ야著者의雄渾卓瑩ᄒᆞᆫ文章으로써潤色을加ᄒᆞ야薩水의轟烈ᄒᆞᆫ戰況과乙支公의沈毅ᄒᆞᆫ人格

을描寫無餘ᄒᆞ니可謂未曾有ᄒᆞᆫ良書ㅣ라此書로써乙支公의獨立的氣象을我國民個個人身上에賦與ᄒᆞ고乙支公의健鬪的精神을我國民個個人腦裏에注入ᄒᆞ야無形的乙支文德이全國에彌滿ᄒᆞᆷ에至ᄒᆞᆷ은余의盼望不已ᄒᆞᄂᆞᆫ바ㅣ라此書를장ᄎᆞᆺ剞劂에付코져ᄒᆞ야余에게序를求ᄒᆞ거ᄂᆞᆯ余ㅣ有益ᄒᆞᆫ珍書의出世ᄒᆞᆷ을喜ᄒᆞ야文辭의蕪拙ᄒᆞᆷ을不顧ᄒᆞ고敢히一言을叙ᄒᆞ야써贊賀ᄒᆞᄂᆞᆫ意를表ᄒᆞ노라

隆熙二年四月日李基燦

叙

無涯生申君采浩ㅣ乙支文德一册을著ᄒᆞ야余에게袖示ᄒᆞ거ᄂᆞᆯ余가此를受讀ᄒᆞ고喟然曰乙支公의豐功偉烈로此著가今始有ᄒᆞ니是가可悲可愧ᄒᆞᆯ者로다余가海外各國에旅行ᄒᆞᆫ즉其國英雄의劒을揮ᄒᆞᆫ處에幾千百人이謳歌ᄒᆞ며血을流ᄒᆞᆫ處에幾千万人이蹈舞ᄒᆞ야身이有ᄒᆞᆫ者ᄂᆞᆫ其身을英雄에게獻ᄒᆞ며才가有ᄒᆞᆫ者ᄂᆞᆫ其才를英雄에게獻ᄒᆞ며學問이有ᄒᆞᆫ者ᄂᆞᆫ其學問을英雄에게獻ᄒᆞ야一國이英雄을叫ᄒᆞ고同進ᄒᆞᄂᆞᆫ故로英雄이輩出

ᄒᆞ야華盛頓以後에許多華盛頓이有ᄒᆞ며拿破倫以後에許多拿破倫이有ᄒᆞᆷ이어ᄂᆞᆯ嗚乎我乙支公은二千年後今日에至ᄒᆞ야此著가乃始有ᄒᆞ니是가可悲可愧ᄒᆞᆯ者가아닌가盖余가乙支公의故鄕에서生長ᄒᆞᆫ故로幼時부터我祖國英雄에乙支文德이有ᄒᆞᆷ을已知ᄒᆞ얏스나巍巍ᄒᆞᆫ石多山에ᄂᆞᆫ老岩이無語ᄒᆞ며茫茫ᄒᆞᆫ大同江에ᄂᆞᆫ沉碑가不出ᄒᆞ고遺氓故老에게問ᄒᆞᆫ즉當時事를能談ᄒᆞᄂᆞᆫ者ㅣ無ᄒᆞ며本國史를閱ᄒᆞᆫ즉公의遺蹟이草草十餘行에不過ᄒᆞᄂᆞᆫ지라慨惜을不勝이더니今君의此著

ᄂᆞᆫ搜採가既廣ᄒᆞ고論斷이又精ᄒᆞ야二千年以後의筆로二千年以前人物의精神이發露케ᄒᆞ야스니已往에此著가無ᄒᆞᆷ은雖是可愧나君의苦情健筆은其又可欽이로다雖然이나著者가此로讀者의樽前茶後에談柄을資코자ᄒᆞᆷ이아니라祖國의名譽歷史를擧ᄒᆞ야卑劣者를警醒ᄒᆞᆷ이며讀者의螢牕蠹床에文潮를發코자ᄒᆞᆷ이아니라先民의偉大事業을賛ᄒᆞ야國民의英雄崇拜心을鼓吹ᄒᆞᆷ이며抑又二千年前의風雲戰爭을閒坐歌詠코자ᄒᆞᆷ이아니라熱誠的冒險的의古人往跡을描畵ᄒᆞ야

二千年後第二乙支文德을喚起ᄒᆞᆷ이니凡我諸者ᄂᆞᆫ恒常此意로此著를讀ᄒᆞᆯ지어다島山安昌浩ᄂᆞᆫ叙ᄒᆞ노라

檀君四千二百四十一年四月漢陽旅館

凡例

一 我國四千載人物에其雄偉敏活ᄒᆞᆫ手腕을揮ᄒᆞ야宏大輝赫ᄒᆞᆫ功業을樹ᄒᆞᆫ者를歷數컨ᄃᆡ不得不乙支文德에게第一指를屈ᄒᆞᆯ터인ᄃᆡ乃者東國通鑑에載有ᄒᆞᆫ乙支文德의歷史가數十句에不過ᄒᆞ니此가엇지後人의責이아니리오著者가甚히慨然ᄒᆞᆷ을不勝ᄒᆞ야蔑學을不拘ᄒᆞ고此를著ᄒᆞᆷ

一 乙支文德에關ᄒᆞᆫ事蹟은著者가精搜廣採ᄒᆞ야無漏로自負ᄒᆞᄂᆞᆫ바이나或是東國遺文外史中

에乙支文德의可表ᄒᆞᆯ遺蹟이又有ᄒᆞᆫ지도不知ᄒᆞᆯ지니萬一如此ᄒᆞᆫ境遇이면他日再版時에添附ᄒᆞ기로爲計ᄒᆞᆷ

一 傳內에凡二千七百幾十年等은皆檀君卽位以後로計年ᄒᆞᆷ

大東四千載第一大偉人 乙支文德

目錄

大東四千載第一大偉人乙支文德目錄終

乙支文德

無涯生 著
邁堂 卞榮晚 閱

悲夫라我韓數百年來對外의歷史여東方에一流寇만入ᄒᆞ야도擧國이蒼黃ᄒᆞ고西隣에一噴言만來ᄒᆞ야도盈庭이膛惶ᄒᆞ야依違苟活에耻辱이紛加ᄒᆞ니我民族의劣弱은果天性이라不可變歟아

無涯生이曰否々라不然ᄒᆞ다

余ㅣ가高句麗大臣乙支文德의歷史를讀ᄒᆞ다가

氣旺旺ᄒᆞ며膽躍躍ᄒᆞ야即仰天呌曰然歟然歟아我民族의性質이乃如是歟아如是偉大의人物과偉大의功業은於古에도無比며於今에도無比니我民族性質의强勇이乃如是歟아昔也에ᄂᆞᆫ强如是ᄒᆞ며昔也에ᄂᆞᆫ勇如是러니溯方健兒好身手야昔何勇銳今何愚오噫噫라龍種이鰍變ᄒᆞ고虎子가犬生ᄒᆞ야神聖苗裔가地獄에齊墮ᄒᆞ니是果何魔의所戲며何劫의所造인가

無涯生이曰嗟乎惜夫라幾百年迂儒의手로抽筆亂題曰武功이不如文治라ᄒᆞ며幾十朝庸臣의舌

로張口妄呼曰仁者ᄂᆞᆫ以小事大라ᄒᆞ야政策은委靡退縮을是主ᄒᆞ며民氣ᄂᆞᆫ摧折壓伏을是務ᄒᆞ고往事ᄂᆞᆫ强毅不屈을是諱ᄒᆞ며古人은腐儒鰕生을是崇ᄒᆞ야一般可耻可笑의等事와支離無關의等說로我韓四千載神聖歷史를汚衊ᄒᆞ고偉大英雄은埋沒에一任ᄒᆞᆫ故로或龍爭虎躍의人物로도村兒俚談에一句만僅傳ᄒᆞ며或神驚鬼號의功業으로도樵竪巷謠에一曲만偶播ᄒᆞ고傳來史蹟은落落無多ᄒᆞ니然則又其外姓名ᄭᆞ지遺漏된大男兒가幾何인지不知ᄒᆞᆯ지라

幸哉라乙支文德이여尙此幾行의歷史가流傳ᄒᆞ얏도다不幸哉라乙支文德이여僅此幾行의歷史만流傳ᄒᆞ얏도다夫歷史의傳不傳이於其人에야何損何益이리오마ᄂᆞᆫ但一國의疆土ᄂᆞᆫ其國의英雄이身을獻ᄒᆞ야莊嚴케ᄒᆞᆫ者며一國의民族은其國의英雄이血을流ᄒᆞ야保護ᄒᆞᆫ者라精神은山立이며恩澤은海潤이거ᄂᆞᆯ其國의英雄을其國의民族이不知ᄒᆞ면其國이國됨을豈得ᄒᆞ리오故로大家의史筆로英雄의眞面目을寫傳ᄒᆞ며才子의詞賦로英雄의大功德을讚美ᄒᆞ고爐의香과壇의皷

로英雄의下降을祈禱ᄒᆞ며金의宮과玉의堂으로
英雄의來臨을預待ᄒᆞ고英雄이無ᄒᆞ거던胷中으
로英雄英雄ᄒᆞ며英雄이有ᄒᆞ거던眼中으로英雄
英雄ᄒᆞ여야英雄이出現ᄒᆞᆯ지어ᄂᆞᆯ乃我國은英雄
崇拜ᄒᆞᄂᆞᆫ根性이何如是薄弱ᄒᆞᆫ지今古無雙眞正
英雄은齷齪史筆下에草草埋葬ᄒᆞ고其或英雄으
로信仰ᄒᆞᄂᆞᆫ者ᄂᆞᆫ指鹿爲馬ᄒᆞᆷ과無異ᄒᆞ야墻闃惡
習으로同族과相煎ᄒᆞᆫ者도曰是英雄이라ᄒᆞ며樂
天主義로外寇를媚事ᄒᆞᆫ者도曰是英雄이라ᄒᆞ며
甚至於敵國倀鬼로祖國을反噬ᄒᆞᆫ者(薛仁貴의類)도曰是

英雄이라ᄒᆞ야人間口碑와汗靑遺蹟이此類人에
게常多ᄒᆞ니我가英雄二字를爲ᄒᆞ야一哭ᄒᆞᆷ이可
ᄒᆞ도다

元將范文虎가日本을侵ᄒᆞᆯ時에風浪에舟가覆ᄒᆞ
야登陸者가三萬에不過ᄒᆞ얏스니日本의勝利를
獲ᄒᆞᆷ이亦何足奇리오마ᄂᆞᆫ彼乃數百年來로歷史
에頌之ᄒᆞ며小說로傳之ᄒᆞ야歌之歎之에永世不
忘ᄒᆞᄂᆞᆫ데若我國은一手로獨立山河를整頓ᄒᆞ며
一劒으로百萬强敵을殺退ᄒᆞᆫ眞英雄의大戰跡도
如此抹殺ᄒᆞ니兩國後來强弱의異點이엇지此에

不在타ᄒᆞ리오過去의英雄을寫ᄒᆞ야未來의英雄
을招ᄒᆞ노라

第一章 乙支文德以前의韓漢關係

我聖祖檀君이唐堯氏와幷立ᄒᆞᆫ以來로韓漢兩民
族이遼地東西에對峙ᄒᆞ야我가强ᄒᆞ면彼가其侵
擾에困ᄒᆞ며彼가强ᄒᆞ면我가其狎逼을被ᄒᆞ야兩
國이並雄치못ᄒᆞᄂᆞᆫ境遇에常處ᄒᆞ야互相侵伐ᄒᆞᆷ
이已時가無ᄒᆞ니麗羅以前의歷史를觀ᄒᆞ면當時
燕雲遼塞等地ᄂᆞᆫ便是血腥世界를作ᄒᆞᆫ지千餘年
이니競爭의烈을可想이로다然이나彼則春秋戰

國時로브터大陸의形勢가駸駸히統一에就ᄒᆞᄂᆞᆫ
데我則馬韓의末과三國初起ᄒᆞᆫ際ᄭᆞ지尙且酋長
政治의時代라靑邱一域이無數小邦으로分立ᄒᆞ
야彼此雌雄을相爭ᄒᆞ고干戈를相尋ᄒᆞ니奚暇에
外競ᄒᆞᆯ餘力을造出ᄒᆞ리오故로嬴政(秦始皇)劉徹(漢武帝)
이其武를揚ᄒᆞ야蒙恬의兵威가長城以外에遙行
ᄒᆞ며楊僕의樓船이衛滿의都城을陷落ᄒᆞᆷ에至ᄒᆞ
더니及其三國中葉에各大小部落이稍稍相兼幷
ᄒᆞ야大勢가統一에漸趨ᄒᆞ미駕洛伽倻扶餘沃沮
濊貊等國이皆三國에統合ᄒᆞᆫ비되고其他三韓에

分統ᄒᆞ얏던數百小國도亦皆三國의郡縣을作ᄒᆞ니於是乎我民族의實力이膨脹圓滿의域에漸達ᄒᆞᆫ故로新羅의兵力이海外에遠伸ᄒᆞ야日本을三征ᄒᆞ고百濟가靺鞨을屢破ᄒᆞ야境土를開拓ᄒᆞ고高句麗가四郡을收復ᄒᆞ야前耻를快雪ᄒᆞ며遼地를襲取ᄒᆞ야版圖를擴大ᄒᆞᄂᆞᆫᄃᆡ各其不滿千里의地方과不過數百萬의人口로ᄃᆡ水陸으로强敵을對抗ᄒᆞᄆᆡ勝은多ᄒᆞ고敗ᄂᆞᆫ少ᄒᆞ더라

雖然이나新羅의敵은日本이며百濟의敵은靺鞨이니彼ᄂᆞᆫ皆海外遠邦이오當時小敵이라其相侵

의景況이暴風迅雨갓치倏來倏去ᄒᆞᆯ而已오轟烈可觀의大戰役이罕有ᄒᆞ야史家의筆을鼓舞ᄒᆞᆯ餘地가少ᄒᆞ거니와若夫高句麗의對付ᄒᆞᄂᆞᆫ敵은强大ᄒᆞᆫ支那며又其壤地가隣接ᄒᆞ야嘖言이朝起ᄒᆞ면兵戈가夕至ᄒᆞ야往往不測의禍가目下에伏在ᄒᆞᆫ故로政客의腦를費ᄒᆞ며將士의血을擲ᄒᆞ야强國禦寇의道에兢兢ᄒᆞ니蓋始祖東明王以來로嬰陽王時에至ᄒᆞᄆᆡ其間我兵이支那境을侵入ᄒᆞᆷ이數十餘次오支那兵이我境에來犯ᄒᆞᆷ이十數次러라

嬰陽王即位時ᄂᆞᆫ我檀君二千七百二十年頃이니至是에韓漢兩民族의惡憾이愈觸愈厲ᄒᆞ야彼我不兩立의勢가愈決ᄒᆞ니乙支文德은實로此時代의產兒러라

第二章　乙支文德時代의麗隋形勢

一隋氏의强盛　二高句麗의態度　三乙支文德의遭遇

皇天이我民族의能力을試驗ᄒᆞ라ᄒᆞ심인지當時外敵의勢力을偏與ᄒᆞ사支那江南(隋)江北(周)의兩朝廷을普六茹氏(隋帝本姓)父子의手中으로混一ᄒᆞ니土地의廣과甲兵의衆이支那有史以來의第一이오加

之百姓이豊富ᄒᆞ고國庫가充溢ᄒᆞ야强悍으로有名ᄒᆞ던匈奴突厥의遺種도稽顙入朝ᄒᆞ며聲氣가不通ᄒᆞ던高昌室韋의遠人도接踵欵塞ᄒᆞ니隋皇帝의氣燄이炙手可熱이로다

是時로當ᄒᆞᄆᆡ始終倔强의態度를守ᄒᆞ고獨立을保持ᄒᆞ야支那와對峙ᄒᆞᆫ者ᄂᆞᆫ惟一高句麗라凡數十百年을兄弟의禮로抗ᄒᆞ며雌雄의勢를賭ᄒᆞ다가一朝에彼의坐大ᄒᆞᆷ을見ᄒᆞ고豈其甘心退伏ᄒᆞ리오

嬰陽王即位元年에彼가江南陳氏를滅ᄒᆞ고即時

國書로侮辱을加ᄒᆞ야曰遼水의廣이長江과何如며高句麗人의多가陳國과何如ᄒᆞ뇨朕이萬一貴國의前愆을責ᄒᆞᆯ진ᄃᆡ一將軍만命ᄒᆞᆯ而已오多言을不待라ᄒᆞ얏스니其驕傲無禮가如此히辭表에溢現ᄒᆞ얏스ᄆᆡ高句麗君臣이知耻戒禍ᄒᆞ야穀을儲ᄒᆞ며兵을養ᄒᆞ야戰爭을準備ᄒᆞ더라

然이나當時에得君行道ᄒᆞ야內政을施ᄒᆞ며訓民練卒ᄒᆞ야外窺ᄅᆞᆯ杜ᄒᆞ고四面敵衝에立ᄒᆞ야國家耿光을揚ᄒᆞᄂᆞᆫ者ㅣ其誰오

傳에曰乙支文德이高句麗大

臣이라ᄒᆞ얏스니大臣이라云ᄒᆞᆷ은必也其時大對盧(即總理大臣)ᄅᆞᆯ謂ᄒᆞᆷ이거나莫離支(即軍部大臣)ᄅᆞᆯ謂ᄒᆞᆷ이거나不然이면即又左輔右輔(皆國務大臣)ᄅᆞᆯ謂ᄒᆞᆷ이니高句麗主動力이乙支文德에專在ᄒᆞᆷ이無疑오

且薩水의役은一國興亡의機어ᄂᆞᆯ乙支文德이戰코져ᄒᆞ면全國이皆戰ᄒᆞ며乙支文德이退코자ᄒᆞ면全國이皆退ᄒᆞ고乙支文德이詐降ᄒᆞ야도上下가其詐降을不疑ᄒᆞ니盖君主의信用에專ᄒᆞᆷ과國民의信賴에深ᄒᆞᆷ이如此ᄒᆞᆫ즉是其出將入相의位에居ᄒᆞ고內修外攘의策을講ᄒᆞ야一國의安危가

其一身에繫ᄒᆞᆷ이無疑어ᄂᆞᆯ

後人이殘史의缺文만膠執ᄒᆞ야乙支文德은只是薩水一役에上帝天使ᄀᆞᆺ치一片福音을來傳ᄒᆞ고風鞭電馬로倏然長逝ᄒᆞ야其前에도乙支文德이無ᄒᆞ며其後에도乙支文德이無ᄒᆞ다云ᄒᆞ나史文을叅互ᄒᆞ야伊時事狀을細究ᄒᆞ면二千七百三十一年嬰陽王西征以後薩水戰役以前事ᄂᆞᆫ皆乙支文德에屬ᄒᆞᆷ은可疑ᄒᆞᆯ비無ᄒᆞ도다

嗚呼라一國은三分ᄒᆞ고外敵은方强ᄒᆞᆫᄃᆡ風雲을睥睨ᄒᆞ고時機ᄅᆞᆯ利用ᄒᆞ야巨寇ᄅᆞᆯ小兒ᄀᆞᆺ치操縱

ᄒᆞ니千載下에서其爲人을像想ᄒᆞ야도推枕蹶起ᄒᆞᆷ을不覺ᄒᆞᆯ지로다

第三章 乙支文德時代의列國狀態

惜哉라于時列國의擧動이여北齊가隋에게亡ᄒᆞ고陳氏가隋에게滅ᄒᆞᆫ以後로隋ᄂᆞᆫ最大最强ᄒᆞ고列邦은皆小皆弱ᄒᆞ니許多弱小者의力을合ᄒᆞ야彼ᄅᆞᆯ抗ᄒᆞ야도不克ᄒᆞᆯ가猶懼어ᄂᆞᆯ今者에合ᄒᆞ기만不能ᄒᆞᆯᄲᅮᆫ아니라都是自卑自屈ᄒᆞ며相傾相軋ᄒᆞ야隋에附庸國되기만是甘ᄒᆞᄂᆞᆫ도다

彼新羅百濟ᄂᆞᆫ脣齒의憂ᄅᆞᆯ不念ᄒᆞ고高句麗侵伐

ᄒᆞ기를請ᄒᆞᄂᆞᆫ使者가道路에相屬ᄒᆞ며高句麗動靜을覘探ᄒᆞᄂᆞᆫ間諜이四境에羅列ᄒᆞ니

二千七百三十一年에百濟가隋의遼東來侵홈을聞ᄒᆞ고長史王辨那를遣ᄒᆞ야軍導됨을請홈

二千七百四十年에百濟가佐平王孝隣을遣ᄒᆞ야高句麗를請伐ᄒᆞ고幷其動靜을偵探ᄒᆞ야隋에報홈

二千七百四十一年에新羅가僧圓光을遣ᄒᆞ야高句麗侵伐홀師를乞홈

二千七百四十四年에百濟와新羅가使臣을遣ᄒᆞ야出師의期를請홈

噫라兄弟鬩墻의遺憾으로外寇를請ᄒᆞ야報復ᄒᆞ라홈은實로可惜이莫甚이오

又突厥即匈奴ᄂᆞᆫ本來慓悍强族으로셔隋에게被摧ᄒᆞ야服事의役을不辭ᄒᆞ고甚至高句麗의來使를執ᄒᆞ야隋主를見ᄒᆞ니

二千七百四十年에高句麗가突厥可汗啓民에게遣使ᄒᆞ얏더니適其時隋主楊廣이其帳에臨ᄒᆞᆫ지라啓民이敢히隱치못ᄒᆞ야隋主에게執見홈

噫라隋를畏홈으로鄰國의來使를敢執홈은又何其無禮ᄒᆞᆫ가

然則伊時大勢가隋强만如彼홀ᄲᅮᆫ더러即旁近各國이莫非助桀爲虐者인ᄃᆡ我絕代偉人乙支文德이其間에特立ᄒᆞ야國家의威嚴을不墜ᄒᆞ니嗚呼

라拿坡崙時代에全歐가慴服ᄒᆞᄂᆞᆫᄃᆡ其能獨力으로前後對抗ᄒᆞᆫ者ᄂᆞᆫ惟英吉利一國而已며隋煬帝時代에東球가震慄ᄒᆞᄂᆞᆫᄃᆡ其能獨力으로始終抵制ᄒᆞᆫ者ᄂᆞᆫ惟高句麗一國而已라二千年前의高句麗ᄂᆞᆫ即十八世紀의英吉利러니라

盛哉라高句麗여四千載歷史上에第一名譽的紀念碑를立ᄒᆞ얏스며偉哉라乙支文德이여億萬世大東人의絕好模範을垂ᄒᆞ얏도다

第四章　乙支文德의毅魄

地廣이彼에十倍나不及ᄒᆞ며人衆이彼에百倍나

此韓漢交涉以來第一大戰役(即薩水戰役)의名譽가我民族에게專歸ᄒᆞ더니奈何로歷代君相이孳業만全種ᄒᆞ야柔弱萎靡로民心을迷醉케ᄒᆞ고一般外競思想은極力摧折홈으로本朝中葉에外警이一聞ᄒᆞ매朝野上下가禦侮無策ᄒᆞ야賊鋒所及에如何히巨創을受ᄒᆞ얏던지至今山村孤燈에白髮野老가兩三會集ᄒᆞ야往往壬辰事를提及ᄒᆞ고心骨이猶戰ᄒᆞᄂᆞ니哀哉라萬一進化의公例로推ᄒᆞ면中古時代의如此强悍ᄒᆞᆫ民族이今則優勝勢力이世界에橫絕ᄒᆞ얏슬지어ᄂᆞᆯ何故로每下愈況

公갓ᄒᆞᆫ偉人에게語ᄒᆞᆯ바아니어니와其二에屬ᄒᆞᆫ策은一兵도不殺ᄒᆞ며一民도不勞ᄒᆞ고一使价만遣ᄒᆞ야膝을跪ᄒᆞ고衷曲을訴ᄒᆞ면彼隋朝君臣의所欲이此에不過ᄒᆞ니必也欣然色喜ᄒᆞ야嫌怨을都忘ᄒᆞ고盟好를復講ᄒᆞ야兩國將來의大戰禍가樽俎間에倏消ᄒᆞᆯ지어ᄂᆞᆯ乙支文德이此道에不出ᄒᆞ얏스니是가好亂樂禍의一妄人이아닌가

噫라不然ᄒᆞ다千里畏人은古人의所譏오不戰自屈은志士의所慟이라萬若一時의姑息을甘ᄒᆞ야卑劣의政策을用ᄒᆞ면淺見者ᄂᆞᆫ必曰外面의小恥

辱이實際權利上에야何損이有ᄒᆞ리요ᄒᆞᆯ지나國家의名譽를墮ᄒᆞ고國民의天職을侮ᄒᆞ면駸駸然下劣魔가其肺腑에入ᄒᆞ야萬刧不復의地獄으로誘陷ᄒᆞᄂᆞ니

諺에云ᄒᆞᆫ바(其父가甘醴로晩境의頤養을資ᄒᆞ미其子ᄂᆞᆫ飮酒行悖를事業으로知ᄒᆞ고其父가棊局으로長夏의消日을樂ᄒᆞ미其子ᄂᆞᆫ博奕賭錢으로家產을傾覆ᄒᆞᆫ다)ᄒᆞᆷ이眞個是拳拳服膺ᄒᆞᆯ格言이로다我가今日에凶漢을遇ᄒᆞ야其心으로ᄂᆞᆫ明明白白是盜賊으로快認ᄒᆞ나暫時免禍의計로恥辱

을不顧ᄒᆞ고口로父祖라强呼ᄒᆞ고膝을其前에一跪ᄒᆞ면我의子ᄂᆞᆫ低頭ᄒᆞ야父祖라再呼ᄒᆞ며我의孫은稽顙ᄒᆞ야父祖라三呼ᄒᆞ고畢竟幾世後에ᄂᆞᆫ口中에强一呼ᄒᆞ던父祖가心中에眞崇拜ᄒᆞᄂᆞᆫ父祖가되야牛皮를久蒙ᄒᆞ미本來의面目을都忘ᄒᆞ며奴隷를慣做ᄒᆞ미他人의鞭策을自甘ᄒᆞ야비록不共戴天의讐敵이라도其力만强ᄒᆞ면父祖父祖라ᄒᆞᄂᆞ니夫勝朝의中葉에蒙古와耻辱的盟約을結ᄒᆞ던其初에ᄂᆞᆫ心悅誠服의條約이아니라呑血飮淚의條約이며手舞足蹈의和親이아니라笑刀

腹劒의和親이언마ᄂᆞᆫ及其幾十年을經過ᄒᆞ미血淚가笑로變ᄒᆞ며刀劒이酒로化ᄒᆞ야擧國臣民이認賊爲祖의魔境에同溺ᄒᆞᆫ지라今日에忽必烈에게膜拜ᄒᆞ던手로明日에朱元璋을膜拜ᄒᆞ며又明日에奴爾哈齊를膜拜ᄒᆞ야老妓가情郞을閱ᄒᆞ듯시此가去ᄒᆞ미彼를迎ᄒᆞ며彼가去ᄒᆞ미此를迎ᄒᆞ야幾乎習與性成에其耻를不耻ᄒᆞ니悲夫라所以로荷蘭國民이三十餘年戰爭에肝腦를擲盡ᄒᆞ고山窮水盡의末路에達ᄒᆞ미寧且海水를國都에灌ᄒᆞ야墳墓產業을龍宮에投棄ᄒᆞ고獨立名譽를區

區艦隊上에서保有ᄒᆞᆯ지언뎡敵人에게俯首ᄒᆞᆷ을
不甘ᄒᆞᆫ비라
故로我權이未墜어던劒과血로此ᄅᆞᆯ保護ᄒᆞᆯ而已
며我權이已墜어던劒과血로此ᄅᆞᆯ索還ᄒᆞᆯ而已오
又或慘澹荆棘에日暮道遠ᄒᆞ야會稽의恥ᄅᆞᆯ不得
不暫忍ᄒᆞᆯ境遇이면日日臥薪ᄒᆞ며時時嘗胆ᄒᆞ야
劒과血로全國人을喚起ᄒᆞᆯ而已어ᄂᆞᆯ彼卑劣一派
ᄂᆞᆫ每日雍容緩步ᄒᆞ야幸福을求ᄒᆞ라ᄒᆞ며溫柔服
從ᄒᆞ야機會ᄅᆞᆯ待ᄒᆞ라ᄒᆞᄂᆞ니此ᄂᆞᆫ我의銳氣ᄅᆞᆯ自
滅ᄒᆞ고良心을自欺ᄒᆞᆷ이니天下蒼生을禍ᄒᆞᆯ者ㅣ

엇지此言이아닌가噫라何以ᄒᆞ면乙支文德其人
者가復出ᄒᆞ야此輩ᄅᆞᆯ廓淸ᄒᆞᆯ고
盖是時에隋의侮蔑이日至ᄒᆞ고其他隋에附ᄒᆞᆫ諸
國의揶揄가雨至ᄒᆞ되乙支文德이不屈不撓의意
氣ᄅᆞᆯ益益自勵ᄒᆞ야末乃大風雲을釀成ᄒᆞ니此義
ᄅᆞᆯ知ᄒᆞᆫ故인져

第五章　乙支文德의雄畧

小로大ᄅᆞᆯ敵ᄒᆞ며寡로衆을抗ᄒᆞᆷ이其施爲籌劃이
自守ᄒᆞᄂᆞᆫ局面에兢兢ᄒᆞ야도不克의慮가尙有ᄒᆞ
거ᄂᆞᆯ乙支文德의行事ᄅᆞᆯ觀ᄒᆞ건ᄃᆡ其雄喉ᄂᆞᆫ支那

九州ᄅᆞᆯ潤呑코자ᄒᆞ며其活步ᄂᆞᆫ長城万里ᄅᆞᆯ超過
ᄒᆞ라ᄒᆞ야萬一海東一隅에서閉關獨守ᄅᆞᆯ良策이
라主唱ᄒᆞᄂᆞᆫ者ㅣ一有ᄒᆞ면直是其面에一大唾ᄅᆞᆯ
加ᄒᆞᆯ氣槩가存ᄒᆞ야今年에幾千兵으로某地ᄅᆞᆯ入
據ᄒᆞ며明年에幾万兵으로某城을奪取ᄒᆞ며又明
年에幾十万兵으로某鎭을掩襲ᄒᆞ야地上의一草
一木이皆我의雨露ᄅᆞᆯ沾ᄒᆞ며空間의一虫一鳥가
皆我의號令을慴ᄒᆞ야海外列强이皆高句麗의正
朔을奉行케ᄒᆞ라ᄒᆞ니當時의留記新集(皆高句麗
史)이後世에不傳ᄒᆞᆷ으로乙支文德의懷抱ᄒᆞᆫ政畧

을詳考處가無ᄒᆞ나但隋史ᄅᆞᆯ按컨ᄃᆡ盖二千七百
三十四年頃에ᄂᆞᆫ高麗의東侵西畧ᄒᆞ던遺跡을猶
可想見이라故로楊廣이來侵ᄒᆞᆯ際其國內에布告
ᄒᆞᆫ一文이純是高句麗의頻逼을不堪ᄒᆞᄂᆞᆫ貌様이
發現ᄒᆞ얏도다故로曰「高句麗가海戍ᄅᆞᆯ虔劉」ᄒᆞᆫ다
ᄒᆞ얏스며故로曰「高句麗가疆土ᄅᆞᆯ荐食」ᄒᆞᆫ다ᄒᆞᆷ이
니此로觀ᄒᆞ면薩水一戰은只是乙支文德의戰爭
歷史一小部分에不過ᄒᆞ도다噫라此所謂度德도
못ᄒᆞ고量力도못ᄒᆞᄂᆞᆫ者ㅣ아니며此所謂小敵의
强이大敵의禽이라ᄒᆞᆯ者ㅣ아닌가靑邱一域이亦

足以自遨自遊어늘何故로鄰交를忤ᄒᆞ고兵禍를結ᄒᆞ야上下軍民이息肩을不得케ᄒᆞᄂᆞ가曰冥冥上天이我의中立을不許ᄒᆞ사不進必退ᄒᆞ고不退必進은古今의通義라故로古歌에曰「가자가자어서가자오놀에아니가면다시는갈날업다」云云홈이便是吾人競爭界에優勝劣敗의公理를指明ᄒᆞᆫ一天書로다三國時의山川도只是今日山川이며風物도只是今日風物이며人種은只是今日吾輩의祖先이어늘乃是後世의外競力이愈下愈劣홈은何故인가此는求進求退의異効로다强

은不可라ᄒᆞ야惟弱을是務ᄒᆞ며大는不可라ᄒᆞ야惟小를是欲홈으로他國을稱ᄒᆞ미必曰大國强國이라ᄒᆞ며自國을稱ᄒᆞ미必曰小國弱國이라ᄒᆞ야卑辭增幣로國防을作ᄒᆞ며談經賦詩로軍備를代ᄒᆞ야東으로對馬島를讓ᄒᆞ며西으로鴨綠以西를盡失ᄒᆞ고一龜玆國됨을甘心ᄒᆞ얏스니日退가如此ᄒᆞ고야日弱을豈免가

所以로乙支文德主義는敵이大ᄒᆞ야도我必進ᄒᆞ며敵이强ᄒᆞ야도我必進ᄒᆞ며敵이銳ᄒᆞᆫ던지勇ᄒᆞᆫ던지我必進ᄒᆞ야一步를退홈에其汗이背에沾ᄒᆞ며一毫를讓홈에其血이腔에沸ᄒᆞ야此로自身을勵ᄒᆞ며此로同僚를鼓ᄒᆞ며此로全國民을作興ᄒᆞ야其生을朝鮮으로以ᄒᆞ며其死를朝鮮으로以ᄒᆞ며其一息一飽를朝鮮으로以ᄒᆞᆫ結果에女眞部落이皆是我의殖民地를作ᄒᆞ고支那天子를幾乎我手로生擒케되얏스니嗚乎라土地의大로其國이大홈이아니며兵民의衆으로其國이强홈이아니라惟自强自大者가有ᄒᆞ면其國이强大ᄒᆞᄂᆞ니賢哉라乙支文德主義여

乙支文德主義는何主義오曰此卽帝國主義니라

第六章　乙支文德의外交

今日乙支文德이戰畧에聖ᄒᆞᆫ偉人이라ᄒᆞ면皆曰唯唯라ᄒᆞᆯ지며今又曰乙支文德이內治에長ᄒᆞᆫ賢臣이라ᄒᆞ면亦或曰唯唯라ᄒᆞᆯ지나其外交의敏活遠大는知之者가無ᄒᆞ도다

大抵此時에試坐ᄒᆞ야高句麗를爲ᄒᆞ야計ᄒᆞ라但只戰畧만張ᄒᆞ야國光을先揚홈이可ᄒᆞᆯ가曰不可ᄒᆞ다內治만務ᄒᆞ야國基를鞏固케홈이可ᄒᆞᆯ가曰不可ᄒᆞ다高句麗地形를按컨ᄃᆡ東南으로는新羅百濟며西으로는隋며北으로는契丹靺鞨突厥鮮

卑等國이라何等의高山大川도無ᄒᆞ며何等의遠
塞絶漠도無ᄒᆞ고其疆域의鄰近ᄒᆞᆷ이犬牙갓치相
連ᄒᆞ야四面受敵之地에處ᄒᆞ얏ᄂᆞᆫᄃᆡ此時에至ᄒᆞ
야ᄂᆞᆫ隋의氣燄이列國을壓服ᄒᆞ야左ᄒᆞ라ᄒᆞ면左
ᄒᆞ며右ᄒᆞ라ᄒᆞ면右ᄒᆞ야莫不其下風에趨ᄒᆞᄂᆞ니
此로觀ᄒᆞ면新羅도一隋며百濟도一隋며契丹도
一隋며靺鞨도一隋며突厥鮮卑도皆一隋라隋役
隋奴가四方에羅列ᄒᆞ야隋天子의命令만待ᄒᆞ니
萬一乙支公이貿然히隋와挑戰ᄒᆞ다가ᄂᆞᆫ朝에ᄂᆞᆫ
新羅의兵、夕에ᄂᆞᆫ百濟의兵、今日에ᄂᆞᆫ契丹靺鞨의

兵、明日에ᄂᆞᆫ突厥鮮卑의兵이此退彼進ᄒᆞ며彼退
此進ᄒᆞ야東西南北에應接不暇ᄒᆞ면兵은奔命에
疲ᄒᆞ고民은安業을失ᄒᆞ야政治家가朝著에林立
ᄒᆞ얏슬지라도瓦鮮의民心을安輯키難ᄒᆞ며武功
家가邊境에星列ᄒᆞ얏슬지라도迭侵의敵兵을抵
制키難ᄒᆞ리니將奈何오嗚呼奇哉라乙支文德의
外交手腕이여拍掌一喝采ᄒᆞᆯ바로다畢竟靺鞨도
我의用ᄒᆞᆫ비되얏스며契丹도我의用ᄒᆞᆫ비되얏스
며高句麗同伐ᄒᆞ기를日請ᄒᆞ든百濟도末乃兩端
을持ᄒᆞ야境上에서觀ᄒᆞᆯ而已며突厥이隋를畏服

ᄒᆞ야麗使ᄂᆞᆫ曾執ᄒᆞ얏스나隋兵의助役ᄒᆞᆷ은未有
ᄒᆞ니

這間에行使ᄒᆞᆫ秘謀奇計ᄂᆞᆫ歷史上에流傳ᄒᆞᆫ바無
ᄒᆞ나一隅에獨立ᄒᆞ야慘澹手腕으로敵國의黨助
를瓦鮮케ᄒᆞᆷ은歷歷ᄒᆞ니嗚乎라偉人也哉ㄴ저

第七章 乙支文德의武備

支那是時에齊도旣滅ᄒᆞ얏스며陳도旣亡ᄒᆞ고突
厥과鮮卑도旣服ᄒᆞ야蹦踏四顧에我志를敢逆ᄒᆞᆯ
者ㅣ無ᄒᆞ니漢土歷代帝王의大亂勘定ᄒᆞᆫ後民氣
를强壓ᄒᆞ야革命의萠芽를摧折ᄒᆞ던慣伎倆으로

禁中에에宿衛兵幾萬名만置ᄒᆞ고諸將兵權을一
時收奪ᄒᆞ며九州鐵을聚ᄒᆞ야金人十二를鑄ᄒᆞᆯ秋
也어ᄂᆞᆯ彼楊氏父子ᄂᆞᆫ此道에不出ᄒᆞ고反히甲兵
을益益奬勵ᄒᆞ니其意가高句麗에不在ᄒᆞ면何處
에在ᄒᆞ디오噫라萬一高句麗된者가眼孔이不慧
ᄒᆞ고手足이不靈ᄒᆞ야彼爲彼我爲我의擬觀을守
ᄒᆞ야昇平曲만唱ᄒᆞ얏스면江南陳氏後庭花의遺
恨을再續ᄒᆞ기無疑라幸此眼光偉大ᄒᆞᆫ乙支文德
이有ᄒᆞ야隋氏가支那를混一ᄒᆞᆫ以後로尤一層戒
懼ᄒᆞ야武備政策에汲汲無暇ᄒᆞᆫ故로勝兵百萬이

有ᄒᆞ얏스며

隋史에曰高句麗의勝兵이百萬이라云ᄒᆞᆷ

人民을戢和ᄒᆞᆫ故로軍賦를重歛ᄒᆞ야도怨이無ᄒᆞ얏스며

隋楊廣이曰高句麗가賦歛煩重ᄒᆞᆫ다云ᄒᆞᆷ

將吏ᄂᆞᆫ其人을必得ᄒᆞᆫ故로後日에巨寇가臨疆ᄒᆞ야도一個降者가無ᄒᆞ얏스며

史에曰隋軍所過에高句麗諸城이皆堅守不下라云ᄒᆞᆷ

城郭을修繕ᄒᆞ야戰守가自足케ᄒᆞ얏스니

史에曰宇文述等이平壤城下에至ᄒᆞ미城이險峻難拔이라云ᄒᆞᆷ

金角干의爲國祈禱와李忠武의預料倭寇와諸葛

武侯의務農講武와加富爾의誘民增稅와李晟의修城積糧ᄒᆞ던其熱誠其忠憤其苦况을乙支公은其一心에均抱ᄒᆞ며其一身에備歷ᄒᆞ얏도다

第八章　乙支文德의手腕下에敵國

外交에缺ᄒᆞᆫ비無ᄒᆞ며內治에遺ᄒᆞᆫ비無ᄒᆞ미於是乎其大刀濶斧를運ᄒᆞ야大舞臺에出現ᄒᆞᆯ서或遊兵을遣ᄒᆞ야靺鞨의服을着ᄒᆞ고彼의腹地를偵探ᄒᆞ며邊徼도侵軼ᄒᆞ고或契丹의黨을誘引ᄒᆞ야彼의沿海戍兵을擊破ᄒᆞ고

此兩節은皆二千七百四十四年隋主詔를據ᄒᆞᆷ

或靺鞨을利用ᄒᆞ야乍出乍入ᄒᆞ며彼를奔命케ᄒᆞ고

二千七百三十一年에麗王이靺鞨兵万餘를率ᄒᆞ고遼西를征ᄒᆞᆷ

或隋와羅濟의交通ᄒᆞᄂᆞᆫ路를絶ᄒᆞ야其釁을促ᄒᆞ고

又隋主詔에輶車奉使ᄒᆞᄂᆞᆫ王人을擁絶ᄒᆞᆫ다云云ᄒᆞᆷ

又彼의來寇ᄒᆞᄂᆞᆫ一偏師ᄂᆞᆫ風前의微塵갓치瞬息掃晴ᄒᆞ고

二千七百三十一年六月에隋主楊堅이漢王諒王世積周羅睺等을遣ᄒᆞ야三十万衆을率ᄒᆞ고水陸俱進ᄒᆞ야平壤에至ᄒᆞ더니九月에敗還ᄒᆞ니死者가十에八九라云ᄒᆞᆷ

隋境을稍稍蠶食ᄒᆞ니

此亦二千七百四十四年隋主詔에據ᄒᆞᆷ

彼가數万里幅員과累億万人民과累數百万强兵을擁有ᄒᆞᆫ强國이라東方一隅地에在ᄒᆞᆫ小國이라고無視ᄒᆞ던高句麗에게摧敗를遭ᄒᆞ미其一來가固宜ᄒᆞ도다然이나其來ᄂᆞᆫ自動的이아니라實로被動的에不過ᄒᆞ니라

第九章　隋寇의聲勢와乙支文德

遼東古塞에臨ᄒᆞ야軍容을閱ᄒᆞ고侍臣을顧ᄒᆞ며歎曰「山을移ᄒᆞᆷ과海를轉ᄒᆞᆷ도必就를望ᄒᆞ거던况

高句麗小醜를滅之何難이리오」云云홈은隋家驕童의自慢語라史記를讀ᄒᆞ다가此에至ᄒᆞ미一笑를不覺ᄒᆞᆯ지나但彼時隋國의氣勢를觀ᄒᆞ미此一句의慢語를發홈이足恠ᄒᆞᆯ비無ᄒᆞ도다十餘年間鍊養ᄒᆞᆫ兵力으로江河가橫決ᄒᆞ듯시氾濫東來ᄒᆞ니軍艦이三百艘며

二千七百四十三年(嬰陽王二十二年)에隋主楊廣이幽州摠管元弘嗣를遣ᄒᆞ야東萊海口에往ᄒᆞ야兵船三百艘를製造라云云홈

兵車가五万乘이며

隋主가涿郡에親至ᄒᆞ야戎車五万乘을作ᄒᆞ야衣甲을載ᄒᆞ얏다云云홈

帶甲이二百萬이며

同四十四年(嬰陽王二十三年)에隋主가全國兵을摠徵ᄒᆞ야涿郡에皆集ᄒᆞ야左十二軍은鏤方、長岑、溟海、蓋馬、建安、南蘇、遼東、玄菟、扶餘、朝鮮、沃沮、樂浪等道로出ᄒᆞ며右十二軍은粘蟬、含資、渾彌、臨屯、候城、提奚、踏頓、碣石、東暆、帶方、襄平等道로出ᄒᆞ야平壤으로齊趨ᄒᆞ니凡一百十三万三千八百人이니号曰二百萬이라ᄒᆞ고其餽輸者ᄂᆞᆫ又倍數에居ᄒᆞ얏다云云홈

旌旗가一千里오

騎兵은四十隊니十隊가爲團ᄒᆞ고步卒은八十隊니五隊가爲團이라其鎧冑와旗旛은每團에異色ᄒᆞ고一日에一營을遣홈ᄉᆡ相去四十里에連營漸進ᄒᆞ야四十日만에盡發ᄒᆞ니首尾가相繼ᄒᆞ고鼓角이相聞ᄒᆞ며旌旗ᄂᆞᆫ九百六十里를亘ᄒᆞ얏다云云홈

將士ᄂᆞᆫ

凡二十四軍에分ᄒᆞ야左翼衛大將軍에宇文述、右翼衛大將軍에于仲文、左驍衛大將軍에荊元恒、右驍衛大將軍에薛世雄、右屯衛將軍에辛世雄、右禦衛將軍에張瑾、右武侯將軍에趙孝才、涿郡太守左武衛將軍에崔弘昇、右禦衛虎賁郎將에衛文昇等이分領ᄒᆞ고水軍은左翼衛大將軍來護兒가統率이라云云홈

太半皆平蜀平齊의戰役에智勇으로著名ᄒᆞᆫ將士라

彼野心勃勃ᄒᆞᆫ楊廣의心目中에高句麗가已無ᄒᆞ야鴨綠江을一鞭으로投斷ᄒᆞ며平壤城을一步로踏平ᄒᆞᆯ氣槪가有ᄒᆞ더니不幸乙支文德을遇ᄒᆞ야

第一次遼水에셔大敗ᄒᆞ며

隋軍이遼水에至ᄒᆞ거ᄂᆞᆯ我兵이水를阻ᄒᆞ야拒守ᄒᆞ더니隋人이浮梁으로兵을渡홈ᄉᆡ梁이岸에未及ᄒᆞ야我兵이乘高急擊ᄒᆞ니敵軍死者ㅣ甚衆이라其勇將麥鐵杖、錢士雄、孟金叉等이皆戰死라云云홈

第二次遼城에셔大困ᄒᆞ며

敵軍이遼東城에至ᄒᆞ거ᄂᆞᆯ我守將이堅壁固守ᄒᆞ야敵이環攻不克이라云云홈

第三次平壤城에셔大傷ᄒᆞ고

來護兒가江淮水軍을率ᄒᆞ고海道로進ᄒᆞ니舳艫가數百里라浿水로入ᄒᆞ야城下에直造ᄒᆞ거ᄂᆞᆯ我兵이羅郭內空寺에埋伏ᄒᆞ고佯敗로誘引ᄒᆞ야護兒가城中에入ᄒᆞᆫ後에伏兵이發ᄒᆞ야大戰ᄒᆞ

니敵屍가狼藉ᄒᆞ고護兒ᄂᆞᆫ其身만僅免ᄒᆞ야單騎로逃走라云ᄒᆞᆷ

末乃薩水에至ᄒᆞ야大狼狽ᄅᆞᆯ遭ᄒᆞ니

見下

噫라國家의强弱은英雄有無에在ᄒᆞ고將卒衆寡에不在ᄒᆞ도다

第十章　龍變虎化의乙支文德

處女ᄀᆞᆺ치守ᄒᆞ다가脫兎ᄀᆞᆺ치出ᄒᆞ며山岳ᄀᆞᆺ치靜ᄒᆞ다가雷霆ᄀᆞᆺ치動ᄒᆞ니乙支文德은奚但偉人일ᄲᅮᆫ인가即是天神인져

遼碣以西에長潮ᄀᆞᆺ치滾來ᄒᆞᄂᆞᆫ者ᄂᆞᆫ皆是敵國의

軍隊오浿水以下에黑雲ᄀᆞᆺ치飛集ᄒᆞᄂᆞᆫ者ᄂᆞᆫ皆是敵國의軍艦이오上으로天日을蔽ᄒᆞᄂᆞᆫ者ᄂᆞᆫ敵國의旌旗오下으로地球ᄅᆞᆯ震ᄒᆞᄂᆞᆫ者ᄂᆞᆫ敵國의鼙鼓라出師의盛이古今罕覩이니旁觀者도高句麗를爲ᄒᆞ야歔欷ᄒᆞᄂᆞᆫ듸乙支文德은但其諸將을指揮ᄒᆞ야要害만據守케ᄒᆞ며(即上章에已現ᄒᆞᆫ遼水遼城의據守ᄅᆞᆯ指ᄒᆞᆷ)談笑顧眄間에羅郭空寺伏兵으로彼의水軍을殲盡ᄒᆞ고(即上章來護兒의覆軍을指ᄒᆞᆷ)自己ᄂᆞᆫ安閑無事者ᄀᆞᆺ치高臥ᄒᆞ야彼가跳梁ᄒᆞ면其跳梁을任ᄒᆞ며彼가驕橫ᄒᆞ면其驕橫을任

ᄒᆞ다가及其敵軍의大陣이鴨綠江西에至ᄒᆞ얏다ᄂᆞᆫ報道ᄅᆞᆯ接ᄒᆞ고乃始雍容一騎로虎窟에躬入ᄒᆞ야其虛實을探ᄒᆞᆫ後又其神明不測의手腕을使用ᄒᆞ야無恙脫出ᄒᆞ얏스며

敵將宇文述于仲文等이衆軍을統率ᄒᆞ고鴨綠江西에會ᄒᆞ거ᄂᆞᆯ乙支文德이敵營에詣ᄒᆞ야詐降ᄒᆞ얏다가旣而오又計策으로于仲文을紿ᄒᆞ고脫還ᄒᆞ더니仲文이忽後悔ᄒᆞ야人을遣ᄒᆞ야招ᄒᆞ야曰相議ᄒᆞᆯ事가又有ᄒᆞ니復來ᄒᆞ라ᄒᆞ거ᄂᆞᆯ乙支文德이鴨綠江을馳濟ᄒᆞᆷ

重重疊疊ᄒᆞᆫ天羅地網을設ᄒᆞ고巨敵을死地로誘入ᄒᆞᆫ後文壇의詩句로相和ᄒᆞᆯ서贊譽ᄅᆞᆯ大加ᄒᆞ야

其心을益驕케ᄒᆞ며末乃知足且止로勸ᄒᆞ얏스니

噫라此時에于仲文等이知足願止ᄒᆞᆫ달公其許之乎아英雄善欺人이라云ᄒᆞᆷ이其亦虛語가아니로다

乙支文德의紿還ᄒᆞᆷ을覺ᄒᆞ고宇文述等이大怒來追ᄒᆞ거ᄂᆞᆯ乙支文德이輕兵으로拒戰ᄒᆞ다가敵軍의飢色이有ᄒᆞᆷ을見ᄒᆞ고疲困ᄒᆞᆫ計較로小戰輒走ᄒᆞ니於是에敵將이一日七捷ᄒᆞ고意氣大驕ᄒᆞ야東으로薩水ᄅᆞᆯ直渡ᄒᆞ야平壤城三十里相距에下營ᄒᆞ거ᄂᆞᆯ乙支文德이一詩로遺ᄒᆞ니神策究天文、妙算窮地理、戰勝功旣高、知足願云止라云云ᄒᆞᆷ

嗚乎라夫一乙支文德의身으로千億万乙支文德

을現ᄒᆞᄃᆡ忽然行人(卽使臣)으로現身ᄒᆞ며忽然戰將으로現身ᄒᆞ며忽然詩人으로現身ᄒᆞ며忽然宰相으로現身ᄒᆞ며忽然偵探家로現身ᄒᆞ며忽然外交家로現身ᄒᆞ며堂堂純臣이忽然又叛臣으로詐現ᄒᆞ며轟轟名將이忽然又敗將으로佯現ᄒᆞ야忽來忽去ᄒᆞ며忽隱忽現ᄒᆞ며忽遠忽近ᄒᆞ며忽起忽伏ᄒᆞ야彼揚揚意氣로遼東에出ᄒᆞ던敵國君臣이一時其自由를失ᄒᆞ고乙支文德의術中으로左右ᄒᆞᄂᆞᆫ도다嗚乎讀史者여乙支文德歷史의殘缺을休恨ᄒᆞ라

只此數行汗靑에其神彩가畢露ᄒᆞ니라

第十一章 薩水大風雲의乙支文德

堅壁淸野ᄒᆞᆫ平壤城下에셔數月을久頓ᄒᆞ든敵兵이粮道ᄂᆞᆫ已絶ᄒᆞ고擄掠에無得이라不得已還軍ᄒᆞᆯ셰乙支文德이兵을出ᄒᆞ야四面鈔擊ᄒᆞ야薩水에追至ᄒᆞ니

哀哉라陰陵黑月에項羽의烏騅가不逝ᄒᆞ고海上颶風에瑞典의軍艦이如掃라高句麗兵衆이我의一營兵額數에不過ᄒᆞᆫ다고侮視ᄒᆞ던隋皇帝의意氣가而今에安在런가追兵은在後ᄒᆞ고長江은在

前ᄒᆞᆫᄃᆡ欲飛靡翼의隋兵이여絶命의路頭를當ᄒᆞ야二十四軍營이一舟를爭ᄒᆞᄂᆞᆫᄃᆡ

中流를未及ᄒᆞ야我兵이從後掩擊ᄒᆞ니龍蛇가起陸ᄒᆞ고天地가翻覆이라後軍將辛世雄을斬獲ᄒᆞ고益益奮擊ᄒᆞ야數百萬敵兵을皆魚腹中에永葬ᄒᆞ니生還者가二千七百名에不過ᄒᆞ고累億萬兩의資財器械가一時烏有物로化去ᄒᆞ니時ᄂᆞᆫ檀君二千七百四十四年高句麗嬰陽王二十三年六月이오距今凡一千二百九十七年인ᄃᆡ太史官이抽筆大書曰某年某月某日에乙支文德이隋兵을殲

ᄒᆞᆯ셰薩水上에셔大破ᄒᆞ니隋主楊廣이奔還ᄒᆞ다云ᄒᆞ얏더라

夫東西古今에史記稗談이牛를汗ᄒᆞ고棟에充ᄒᆞ니其中許多戰役에能히以少擊衆을乙支文德갓ᄒᆞᆫ者ㅣ有ᄒᆞᆫ가以弱敵强을乙支文德갓ᄒᆞᆫ者ㅣ有ᄒᆞᆫ가一國大臣으로百万敵陣에出入偵探을乙支文德갓ᄒᆞᆫ者ㅣ有ᄒᆞᆫ가孤城弱卒로四面强寇에獨立不屈을乙支文德갓ᄒᆞᆫ者ㅣ有ᄒᆞᆫ가累次强寇를片影도不返케ᄒᆞ야小兒가止啼ᄒᆞ고草木이知名을乙支文德갓ᄒᆞᆫ者ㅣ有ᄒᆞᆫ가內로ᄂᆞᆫ政敎를修ᄒᆞ

며外로ᄂᆞᆫ敵國을禦ᄒᆞ야一人의身으로將相의職을兼任ᄒᆞ얏스되擧止가安閒ᄒᆞ야不動聲色을乙支文德ᄀᆞᆺᄒᆞᆫ者ㅣ有ᄒᆞᆫ가地狹人寡의國으로兵革을屢興ᄒᆞ야戰爭不息ᄒᆞ되民心이咸服ᄒᆞ야一個怨叛者가無ᄒᆞ고身骨血肉으로惟我相公의布畫에是供케ᄒᆞᆷ을乙支文德ᄀᆞᆺᄒᆞᆫ者ㅣ有ᄒᆞᆫ가其後人된者ㅣ一鬚一毛만彷彿ᄒᆞ야도其國의獨立을可保ᄒᆞᆯ지며一咳一唾만收拾ᄒᆞ야도其國의歷史를可充ᄒᆞᆯ지니乙支文德者ᄂᆞᆫ我大東四千載獨一無二의偉人일ᄲᅮᆫ아니라抑亦全世界各國에도其儔

가罕ᄒᆞ도다敵國의史氏도猶且大欽服을不覺ᄒᆞ야其特筆로大讚美ᄒᆞ여曰「高句麗、有大臣、曰乙支文德、沉鷙有智數」라ᄒᆞ얏더라

此役後七百八十年頃에本朝創業功臣文忠公趙浚氏가明國使臣祝孟과安州百祥樓에同登ᄒᆞ야淸川江(卽薩水)를下俯ᄒᆞ고一詩로我先民의功烈을誇張ᄒᆞ며隋君臣의無勇을冷嘲ᄒᆞ야曰

薩水湯湯漾碧虛　至今留得漁樵話
隋兵百万化爲魚　不滿征夫一哂餘

라云ᄒᆞ얏ᄂᆞᆫᄃᆡ祝氏가赧然히筆을閣ᄒᆞ얏ᄂᆞ니라

第十二章　成功後의乙支文德

我가三國史를讀ᄒᆞ다가薩水戰役의翌年二千七百四十五年遼東戰役과翌二年二千七百四十六年卑沙城戰役에至ᄒᆞᄆᆡ忽然所失이有ᄒᆞᆫ듯시彷徨ᄒᆞᆷ을不覺ᄒᆞ며嗟訝ᄒᆞᆷ을不已ᄒᆞ노니夫薩水의一役에隋가猛將精兵數百万을盡陷ᄒᆞ얏스며資財器械累億万을盡失ᄒᆞ얏스니彼가비록富强ᄒᆞ다ᄒᆞᆯ지라도再擧ᄒᆞᆯ餘力이豈有ᄒᆞ리오

然而再擧ᄂᆞᆫ尙矣라三擧에至ᄒᆞ니其財ᄂᆞᆫ皆何財며其兵은皆何兵고不過掊克苛歛으로軍需를括

集ᄒᆞ고揮鋤驅犢의農夫와行市坐販의商民을招集ᄒᆞ야戎服을衣ᄒᆞ며干戈를執ᄒᆞ야死地로强驅ᄒᆞᆷ이니

此ᄂᆞᆫ未練ᄒᆞᆫ兵이며烏合ᄒᆞᆫ兵이며暴擧의由로其上을怨ᄒᆞᄂᆞᆫ兵이며內亂의信(隋煬帝再擧時에楊玄感이洛陽에서起兵ᄒᆞ야隋를叛ᄒᆞᆷ)으로其情이擾ᄒᆞᄂᆞᆫ兵이니必勝의道가(一)이오形勢로論ᄒᆞ면我ᄂᆞᆫ主오彼ᄂᆞᆫ客이며事理로言ᄒᆞ면我ᄂᆞᆫ直이오彼ᄂᆞᆫ曲이며國政을察ᄒᆞ면彼ᄂᆞᆫ方亂의時오我ᄂᆞᆫ方治의時며兵氣를觀ᄒᆞ면彼ᄂᆞᆫ累敗의餘오我ᄂᆞᆫ累勝의餘니必勝의道가(二)오彼富强의

基礎가旣搖ᄒᆞ고升平의日月이將斜ᄒᆞ미自亡을救ᄒᆞ기無及이어니奚暇에隣家와是非를理ᄒᆞ리오故로裴矩(二千七百四十四年에隋帝에게高句麗와侵伐을勸ᄒᆞᆫ者라)가結舌ᄒᆞ고郭榮(二千七百四十五年에隋帝에게高句麗侵伐을諫ᄒᆞᆫ者)이叩頭ᄒᆞ니是ᄂᆞᆫ其臣이不欲戰이며護兒(來護兒)가逗遛ᄒᆞ고宇文(宇文述)이觀望ᄒᆞ니是ᄂᆞᆫ其將이不欲戰이며八輪이不成ᄒᆞ고飛樓가無功ᄒᆞ니(隋帝가高句麗를伐ᄒᆞᆯ時의八輪車와飛樓를製造ᄒᆞᆷ)是ᄂᆞᆫ其軍이不欲戰이며哀哭은道路에遍ᄒᆞ고浪死歌(隋帝가連敗連擧ᄒᆞ미隋國人民이其苦를不堪ᄒᆞ야無向遼東浪死歌를作ᄒᆞᆷ)ᄂᆞᆫ山野에滿ᄒᆞ니是ᄂᆞᆫ其民이不欲戰이라全隋의軍民將相에欲戰者가都無ᄒᆞᆫ딕欲戰者ᄂᆞᆫ惟彼野心을滿

抱ᄒᆞᆫ楊廣獨夫而已니我全國의兵力으로一個獨夫와戰ᄒᆞᆷ에何難이有ᄒᆞ리오必勝의道가(三)이라我가三必勝의地位를據有ᄒᆞ얏스니彼와決戰ᄒᆞ미十戰ᄒᆞ면十勝ᄒᆞ며百戰ᄒᆞ며百勝ᄒᆞ야小則目前의敵兵을掃蕩ᄒᆞ야有往無歸ᄒᆞᆯ지며大則隋國의中心을進擣ᄒᆞ야以漢爲韓ᄒᆞᆯ지어놀

奈何로一隅의孤城을枕ᄒᆞ야生死의命을作ᄒᆞ고彼來에不敢出ᄒᆞ며彼去에不敢追ᄒᆞ야(楊玄感叛書가至ᄒᆞ미隋楊廣이大驚ᄒᆞ야急히引沒ᄒᆞᆯ서軍資器械를悉棄ᄒᆞ고部分이散亂ᄒᆞ되麗兵이城守不出ᄒᆞ고但其城內에서從譟만ᄒᆞ더니翌日午後에城外에始出ᄒᆞ얏스되彼軍의詐退인가猜疑ᄒᆞ야躊躇ᄒᆞᆫ지二日만에追躡ᄒᆞ야後軍數千人을殺掠ᄒᆞᆷ)千古讀史者不滿의感情을惹起케

ᄒᆞ니嗚乎戁矣로다二千七百四十四年薩水戰役에一百十三万三千八百되ᄂᆞᆫ敵兵을殲盡ᄒᆞ던乙支文德이果然安在런가

無情松葉에紅衣將軍(郭再祐)의末路를來托ᄒᆞ고蕊地鐵繩에石底壯士(金德齡)의雄心을斷送ᄒᆞ니師出未捷ᄒᆞ고其身先死ᄂᆞᆫ最是天下志士의負戟長歎處라此時乙支文德의能黜或譏去或考終이都是不可考에屬ᄒᆞᆫ事로딕讐敵未滅의遺憾을抱ᄒᆞ고祖國을訣別ᄒᆞ야彼數賢과갓치其懷抱를盡展치못ᄒᆞᆷ은吾가斷言ᄒᆞ노니懷抱ᄂᆞᆫ維何오卽疆土開拓主

義가是라此主義가아니면十餘年養兵에盡力ᄒᆞᆯ理가無ᄒᆞ며此主義가아니면敵國의怒를觸ᄒᆞ야糜財挑戰ᄒᆞᆯ理도無ᄒᆞᆫ딕此主義實行ᄒᆞᆯ日은卽薩水戰役以後兩戰役의時라萬一此時에乙支公이無恙尙存ᄒᆞ면當一大呌曰時哉時哉라ᄒᆞ고突然奮起ᄒᆞ야順庵安鼎福氏의所論과갓치羅濟와和를結ᄒᆞ고靺鞨의衆을用ᄒᆞ야其後를追躡ᄒᆞ며醫閭에橫據ᄒᆞ야其罪를聲討ᄒᆞ면彼怨民도我에게附ᄒᆞ며叛將도我에게歸ᄒᆞ야敵國天子를擒獲ᄒᆞᆷ이反掌보다易ᄒᆞ리니巨魔을摧敗ᄒᆞᆷ도此時에在

ᄒᆞ고國光을發揮홈도此時에在ᄒᆞ고疆土를擴大ᄒᆞ야東方大帝國을建設홈도此時에在ᄒᆞ거ᄂᆞᆯ乃者此만不能ᄒᆞᆯᄲᅮᆫ아니라困獸의鬪를是懼ᄒᆞ며强弩의末을是避ᄒᆞ야向日大國의風이消磨盡矣니

嗟乎乙支文德이여其逝가太早로다

雖然이나楊廣이此彼을經ᄒᆞᆫ以後로民窮兵疲ᄒᆞ며內怨外叛ᄒᆞ야其身은凶手에被弑ᄒᆞ고社稷을遂喪ᄒᆞ얏스니此薩水의戰이아니러면王世充竇建德이雖悍이나隋의富庶를傾ᄒᆞ기不能ᄒᆞᆯ지며李淵李世民이雖雄이나隋의强大를取ᄒᆞ기不能

ᄒᆞᆯ지라故로乙支文德의耕ᄒᆞᆫ田에李世民이其獲을收ᄒᆞ고乙支文德의勞ᄒᆞᆫ力에李世民이其福을享ᄒᆞ얏다홈도可ᄒᆞ도다噫라一戰의力으로万乘의國을覆滅ᄒᆞ야海外列邦이吾國의强홈을畏服케ᄒᆞ얏스니비록自己懷抱를盡展치ᄂᆞᆫ못ᄒᆞ얏스나大東男子의價値ᄂᆞᆫ已現인져

第十三章 舊史家管孔의乙支文德

舊代의史家가能히隻眼을具ᄒᆞ야乙支文德의眞價値를發現ᄒᆞᆫ者ㅣ無ᄒᆞ나往往其管窺의議論으로全豹를推知ᄒᆞᆯ處가有ᄒᆞ기今其大畧을撮錄ᄒᆞ

ᄒᆞ고其外雜錄文獻에散現ᄒᆞᆫ乙支文德도此에附ᄒᆞ노라

乙支文德이沈驚ᄒᆞ고權數가有ᄒᆞ며兼ᄒᆞ야屬文을善ᄒᆞ더라 三國史

隋帝遼東의役은出師의盛홈이前古未有어ᄂᆞᆯ高句麗가一偏方의小國으로拒홈셔能히自保홈ᄲᅮᆫ만아니라幾乎其軍을盡殺ᄒᆞ얏스니此ᄂᆞᆫ文德一人의力이니라 仝上

苻秦이百萬衆으로晋을伐ᄒᆞ다가謝玄의渡江一戰에狼貝奔北ᄒᆞ야洛陽에至ᄒᆞ미衆纔十萬이러니今隋氏ᄂᆞᆫ苻秦의竊據와不同ᄒᆞ야其富가苻秦에倍蓰ᄒᆞ며其兵이苻秦에倍蓰오高句麗의地ᄂᆞᆫ江左西陵의勝도無ᄒᆞ며軍兵은謝安王導갓치素蓄홈도無ᄒᆞ며又ᄂᆞᆫ朱序갓치反間ᄒᆞᄂᆞᆫ者도無ᄒᆞᆫᄃᆡ乙支文德이一平壤孤軍으로彼兵을抗ᄒᆞ야全勝을獲ᄒᆞ얏스니謝玄에게比ᄒᆞ면文德이

優ᄒᆞ니라 東國通鑑

隋主의威靈氣燄이海宇를震蕩ᄒᆞᄂᆞᆫᄃᆡ乙支文德이從容籌畫ᄒᆞ야彼二百万衆이鴨江薩水의鬼를盡作ᄒᆞ야生還者가二千七百人에不過ᄒᆞ며隋帝가大敗ᄒᆞ야天下에貽笑ᄒᆞᆫ비된지라自是以後로唐太宗의神武로도安市城에서志를不得ᄒᆞ며遼金蒙古의凶驚로도肆毒을不能ᄒᆞ며金山金始哈丹紅冠의兵이皆是我國에被殲ᄒᆞ야後世天下가吾東을强國이라ᄒᆞ고輕犯치못ᄒᆞ니엇지文德의遺烈이아닌가 仝上

嬰陽王이文德諸臣을用ᄒᆞ야乘勝長驅ᄒᆞ야獨夫를聲討치못ᄒᆞ얏스니惜哉라 東史綱目

乙支公이手로大難을勘ᄒᆞ야功이三韓에盖ᄒᆞ니라 東國名將傳

乙支文德은平壤石多山人이라 仝上

安州淸川江은乙支文德이隋兵을追ᄒᆞ야大破ᄒᆞᆫ處라
輿地勝覽

以上所列은舊史家의論評을已是畧括ᄒᆞᆫ바인ᄃᆡ
何其寥寥無多인저此外에ᄂᆞᆫ往往古今文人이乙
支公을東詩鼻祖로尊奉ᄒᆞ야「柳冷齋詩에乙支文
德眞才士倡五言詩冠海東이라云ᄒᆞᆫ類」大東風雅
開卷第一章에必也公의詩를先錄ᄒᆞ니此ᄂᆞᆫ趙洪
若을善琴客으로仰ᄒᆞ며金就礪를大酒戶로贊ᄒᆞᆷ
이니乙支公이有知ᄒᆞ면莞爾一笑ᄒᆞᆯ지나抑亦全
德의餘事를仰測ᄒᆞᆯ비로다

第十四章　乙支文德의人格

乙支文德의人格月朝ᄂᆞᆫ惟沉鷙權數四字가是라
此四字ᄂᆞᆫ元來隋史氏의奉呈ᄒᆞᆫ評을歷代我史가
相遵ᄒᆞᆫ바로다然이나此가果然乙支文德의全體
ᄅᆞᆯ慧察ᄒᆞᆫ語인가夫臨陣對敵에指揮若定ᄒᆞ며安
閒意氣로敵營에冒入ᄒᆞ야老賊悍將을股掌上에
翫弄ᄒᆞ니沉鷙라權數라云ᄒᆞᆷ이此로由ᄒᆞ야得名
ᄒᆞᆷ인져雖然이나余로乙支文德을觀컨ᄃᆡ沉鷙가
無ᄒᆞᆷ은아니로ᄃᆡ沉鷙로만乙支文德이乙支文德
되얏다ᄒᆞᆷ은不可ᄒᆞ며權數가無ᄒᆞᆷ은아니로ᄃᆡ權

數로만乙支文德이乙支文德되얏다ᄒᆞᆷ은不可ᄒᆞ
다ᄒᆞ노라
然則乙支公은果何如人고曰公은
眞誠人이며
强毅人이며
特立人이며
冒險人이니
眞誠也故로君臣이同德ᄒᆞ야十餘年魚水相契에
間言이無ᄒᆞ며將相이一心ᄒᆞ야內修外攘에孜孜
相勉ᄒᆞᆫ結果로其兵은强國兵이되며其民은强國

民이되야千里之地로東西睥睨ᄒᆞᆷ이며强毅也故
로隋氏가炙手欲熱ᄒᆞᄂᆞᆫ氣燄으로怒濤狂瀾갓치
注集ᄒᆞ야軍艦이海上에蟻集ᄒᆞ며鐵騎가遂野에
雲屯ᄒᆞ고行人의嚇喝로頻加ᄒᆞ되仍是不屈不撓
의精神으로雍容對付ᄒᆞᆷ이며特立也故로是時隋
氏의聲勢를各國이莫不畏服ᄒᆞ야近而新羅百濟
도搖尾의態ᄅᆞᆯ呈ᄒᆞ며遠而突厥契丹도屈膝의耻
ᄅᆞᆯ冒ᄒᆞ야可憐列國에一丈夫가都無ᄒᆞᆫᄃᆡ公이其
慘澹手腕을獨出ᄒᆞ야彼가强ᄒᆞ야도彼를排ᄒᆞ며
彼가弱ᄒᆞ야도彼를排ᄒᆞ야不兩立을誓ᄒᆞ고雌雄

을愈挑ᄒᆞᆷ이며冒險也故로夷險도不顧ᄒᆞ며生死
도不恤ᄒᆞ고纍然一騎로虎穴에入ᄒᆞ야虎子를得
ᄒᆞᆷ이어ᄂᆞᆯ今其一面만觀察ᄒᆞ고曰沈鷙者權數者
라ᄒᆞ면奚可ᄒᆞᆯ가

公갓흔者ᄂᆞᆫ眞我先民中의第一模範的人物이며
第一模範的人物인저

第十五章 無始無終의乙支文德

短見의徒와妄評의流가或曰乙支文德이金春秋
만不如ᄒᆞ도다乙支支德은强勇이太過ᄒᆞ고時勢
를不知ᄒᆞ야敵國의怒를妄激ᄒᆞᆫ故로其死後幾十

年에高句麗가畢竟外患으로亡ᄒᆞ얏고金春秋ᄂᆞᆫ
文武兼全ᄒᆞ고大局을洞察ᄒᆞ야强鄰의力을利用
ᄒᆞᄂᆞᆫ故로末乃三韓을統合ᄒᆞ야新羅九百年의基
礎를鞏固케ᄒᆞ얏ᄉᆞ니兩人의優劣을只此에可見
이라ᄒᆞᄂᆞ니惡라是何言是何言고金春秋ᄂᆞᆫ一王
朝의賢君이라其事業이新羅와相終始ᄒᆞᆯ而已니
赫居世의王統이旣絕ᄒᆞ미金春秋의精神이亦泯
ᄒᆞ엿다ᄒᆞᆯ도可커니와乙支文德은實로嬰陽王朝
의乙支文德이아니라檀君子孫의乙支文德이며
高句麗의乙支文德이아니라朝鮮民族의乙支文
德이며一時의乙支文德이아니라大東億萬世의
乙支文德이니朱蒙王統은亡ᄒᆞ얏ᄉᆞ되乙支文德
은亡치아닌者며金春秋ᄂᆞᆫ死ᄒᆞ얏ᄉᆞ되乙支文德
은死치아닌者라其赫赫ᄒᆞᆫ精神이萬古에常存ᄒᆞ
야

懷遠鎭講和에失名氏의弩가되야楊家驕童隋煬
帝가其胸을傷ᄒᆞ며安市城戰役에楊万春의矢가
되야唐代英主李世民이其目을失ᄒᆞ고尹瓘의馬
가되야滿洲野를蹴踏ᄒᆞ며姜邯贊의劒이되야女
眞亂을討平ᄒᆞ고數十艘의倭艦을燒却ᄒᆞ던鄭地

의火藥도되며豐臣秀吉의强兵을鏖退ᄒᆞ던李舜
臣의鐵甲船도되야山崩海竭ᄒᆞ야도公의願力은
不磨ᄒᆞ며天翻地覆ᄒᆞ야도公의氣魄은不壞ᄒᆞᄂᆞ니
嗚呼라蓋至今ᄭᆞ지其國曰大韓國이라ᄒᆞ며其民
曰大韓民이라ᄒᆞ야斯에生ᄒᆞ며斯에老ᄒᆞ며斯에
遊ᄒᆞ며斯에釣ᄒᆞ며斯에歌ᄒᆞ며哭ᄒᆞᄂᆞᆫ者ㅣ가其
或乙支公의遺烈아닌者ㅣ有乎아

蓋乙支公은我國家를刱造ᄒᆞ신偉人이며我民族
을孕育ᄒᆞ신始祖이며我輩後人의獨立心을賦與
ᄒᆞ신聖神이니巍巍乎며大矣哉라비록幾十世卑

劣政客의手로光彩를掩晦ᄒᆞ며幾百年無耻迂儒의筆로價値를埋沒ᄒᆞ야眞正英雄의本來面目을覓得키甚難ᄒᆞ나從今風雲이愈幻ᄒᆞ고苦痛이日加ᄒᆞ야危急存亾이一髮에迫ᄒᆞ니我ᄂᆞᆫ想컨ᄃᆡ必也乙支公不昧의英魂이數千年塚中에셔躍出ᄒᆞ야當年의鞍을再據ᄒᆞ고丈夫의劒을一試ᄒᆞ야大彼得華盛頓과六洲에齊驅ᄒᆞ며毗利孫俾斯麥과千秋에爭光ᄒᆞ야獨立基礎를整頓ᄒᆞᆯ日이不遠ᄒᆞ거ᄂᆞᆯ誰가乙支文德을金春秋에게曾比ᄒᆞᄂᆞᆫ가

結論

著者가일즉支那로西遊歸來ᄒᆞᆫ友人에게聞ᄒᆞᆫ즉滿洲奉天吉林旅順口等地로旅行ᄒᆞ미往往石椁의發現과宮室의遺制로我先民의遺躅을依俙像探ᄒᆞᆯ者ㅣ尙多ᄒᆞᆫ中某村은曰高麗村이니是ᄂᆞᆫ昔日高句麗人이荆棘을披ᄒᆞ고奠居ᄒᆞ던바며某城은曰高麗城이니是ᄂᆞᆫ昔日高句麗人이城郭을築ᄒᆞ고守護ᄒᆞ던바라而今에ᄂᆞᆫ비록千百年을已經ᄒᆞ야物換星移ᄒᆞ고陵高各深ᄒᆞ얏스나昔我祖先이長搶大劒으로收取ᄒᆞ야堅城利甲으로自衛ᄒᆞ던舊地에今日渺渺後孫이匹馬錦囊으로客遊ᄒᆞ

나今古變遷의感이腦際에頻觸ᄒᆞ더라고著者에게談及ᄒᆞ더라無涯生이曰嗚乎라此ᄂᆞᆫ乙支文德諸公의經營ᄒᆞ던陳跡이로다當日에血汗을擲ᄒᆞ며財產을糜費ᄒᆞ며身命을不顧ᄒᆞ고以得以守ᄒᆞᆫ遺產을後人이不肖ᄒᆞ야他手에盡歸ᄒᆞ얏도다

乙支文德이既遠ᄒᆞ고蓋蘇文이既沒ᄒᆞ미人材가渺然ᄒᆞ야惟彼徐熙氏가契丹使者蕭遜寧을對ᄒᆞ야貴國東京도亦我舊疆이란語를冷舌로一發ᄒᆞ얏슬而已오眞個慘澹手腕으로外族과爭衡ᄒᆞ랴ᄂᆞᆫ種子ᄂᆞᆫ鳳毛獜角갓치稀貴ᄒᆞ고惟中閒에(以下ᄂᆞᆫ星湖李

先生說을採取ᄒᆞᆷ)高麗太祖王建氏가華風을排斥ᄒᆞ며契丹使를拒絶ᄒᆞ야疆土開拓ᄒᆞᄂᆞᆫ大志를抱ᄒᆞ얏다가不幸天이其壽를不借ᄒᆞ야志를不就ᄒᆞ더니此後로我國人風이齷齪遂甚ᄒᆞ야(李說이止此)東方地圖가如此減縮ᄒᆞ얏도다

然이나今則一幅山河가支離破碎ᄒᆞ야檀君以後四千載傳來ᄒᆞ던中心基址도人에게拱讓ᄒᆞ야我家兄弟ᄂᆞᆫ立足地가全無ᄒᆞ니奚暇에鴨綠以西를是問ᄒᆞ리요嗟乎二十世紀新大韓乙支文德이여嶽降이何遲ᄒᆞᆫ가

無涯生曰當時高句麗가비록强大ᄒᆞ나其侵掠所
得으로擁有ᄒᆞᆫ土地人民을除ᄒᆞ고內地幅員을統
計ᄒᆞ면現今京畿平安江原咸鏡等道及忠淸等道
에在ᄒᆞᆫ數十郡이니土地ᄂᆞᆫ千里가不足되고人民
은數百萬에不過ᄒᆞ니蕞爾一偏邦이될而已어ᄂᆞᆯ
乃者此土地此人民을善用ᄒᆞᆫ結果로鴨綠以外萬
餘里地를攫取ᄒᆞ야其語言도不同ᄒᆞ고風俗도不
同ᄒᆞᆫ幾百万客族을駕馭ᄒᆞ며强弱도懸殊ᄒᆞ고衆
寡도懸殊ᄒᆞᆫ支那大陸國을蠶食ᄒᆞ야攻則必取ᄒᆞ
며戰則必克ᄒᆞ며守則必固ᄒᆞ며安則相勵ᄒᆞ야即

此韓漢交涉以來第一大戰役(即薩水戰役)의名譽
가我民族에게專歸ᄒᆞ더니奈何로歷代君相이孽
業만全種ᄒᆞ야柔弱萎靡로民心을迷醉케ᄒᆞ고一
般外競思想은極力摧折ᄒᆞᆷ으로本朝中葉에外警
이一聞ᄒᆞ미朝野上下가禦侮無策ᄒᆞ야賊鋒所及
에如何히巨創을受ᄒᆞ얏던지至今山村孤燈에白
髮野老가兩三會集ᄒᆞ야往往壬辰事를提及ᄒᆞ고
心骨이猶戰ᄒᆞᄂᆞ니哀哉라萬一進化의公例로推
ᄒᆞ면中古時代의如此强悍ᄒᆞᆫ民族이今則優勝勢
力이世界에橫絕ᄒᆞ얏슬지어ᄂᆞᆯ何故로每下愈況

이此極에至ᄒᆞ얏ᄂᆞᆫ가吾ㅣ今也에乃知커라其國
國民의勇惻優劣은專혀其國의一二先覺英雄에
鼓舞激勵의如何를視ᄒᆞ야進退ᄒᆞᄂᆞᆫ바로다

大東四千載第一大偉人 乙支文德終

隆熙二年五月二十五日印刷
隆熙二年五月三十日發行

乙支文德附寫眞 定價金三十錢

著述者 申采浩
校閱者 卞榮晩
發行者 金相萬
印刷所 北部觀峴 徽文舘

發賣所
皇城中部布屛下三十七統六戶 廣學書舖 金相萬
平壤鍾路 耶蘇敎冊肆
平壤法橋 大同書觀
京鄕各書店

--THE END--

편역자 박 기 봉(朴琪鳳) 약력

경북고등학교 졸업(1966)
서울상대 경제학과 졸업(1970)
비봉출판사 대표(現)
한국출판협동조합 이사장(前)

〈저서〉
214 한자 부수자 해설(1995)
비봉한자학습법(1998)

〈역서〉
孟子(1992)
漢字正解(1994)
교양으로 읽는 논어(2000)
교양으로 읽는 맹자(2001)
교양으로 읽는 코란(2001)
충무공 이순신 전서 전4권(2006)

독립정신과 민족자존의 표상
을지문덕 전

초판인쇄 | 2006년 8월 25일
초판발행 | 2006년 8월 30일

편역자 | 박기봉
펴낸이 | 朴琪鳳
펴낸곳 | **비봉출판사**
주 소 | 서울 금천구 가산동 550-1. IT캐슬 2동 808호
전 화 | (02)3142-6551~5
팩 스 | (02)3142-6556
E-mail | beebooks@hitel.net / bbongbooks@hanmail.net
등록번호 | 2-301 (1980년 5월 23일)
ISBN | 89-376-0347-0-03910

값 10,000원